上海出版资金项目
Shanghai Publishing Funds

于漪全集

基础教育卷

上海教育出版社

20世纪80年代初,学校领导规划校园

20世纪80年代后期,应邀赴珠海讲学

和学生一起打球,师生皆乐不可支

学生的儿女都是宝贝

出版说明

《于漪全集》是基础教育领域首部特级教师的全集,也是上海教育出版社为特级教师出版的第一部全集。它的出版,对于传承、弘扬和建设新时代社会主义文化,对于以教育自信创建自信的教育具有重要意义。

《于漪全集》收录了于漪在不同时期发表于全国各类期刊和出版于多种图书的论文、讲话、序跋等作品。难免挂一漏万,故对写作时间和文章出处不一一注明,留待日后修订逐步完善。同时,对原发期刊编辑部、图书出版单位一并致谢。

全集由上海市教师学研究会组织有关教师、专家编辑。于漪的教育思想植根于教学实践,是理论与实践的有机融合和生动阐述。有时一材多用,是为了从不同角度阐释相关问题,为读者呈现丰富的不同历史阶段的思考成果。

全集以"一辈子学做教师"为线索,根据文章内容,共分8卷21册,从基础教育、语文教育、课堂教学、阅读教学、写作教学、教师成长、序言书信、教育人生八个方面多维度展现于漪来自教育第一线的理论研究成果,力求树立当代教育家的典型形象。

目录

让孩子真切地感受到幸福	1
教师专业发展学校：教师成长的新型学习共同体	5
语文学科德育实施纵横谈	8
学科德育促使语文教学闪发教文育人的光芒	16
多一点敬畏之心，少一点功利之举	20
校外教育应是个性发展的乐园	24
立德·立业·立人	27
中国教育工作者的精神、智慧和自信	33
以己之短，比人之长	39
书生校长的胆识与胸襟	49
要建立自己的教育话语权	58
我们这支队伍，这些人	64
坚持走有中国特色的教育发展道路	70
心存敬畏，回归教学本原	73
椎心的忧思，竭诚的期望	78
中国人一定要说中国话	90
把教育回归育人变成办学的追求	93
把诗意的语言变成教育的追求	96
寻找教师之根	98
点亮青少年心中情商那盏灯	101
"紫竹论道"的启示	105
创建有中国特色的教育学	113

以民族精神铸学生脊梁	116
十年探索不寻常	
——写在"两纲"教育实施十年之际	118
我心中的教育	124
以教育自信创建自信的教育	165
德智融合　相得益彰	173
培养有一颗中国心的现代文明人	176
我所亲历的现代中国教育	179
拨乱反正的壮举	186

于漪知行录

前言	192
精神须成长	194
倾听每个生命的呼唤	205
良心的活儿	217
生命的涌动	227
语言的魅力	241
文化地质层	249
善读可医愚	256
有支灵动的笔	264
用力于"聚焦"	274
创建精神家园	285

让孩子真切地感受到幸福[①]

幸福是什么？可能千人千理解，万人万体会。它看不见，摸不着，但又切切实实地存在于人的身上、人的心中。古往今来，志士仁人把"先天下之忧而忧，后天下之乐而乐"作为自己的无上幸福，这就把幸福提升到人生的意义与价值的高度来体验、来考量。有的人物欲无穷，对金钱顶礼膜拜，追求财富的超速积累，过着声色犬马的生活，认为这就是享受生活，这就是幸福。对这些林林总总的认识与做法，暂不作评判，不进行讨论。我们办学者、执教者要着力思考的是，如何让我们的中小学生在求学期间能真切地感受幸福、享受幸福，快乐健康地成长。

中小学生对幸福的要求应该说是不高的。他们只要感到自己做的事有意义，有成就感，受到尊重，得到肯定，就会身心愉悦、舒服痛快、幸福温暖。有了这种感受，必然精神振奋，意气风发，笑对学习和人生。然而现实的状况是，不少学生表现出来的是身体疲惫，心情压抑，求知欲不强烈。只要说到现在的生活比我们那时不知幸福多少时，常会听到这样一句意想不到的话："那时你们不过穷一点罢了，你们知道我心里多苦，压力多大啊！"这样的话出自十三四岁或十六七岁孩子的口，真是令人心酸。

[①] 本文发表于《思想理论教育》2011年第6期。

生活确实幸福,学生既无缺衣少食之苦,求学的物质条件更是优越得前所未有,为什么还会觉得"心苦"而缺少幸福感呢?原因可能多种多样,但过重的压力无疑是共同的因素。学生求学必有压力,但这种压力应该是适度的,符合学生认知规律和身心健康发展规律的。过重的压力必然会导致学生不能承受之累、不可承受之苦。我们不禁要问,过重的压力来自何方?

首先是目标宏大、虚幻,内容繁多。这些目标基本不是孩子少年立志追求的,而是家长根据社会上流行的、时尚的,各种各样的"参照物"确立的。各种各样的学科要拔尖,各种各样的才艺要掌握,各种各样的竞赛机会不能错过,各种各样的奖状、证书均要囊括为己有……五花八门的功利都往小小的生命上堆,怎一个"累"字了得!家长也无奈,如此这般的做法,近则为孩子进名校打造敲门砖,远则期望他们将来当什么"官",做什么"领",成什么"款"。一言以蔽之,成为"不一般"的人,有权有势有钱,当然也就有"幸福"。以明日虚幻的所谓幸福给今日的学生不断加压,逼迫学生做出现实的付出,这种得不偿失还不仅仅是时间叠加、载重数量的机械运算,丢失的更是花样年华的好奇、快乐,青涩少年的美梦、猎奇,人生最美好的青春年华的壮志豪情与无限活力。每个人都只有一个童年、一个少年、一个青年时代,"逝者如斯夫",流逝的岁月永远不能返回。用成人的主观愿望去架构孩子的人生,看似为他们造福,实质却是画地为牢,限制了他们的自由发展和蓬勃生长。青少年时期极其可贵的率真、幼稚、粗糙、勇敢、探究、纯情、惬意、欢乐在功利色彩笼罩下不断地被消解。

生命本来没有名字,每个孩子都是独一无二的,各有各的长处,各有各的不足。且不说别的,单是加德纳的多元智能理论对教育工作者而言,不仅不陌生,而且深知其科学价值。然而,在教育教学中,我们总是以一个标准要求所有的教育对象。不是教育的多样性适应于引导各具特点的学生,而是知识传授、能力培养的种种做法均一刀切、标准化。淡化的是"人",信奉的是"分"。当"分"被作为图腾般膜拜时,许多学生在分数面前常常处于失败者的地位,学习乐趣无情地被人为打掉,失去了求知的成就感,又何言幸福?

一位在国外工作了8年的博士说了这样一件真实的事情:一名中国学生和一名外国学生同在一所学校一个班级求学,一次考试,同获97分。外国孩子返回家中,全家欢欣雀跃,父母认为孩子是天才,了不起;而中国孩子回到家中陈述成绩时,遭遇到的却是父母的铁板面孔,继而是父亲严厉地质问:"还有3分到哪里去了?"带给孩子的是恐惧、失败、沮丧。这个事例很有典型性,后面这名学生的遭遇在我们的学校教育中也是屡见不鲜的。97分的高分尚且如此,更不用说80分、70分、60分,甚至不及格了。学生失败沮丧的心情如影随形,能有什么幸福感可言?以学生的心智和能力,很难有坚强的意志把这种阴影驱赶走。

家长也好,教师也好,要真正学会换位思考。孩子在成长过程中有这样那样的梦想与追求,学习上有这样那样的需求乃至闪失,这些都应该被理解、体贴和宽容,家长和教师应该满腔热情地因势利导、因材施教。一味用刚性的指标,特别是分数、名次、证件加压,轻则造成学生情绪低落、学习倦怠,重则导致性格扭曲、冷漠寡情,无视社会与人生,后果难以预料。

学校与家庭不可能代替孩子成长,也不可能给予孩子幸福感。幸福感是个人的感受、个人的体验。但学校与家庭有责任给孩子们提供滋养幸福感的宽松环境、自由发展的时间。每个学生都是宝贝,有兴趣有爱好,有优势有特长,作为教育者,我们应该尊重他们发展的权利,为他们提供成长所需要的时间和空间保障,如此,他们求知向上的积极性必然增添,在施展才能的过程中就能品尝到成功的喜悦,幸福感也就充盈胸际。

以巨大的勇气拆除分数的桎梏,废除教育孩子习以为常的语言霸权,遵循孩子身心健康发展的规律,因材施教,积极引导,幸福就会不期而遇:头顶上是湛蓝的天空,周围是鸟语花香。

教师专业发展学校：教师成长的新型学习共同体[①]

强国必先强教，强教必先强师。

教师专业发展是我国当前和今后相当长一段时间需要破解的难题之一。学校教育的质量说到底是教师的质量。上海基础教育课程改革的发展与深入给教育界带来的最大挑战，莫过于对教师的挑战。教师要铸师魂、锻师能、养师风，持续提高素质与专业水平，方能担当起新世纪教书育人的重任。上海市为促进教师专业发展采取了很多举措，"十一五"期间创设的双名工程、新农村教师专业发展项目，在促进教师成长方面，取得了不凡的成绩。但基础教育教师面广量大，如何让所有教师都享受到继续教育的权利，更好地实现专业发展，依然是摆在很多基层学校领导面前的、迫切需要解决的问题。

浦东新区敢为天下先。在"十一五"期间，浦东新区吸收国内外先进的理论研究与实践经验，兴办"教师专业发展学校"，探索教师教育新途径、新模式，以教育理念的先进催生教师教育的不断创新。通过系统的政策设计、实践建设与跟踪评估，初步建成了19所教师专业发展学校，覆盖中小学幼儿园学段，在区域内乃至在全国范围内产生了积极的影响。这些教师专业发展学校不是另起炉灶，而是在原有学校建制的

[①] 本文发表于《现代教学》2011年第9期。

基础上,充分运用原有学校的优质教育资源,拓展学校功能,发挥示范作用和辐射作用。浦东新区根据本区域师资实际情况和教研层面的迫切需要,建立以校为本的新型学习共同体,与高水平的、相似层次的"共同体"相互砥砺,相互激发,从根本上改变以往忽略教研质量,不能促进教师专业发展的状况。这种新型学习共同体惠及各个层面的教师。新教师有专人带教,成熟教师、骨干教师有教研专题,有项目引领,以教研为实体,形成教育、教学、研究、学习结合的专业成长方式。这种新型学习共同体极大地调动了教师成长的积极性,向着专业发展的目标不断发掘自己的潜能。

教育内涵提升的关键在教师的专业发展。教师通过自身的专业发展,能体验到职业内在的尊严与价值,从而钟情于业务钻研,提高教育教学能力。教师专业发展学校聚焦专业性很强的教育实践,强调教师在课堂教学实践中锻炼成长,于实践中发现问题,针对问题开展教学研讨,从而上升到理论发展的制度建设：从校情出发,规划全校课堂教学实践；从教师个人实际出发,为专业发展量身定制。教育事业是实践的事业,紧抓教育实践不放,聚焦课堂教学"临床"诊断、指导、评析、研究,"共同体"成员的专业获得明显发展,这是优质学校内部各种教师教育资源不断外化的辐射源。浦东新区举办教师专业发展学校从设计之初就强调其示范辐射功能。获得命名的优质学校,通过课题研究、成果展示、校际结对、带教指导等形式,为本地区及外省市学校提供了丰富多彩的教育示范服务。在教师教育资源辐射的过程中,外校教师专业得以成长,教师专业发展学校本身的指导能力得到提升,形成了双赢的可喜局面。

浦东新区的教师专业发展学校追求的目标是实现"双中心"和"三发展",即学校发展要以学生和教师的发展为中心,要实现学生、教师、学校三方面的发展,浦东新区也正向着这一振奋人心的目标努力前进,其中 5 所学校已被上海市教育委员会遴选为首批上海市教师专业发展学校暨师范生实习基地。相信在"十二五"期间,浦东新区专业发展学校定能在教师培养方面取得更大的成绩。

语文学科德育实施纵横谈[①]

《上海市中长期教育改革和发展规划纲要》(2010—2020年)中重点任务的第一条就是德育,第一条的第一句是"立德树人是教育的根本任务,是坚持社会主义办学方向的根本保证"。这两个"根本"不仅办学者要牢记,并尽心尽力付诸实施,而且所有教师,当然包括语文教师,同样须牢记在心,并努力在教育教学过程中付诸实施。

根据大家的疑问、困惑与向往,就以下几个问题谈一点看法。

一、语文学科为何要育德?意义与价值何在?

教书育人是教师的天职。所有教师都在教他的专业书,但终极目的是育人,教书的过程也是育人的过程,二者密不可分。

1. 从战略高度来认识

一是教书不是纯技术,不能只强调它工具理性的意义,语文学科还

[①] 本文是作者于2011年9月24日为上海市语文学科德育实训基地学员所作报告的讲话稿,针对学员在培训过程中提出的疑问、困惑与向往,围绕语文学科"育德"的意义与价值、内涵、途径与方法等,对"学科德育攻坚克难的时代责任"作出了明确的回答。2005年中共上海市科技教育工作委员会、上海市教育委员会发布《关于建设"上海市中小学骨干教师德育实训基地"的通知》(沪教委德〔2005〕44号),于2006年7月正式启动"上海市中小学骨干教师德育实训基地"培训。作者从2007年上海市"双名工程"首期语文名师基地主持人工作结束后,受上海市教委德育处委托,以耄耋之龄连续担任三期"上海市语文学科德育实训基地"主持人,为上海市培养中小学语文学科优秀骨干教师,每期30余人,一直坚持到2018年3月。经过培训,这些教师均已成长为各区语文学科德育的中坚力量,近10位教师先后被评为上海市语文特级教师。

有传承文化的重任。主要是传承中华优秀文化，也传承人类的先进文化。民族文化是民族生存、民族发展的根，而语言文字是民族文化的根。语文学科的教学任务当然是教学生语言文字，培养他们正确理解与运用语言文字的能力，但与此同时，必须引领他们热爱中华优秀文化，感受、体验中华优秀文化的辉煌与魅力。既教文又育人，教学中自觉地传承文化，以中华优秀文化哺育学生心灵，使他们打下做人的坚实基础。

二是价值取向的选择问题。当今时代，国与国之间交流频繁，交融交锋也屡见不鲜。越来越多的西方精神文化产品及价值观念涌入，传统价值观念遭到猛烈冲击。艰苦奋斗、助人为乐、诚实守信等价值取向不断被稀释，被逼到狭窄之地。当前，经济体制变革，社会结构变动，利益格局调整，社会思想多元多样多变，一些曾经普遍认同、共同遵守的价值观念正在被消解、曲解，崇尚功利、利益驱使、追求特权、金钱万能、享乐主义等不良社会风气有形无形地向校园蔓延，互联网、手机中腐朽落后思想文化和有害信息的传播，对青少年学生均是严峻的考验。走什么路，做什么人，价值取向上一点不能含糊。

青少年学生总体上积极向上，但国家意识淡薄，对民族优秀文化淡漠，勤俭自强精神淡化，有必要对他们进行主导价值观的教育。语文教师要正视学生现状，在教学中结合语言文字的学习与训练，提高识别正误、美丑的能力，选择正确的价值取向，奠定为学为人的良好基础。

2. 从竞争深度思考

文化是语言文字的命脉，教语文，须站在文化的平台上。

当前，我们从事教育，从事语文教学，就教育论教育，就教学技巧论教学技巧，很少思考文化背景、文化心态、文化价值、文化主权，这就导致视野狭窄，认识浅表，实践缺乏深度和力度。

中华文明是悠久的，又是崭新的。文化是立国之根，大国的崛起最终看的是文化的崛起。近代列强入侵，中国文化自信力的翅膀几乎被西方折断。一次次的批判、否定，军事、经济、文化多管齐下攻击、践踏，使中国遭遇了数千年未有的大变局，彻底改写了中国在世界上的位置——一落千丈，也改写了国人对中国文化的心态，出现了价值真空、信仰失落、文化认同危机。

改革开放30多年来，中国已跃升为全球第二大经济体，应该重新舞动中国文化自信力的翅膀，向世界展示自己的文化力量、文化价值与文化模式。自信恢复，不仅关系到中华民族内在统一的继续维系，更在于参与世界文化价值体系的建构中，以自己的核心价值观及其所代表的国家软实力，为"和谐世界"的建设做贡献。

在世界全球化的语境中，必须重视中国的文化身份问题，否则，中国文化会被西方思想淹没。为此，语文教学中加强国家文化认同，加强文化自觉，维护文化主权是义不容辞的责任。

3. 从教育本质追溯

教育，说到底就是培养人，正如《什么是教育》的作者雅斯贝尔斯所说："真正的教育应先获得自身的本质。教育须有信仰，没有信仰就不成其为教育，而只是教学的技术而已。"又说："教育是极其严肃的伟大事业，通过不断地将新的一代带入人类优秀文化精神之中，让他们在完整的精神生活中生活、工作和交往……教师不是抱着投机的态度敷衍了事，而是全身心地投入其中，为人的生成——一个稳定而且持续不断的工作而服务。"显然，教育的本质就是"人的生成"，把受教育者培养成"人"，把他们"带入人类优秀文化精神之中"，提升他们的精神世界，而不能只停留在"学习一技之长、增强能力、增广见闻"等方面，因为后者没有把握到教育的本质。

《上海市中长期教育改革和发展规划纲要》开宗明义，将"为了每一个学生的终身发展"作为贯串《纲要》始终的核心理念,也是教育的核心价值所在。"以人为本,推进素质教育"是教育改革和发展的重大战略主题。要关心所有学生的健康成长,努力培养好每一个学生,让每个人都具有理想信念、公民意识、健康身心和科学人文素养。

道理十分明白,教育要育人,但在当今教育领域,"人""分"之争十分剧烈。发达国家聚焦在"人"的培养上,而我们常常是以考定教,分数至上,说的是"育人",行的是"育分",偏离教育本质,教育质量残缺不全,学生自主学习的灵性、积极性和创造性受到抑制,乃至无意识地被扼杀。为了遵循教育的本质,培育和提升学生的精神水平,学科教学中融合德育十分必要。

4. 从学科性质探究

语文学科的发展由于性质观、目的观、功能观、教材观、教法观等方面认识的差异,道路不平坦,曲曲折折。20世纪末许多有识之士敏锐地感到新时代的需要,感到语文教育与时代的差距,因而,大声疾呼,要求改革,献计献策,引发并开展了一场全国范围内的语文大讨论,众多专家学者发表了真知灼见。经过世纪末的反思,对语文学科性质作了科学阐述。《语文课程标准》这样表述:"语文是最重要的交际工具,是人类文化的重要组成部分。工具性与人文性的统一,是语文课程的基本特点。"

二、语文学科德育主要有哪些内涵

有的老师认为,语文就是语文,数学就是数学,教学科知识,培养学科有关能力,已经够累的了,课时又这么紧,还要搞什么德育?对学生培养,有班主任,有政治课,我们不必包打天下。显然,这种看法是不妥的。教育的本质是什么,教育的职责是什么,学科教学的目标是什么,当今学生成长的内在需求是什么,对这一系列带有根本性的教育问题

均认识模糊,乃至有偏颇。《上海市中长期教育改革和发展规划纲要》中明确规定:

要坚持把社会主义核心价值体系融入教育全过程,坚持把德育贯穿到育人的各个环节,……

……强化全员育人,实施教育教学全过程育德。发挥课堂教学主渠道作用,激活学科的德育内涵……

说得很清楚,育人是所有教师的责任,学科本身包含德育的内容,关键在教师用心去激活,发挥教育学生培养学生的作用。

学科德育首先要把握好中小学社会主义核心价值体系教育的主要内容,这就是:

(1) 马克思主义指导思想教育;

(2) 中国特色社会主义共同理想教育;

(3) 以爱国主义为核心的民族精神教育和以改革创新为核心的时代精神教育;

(4) 社会主义荣辱观教育。

四个方面各具功能,各有侧重,相互联系,不可分割,是有机统一的整体。

当前教育的重点是在学科教学中融会《上海市学生民族精神教育指导纲要》和《上海市中小学生命教育指导纲要》中的主要内容,让学生具有符合中国特色社会主义建设要求的理想信念、公民素质和健全人格。

民族精神教育着眼于培养学生对中华民族共同历史、文化、生活方式的归属感,培养学生对伟大祖国悠久历史和优秀传统的认同感,引导学生形成现代公民的良好道德品质和行为习惯,在弘扬中培育民族精神的时代内涵。根据上海学生的特点和社会发展的需要,今后一段时间,把国家意识(国家观念教育、国情意识教育、国家安全教育、国家自强教育)、文化认同(民族语言教育、民族历史教育、革命传统教育、人文传统教育)、公民人格(社会责任教育、诚信守法教育、平等合作教育、勤奋自强教育)作为民族精神教育的重点内容。

开展生命教育是整体提升国民素质的基本要求。青少年学生是社会主义事业未来的建设者和接班人,青少年的生命质量决定着国家和民族的前途和命运。学科中进行生命教育,旨在帮助学生认识生命,珍惜生命,尊重生命,热爱生命,提高生存技能,提升生命质量,激发生命潜能。从生理层面理解,关注生命,捍卫生命的尊严;从心理层面理解,欣赏生命,提升生命的质量;从伦理层面理解,敬畏生命,激发潜能,实现生命的价值。

以上这些内容不是一股脑儿地搬给学生,而是根据语文学科的特点与不同学段学生的年龄特征、可接受程度与实际需求,有选择性地、或隐或显地融入,收熏陶感染、春风化雨之效。

三、语文学科德育有哪些途径与方法

语文学科德育的主渠道是课堂教学。这与课程教材改革提出的课程目标、课程基础内容不谋而合。

这次课程教材改革的核心理念是:以学生为本,以促进学生发展为本。这个理念如何在学科教学中、在课堂教学中落到实处,其中很重要的一点是"三个维度"的支撑。这"三个维度"就是知识与能力、过程与方法、情感态度与价值观。学习语文知识的目的就是为了运用,现在把知识与能力加以整合,改变以往二者分离、教学烦琐化的状况。学习是个过程,引导学生学会学习,须有方法指导。对此,既有具体描述,又在"知识与能力"中渗透。德育的内涵离不开情感、态度、价值观。三个维度交融在一起,体现了语文学科工具性与人文性高度统一,体现了语文教学改革的方向,使日常的语文教学上升到教文育人的境界,追求真善美的境界。试想,如果学科教学没有实实在在的德育内容,那么,情感、态度、价值观岂不成了空洞的概念、美丽的摆设?如果仍然纯粹以工具理性指导教学,奉技能技巧为神灵,情感态度与价值观这个维度就成为虚设,又怎可能落实以学生为本、以促进学生发展为本的目的?

课堂教学是主渠道,阅读教学、写作教学、口语交际教学等均在其中。课外活动也是语文学科德育的渠道。语文课外活动丰富多彩,调查、访问、讲座、竞赛、论坛等均要作为教育的载体,充分发挥学生主体、学生参与的作用。

德育的方法多种多样,贵在创造。要创造有效的方法,有两点很重要。一是深入钻研教材,把握文本的个性特点。文本解读要在真懂上下功夫。写什么?怎么写?为什么这样写而不那样写?从语言文字到思想内容,从思想内容到语言文字,要走几个来回,和作者对话,和编者对话,把遣词造句、文章结构、写作手法等背后的作者匠心读懂,就能发现并找准文本中蕴含的固有的育人资源。浅表化的阅读只在文字的排列组合上游移,就会有宝不见宝,遗漏或丢弃了学科本身可贵的育人资源。必须明白:学科德育绝非外加什么内容,也不是乱贴标签,任意拔高,而是要用热爱学生、期盼学生成长成人的赤诚去钻研业务,用入宝山寻觅宝藏的目光去发现育人资源。教学时三个维度融合,让学生德性、智性均获得切切实实的提高。二是弯下身子研究学情,学科德育怎样才能对学生有吸引力、感染力?关键在对学生了解的程度。有效性来之于针对性,学生的兴趣爱好、关注什么、可接受程度、内心需求,教师心中有底,选择怎样的方法,抓住怎样的时机,就可大大减少盲目性。胸中有书,目中有人,同时遵循学科学习的特点,施以合适的方法,细水长流,耳濡目染,就能收到良好的效果。

学科德育还有个有序与无序的问题须考虑。有序指的是遵循不同学段学生认知水平高低、可接受程度高低实施教育,由浅入深,由低到高,由感性到理性;无序指的是随文本而选择教学内容,不能像知识点一般的排列,不能用应试手段来机械操练。要在滋润心灵上着力,在有效、长效上下功夫。

以上三个问题要能答得好,关键在教师自身。教师是学生的引路人,育人是教师的天职。语文教师要身历其境,心入其中,理性上认同,感情上投入。要奉献智慧,实施的途径方法可积极创造;要锤炼韧劲,滴水石穿,滴水比岩石还要坚硬,因为它纯净、透明,还因为它滴着,像时光之于宇宙,滴着,并持之以恒。

学科德育促使语文教学闪发教文育人的光芒

自 2005 年 6 月 17 日《上海市学生民族精神教育指导纲要(试行)》和《上海市中小学生生命教育指导纲要(试行)》颁布以来,语文学科实施"两纲"教育课题组、语文学科德育实训基地认真学习、探索、实践、研究,已历时 6 年。参加课题研究与参加基地实训的教师不仅语文课堂里发生了静悄悄的革命,而且师德与语文专业也获得了提升。

我们的主要探索是:

一、牢固确立一个理念

德育实施:学科是主渠道,课堂是主阵地。

语文学科教文必须育人,教文目标从属于教育的终极目标——培养素质良好的建设者和可靠的接班人。

理念的支撑:

(1) 教育本质的呼唤。

(2) 学生自身发展的迫切需要。

(3) 时代发展的紧迫要求。

(4) 课程改革三维目标落实的内涵。

(5) 语文学科固有的性质与功能。

二、积极探索一条途径

以语言文字为载体,融合社会主义核心价值体系教育,追求教育过程无痕化,收春风化雨、润物无声之实效。

1. 走出认识误区

学科德育不是学科外加德育,装样子。

学科德育不是学科硬任务,德育软任务,把学科与德育人为割裂开来。

学科本身有丰富的德育资源,语文学科更是如此,显性的、隐性的都有,关键在教师有无育人自觉。

2. 探究课堂教学中的无痕融合

(1) 深入钻研教材,发现与挖掘教材中固有的育人资源;分析,筛选,确定核心教育价值。

(2) 了解学情,研究他们与教材相关的情感态度价值观方面的基础和不足,加强育人的针对性。

(3) 选择适合教材个性与能激励学生发挥学习主动性积极性的教学方法,融合语言文字的推敲和思想道德情操的陶冶,形成生命涌动的课堂。

(4) 课堂教学以语文智育为中心,融合德育、美育,发挥学科教学多功能作用。

(5) 改革课堂教学结构,形成在教师指导下师生互动、生生互动的教学网络,让每个学生受到尊重,成为学习的主体,学习的发光体。

3. 提升教学实践的质量

学科德育合格教师、优秀教师是在课堂实践中锤炼出来的,为此:

(1) 注重自主与切磋有机结合。学员根据自己的特长、喜好,自主选择实践篇目,根据教学主题相对集中授课,课后,学员们互相切磋,不求全面,不讲情面,求真,求实,求长进,求真知灼见。

(2)文本研读、难点解析、课堂实施、课后评说、书面体会,形成语文教学课前、课中、课后实践链,从理论与实践结合的高度理解学科德育的真谛,探讨教学中知识传授、能力培养、智力发展、思想道德情操的熏陶怎样才能更好地融为一体。

(3)纵向深入,横向拓展。学科德育的特定要求不可能一次教学就能完美实现,就能成功,需要多次实践、多次领悟、多次反复。有些课的研究就是采用多次实践的方法,借评课者之力促使授课者纵向深入,提高授课的准确度,思考问题的厚度与高度。课堂教学范围不局限在学员层面,可扩展到学员所在学校、所在区县,乃至全市层面的语文教师,既创造学科德育教师锻炼的机会,又使学科德育的理念与实践发挥辐射作用。

三、努力培养一支队伍

强国先强教,强教先强师,要使学科德育落实到学科主渠道、课堂主阵地,冲破"育分"的桎梏,创造教书育人的辉煌,恩泽莘莘学子,必须狠抓教师队伍建设,培养一支德才兼备的学科德育骨干队伍。

1. 思考问题要有制高点

教师为知识点、为应考、为分数所累,教学时往往就事论事,视野狭窄,成为组织学生进行机械操作的工匠。要成长为真正的教书育人的教师,必须打开视野,深刻理解教育的真谛。为此,一要组织学习,学习理论、学习形势、学习哲学,既知晓国情,又有世界眼光。站在战略的制高点、时代的制高点上认识教育,就会深刻领悟到育人的责任与使命,增强学科中实施德育的高度自觉。二要辨别讨论。面对价值多元、道德失范、责任缺失等复杂的社会现象,面对西方强势文化、强势话语权的影响,须有敏感度、判断力,从而增强民族自信,增强教育自觉。

2. 以项目引领，以任务驱动，为中青年教师搭建一个个有价值的平台。从校内到校外，从本市到外省市，学习、观摩、实践、交流，展示教学才能，提升专业水平，品赏在学科德育实践中成长的快乐。

3. 学科德育教师的培养是为学、为人、为师的培养。既要有操作层面的技能技巧的指导切磋，更要有一身正气，为人师表的追求，树魂立根，才会形成高尚的教育境界。

四、目前的做法

（1）继续开展实训基地学员的培训，如读《中国震撼》进行交流，继续举办读书沙龙；如课堂教学实践分学段交流等。

（2）修改与完善语文学科"两纲"实施的指导意见，现进入第二轮修改。

（3）开展"价值多元背景下语文学科德育建设的实证研究"课题的研究，现已设计好课题研究框架，正着手进行。

五、两点建议

（1）加强区县层面、学校领导层面对学科德育重要性、必要性、紧迫性的认识，转变指导思想，不要再扎扎实实以分数、以升学率评论教育质量，而是切实推进素质教育，以学生发展为本，以国家需要素质良好的人力资源的大局为重。

（2）改变德育和教学分开的体制。学校基层校长一把手不抓德育，有些区一把手不抓德育的状况应改变。学校中层干部德育与教学分开，两条线各行其是，德育教育难进课堂。

2011 年

多一点敬畏之心,少一点功利之举①

什么叫规律?规律是事物发展过程中的本质联系和必然趋势。任何事物都有自己的发展规律。规律是客观存在的,是不以人的意志为转移的。规律是事物本身所固有的,人们不能创造规律,改变规律,更不可能消灭规律。为此,人们必须对规律怀有敬畏之心,切不可无视它的存在而凭空主观臆断为所欲为,否则就会受到惩罚。

比如天体运行刚健有力,日月星辰各有运行的法则,春夏秋冬,四季更替,井然有序,人力无法想要它们怎样就怎样。如有人认为春季过了最好就是秋季,夏季太炎热,这是令人捧腹的大笑话,无法实现。但是在规律面前,人也不是毫无作为,而是能通过实践认识它,利用它,并且能发挥主动性、创造性,限制某些规律对人类生活的破坏作用。《中庸》里说的好:"惟天下至诚,为能尽其性;能尽其性,则能尽人之性;能尽人之性,则能尽物之性;能尽物之性,则可以赞天地之化育;可以赞天地之化育,则可以与天地参矣。"学生的发展成长又何尝不是如此? 心理、生理、认知等在每个学生身上均有其固有的规律,既不能视而不见、掉以轻心,又不能逆规律而动,造成对生命体的伤害,留下无法弥补的遗憾。生命本来没有名字,每位学生的生命都是珍贵的,受到尊重与呵护,是所有教师与教育工作者应尽的责任和义务。对他们的生命,对他

---

① 本文发表于《现代基础教育研究》2011年第12期。

们发展成长的规律，应心怀敬畏，认真研究，精准地从他们的实际情况出发，因势利导进行教育，才能真正托起明天的太阳。

众所周知，无论是全国，还是上海的基础教育，都在朝这个方向努力。然而，现实状况是不协调的声音不少，还有扩展蔓延之势。且不说初高中毕业年级排山倒海般的机械训练，就是幼儿和小学生也不得安宁。比如有的幼儿园从中班开始就教识字，并有家庭作业，要求家长带领幼儿完成。先写一首诗："月落乌啼霜满天，江枫渔火对愁眠。姑苏城外寒山寺，夜半钟声到客船。"然后从中取"月""天""江"等好几个字写到诗下面的一行，要幼儿找诗中相同的字。幼儿喜爱图画，对识字无兴趣，对汉字笔画当然毫无知晓，于是乱点乱说，苦了孩子，也苦了父母。且不说识字，还要学古文、数学，据说这是十分先进的，从日本引进的，培养学生自主学习的能力。此外，还得学英语，因为要考级。此外，还有各种兴趣班。真是令人莫名惊诧！小小的幼童承担如此的重负，使人心痛不已，家长更是迷惑与无奈。

生命是有历程的，幼童不可能一天长大，具备儿童、少年的学习能力。这个时期，幼童自行活动的能力与日俱增，而活动是生长的必需条件，在活动中能锻炼体能，与日俱长。玩具是好伙伴，在增加体能的同时，还能生出技巧，引发好奇心、想象力，增添快乐。此时此刻，用不恰当的知识去填塞，无疑是对他们发展规律的一种扭曲。为什么有些幼儿园要采取这样的教育方式，进行这样的教育内容？众口一词：进好的小学要考试，要识1 000～1 500字，数学不仅要会加减法，还要会乘法，英语不用说了，只看考级，其他的证当然是越多越好。还补充说明：不是一所两所，不少都是这样——攀比，有的明，有的暗，说的做的不一样。如此选择学生实在有点可怕。大学、中学选择学生之风愈演愈烈，延伸到义务教育阶段，延伸到小学一年级。择生的门槛越高，家长越为所谓的"优质学校"所蛊惑，想法设法往里钻，于是，择校热长盛不衰，苦了孩子。

幼儿园超前进行学科知识教育,小学一年级提高入学门槛,实施超前教育,也许是出于好心,出于纯洁之心,这些学校想让进校的学生"不输在起跑线上"才进行小精英教育、小天才教育。但可曾认认真真地深入思考过:我国的义务教育法是怎样规定的?《上海市教育改革发展规划纲要》是怎样要求我们办学的?市政府市教委三令五申禁止招生中的违规做法遵守了没有?最重要的是对幼童的生长发育发展规律研究过没有?对他们今日的健康成长、明日的长足发展是否真正尽到了责任?

《中华人民共和国义务教育法》第十二条第一款明确规定:"适龄儿童、少年免试入学。地方各级人民政府应当保障适龄儿童、少年在户籍所在地学校就近入学。""免试入学"四个字清楚明白,毫不含糊。为什么有法不依?为什么政令不从?很难说没有功利的追求。在功利思想日益泛滥的情况下,要成绩,要政绩,要速成,要出奇制胜,就会出匪夷所思的怪招。哪个年龄学童应该进行怎样的保教教育,怎样的启蒙教育,说一无所知,那是冤枉。然而,只要功利放在重要的位置,就会是非模糊,乃至颠倒了,摆功论好远远大于学童成长的规律,在有意无意间放弃了学生健康发展守护者的职责。

揠苗助长的寓言对人们的告诫,教育工作者、教师耳熟能详,不顾事物发展规律,强求速成,结果反将事物弄糟的道理也十分知晓,为什么就不引以为戒呢?可能一时因为揠苗助长,苗枯死了,看得见,摸得着,而对学童采用怎样的举措,不可能立刻见分晓。最多是学生不喜欢、没兴趣,不肯学,哭闹,反正家长的家教能作保证。至于对情感、行为、习惯的负面作用,对心智的伤害是以后的事,谁能预见得了?二是生源、名声、利益有巨大的推动力,没有必要摆脱,更无法抗拒,除非是不识时务的傻子。

殊不知事物固有的规律是反复起作用的，人的培养也毫不例外。不适时地灌输、加压、超负荷运转，结果往往南辕北辙，事与愿违，这种事例并不鲜见，甚至有令人痛心的悲剧发生。孩童毕竟是孩童，孩童有其心理、生理上的特点。玩，是孩童的天性。用过重的学业负担、过深过繁的学习内容挤压掉他们的游戏时间、占用他们的发展空间，可能会造成怎样的后果，该不该扪心自问，深入思考呢？

如果说是生源一般、质量一般的学校，采取某些功利之举，可能影响力还不大，问题在教育资源比较集中，又以名目繁多的说法、做法名噪于业界和家长群的学校，吆喝力特别强，其影响力就大大增加。明做、暗做、持续做，对忽视与违背学生成长规律起推波助澜的作用。各级政府大力推进教育公平，推进均衡发展，而这些功利之举正在制造新的教育不公平。当然，"公平""均衡"是相对的，更不是把好的拉下来，拉到一般水平。但是，什么是"好"质量？教育的"优质"不是加班加点，要学生提前透支生命的做法来取得的，"不要输在起跑线上"的违背教育规律的广告语，不知忽悠了多少家长，害苦了多少孩子。

以学生为本，以促进学生发展为本，为了每一位学生的终身发展，不是口号，不是供贴标签用的，是教育的核心理念，要内化为每一位办学者、每一名教师从教的指导思想，检验教育行为的标尺。敬畏每位学生的生命，遵循他们的成长规律施以切合身心发展的教育，才是办学的正道。

何时对违背学生成长规律的各种功利之举，种种置义务教育法与政府法令于不顾的做法，能像对食品安全中抓染色馒头一样，廓清正误，明确是非，弘扬正气，那教育必会出现新的气象，政令畅通，教育在老百姓中的诚信度也就必然大大提升。

校外教育应是个性发展的乐园[1]

人的健康成长和全面发展需要全方位的教育条件和环境。一个孩子的成长,学校教育固然重要,但校外教育对孩子的个性发展、兴趣爱好、特长培育也是校内教育无法替代的。校外教育涵盖了教育的广阔空间,不但具有基础教育的内容,而且也有科技、艺术和体育的专门化教育和训练,同时更是社会道德、文化传承和践行的主要途径。由此,可以说校外教育对人的影响是全方位的。

校外教育在实施过程中,特别有条件、特别需要注重个性发展和团队精神的培养,并且要很好地把这两者有机地结合起来。尊重学生的个性发展,首先必须尊重学生,对生命有敬畏之心。每个学生都是活泼泼的生命体,是一个人,而不是分数的奴隶。目前学校教育中的那些标准化的考试答案禁锢了学生的思维,它磨掉了很多学生的灵性和棱角,而校外教育一定要保护学生个性的发展。有个性的学生往往都很灵气,能独立思考,不人云亦云。校外教育要有助于学生个性潜能的发挥,如果学生千人一面、人云亦云,时时循规蹈矩、按部就班,个性就会被消解。而一个学生没有了个性,便是失去了自己。充分正视个体差异,尊重个性,因人而异,因材施教,是当代教育的基本要义。学生的个性如果得不到尊重,潜质便得不到发展,自然变得平庸,毕业走上社会

---

[1] 本文发表于《上海校外教育》2012 年 1 期。

后自然也无法胜任那些具有挑战性和创造性的工作。所以校外课外活动要充分发挥学生的个性，要做到因材施教，让学生感受到"天生我材必有用"。

校外教育还有很重要的一点是培养团队精神。在组织活动时，既要注重学生的个性发展，又要和团队精神的培养结合起来。要充分发挥校外活动的普及推广、兴趣培养和体验实践的功能。要针对未成年人的身心特点、接受能力和实际需要，明确功能定位，精心设计和广泛开展各种生动活泼的参与面广、实践性强的校外活动，让学生在亲身体验和直接参与中，树立劳动观念，提高动手能力，增强团队精神，磨炼意志品质。现在独生子女的同伴意识和团队意识培养比较困难，校外教育对此可以有针对性地组织一些教育活动，引导他们学会爱别人，一定要有伙伴关系和团体意识，这对学生的成长很有好处。一个学生成长到一定阶段都会有内心诉求，内心诉求没有释放出来，就很难形成完善的人格。一个人在团体里会有不少倾诉的机会。孔子说："有朋自远方来，不亦说乎？"有朋友，是作为社会人的基本要素，教育就是把自然人培养成社会人。社会人一定是在一个群体中学会认识自我、认识他人与自我调适。我们校外教育工作者要给予他们温馨、良好的团队教育以弥补校内教育的不足。可以积极探索参与式、体验式、互动式的沙龙，让参加活动的学生来谈谈感受，也让活动的组织者一同参与，成为活动的共同体，学习的共同体，成长的共同体。

我国在中长期教育改革和发展规划纲要中强调，要坚持把社会主义核心价值体系融入教育全过程，坚持把德育贯串到育人的各个环节，这是极具战略意义的。我们在开展校外活动时，应该适当将德育内容，诸如理想信念、价值取向、国家意识、民族情怀、法制观念、荣辱观念、道德情操、意志品质、行为习惯等都融入校外活动中去，滋养学生的心灵，引领他们打好根基，健康成长。我们应充分利用多种德育资源，如各学科教学力量、社会实践基地力量、家长力量,形成合力,引导学生学会两个眼睛看世界,崇尚真善美,拒绝假恶丑,立志做堂堂正正的现代公民。

我们的校外教育无论如何不能再有任何应试、应考的痕迹。校外教育要让学生全身心放松,让他们的童心能够展现。在推进素质教育的今天,我们理应创造适合学生的教育,而不是去选择适合教育的学生,因为只有重视发展学生的个性并彰显其本色,我们的教育才会富有活力,我们的学生也才会富有创造激情,并有能力开创更为美好的未来。

立德·立业·立人[①]

"学科德育"的提出与实践是上海首创的。为了实现"立德树人"的根本任务,为了践行《上海市中长期教育改革和发展规划纲要(2010—2020年)》的核心理念"为了每一个学生的终身发展",就要坚持把社会主义核心价值体系融入教育全过程,坚持把德育贯串到育人的各个环节。在学校教育工作中,教育形式多种多样,但当今时代以班级为单位的课堂教学仍然也必然是主要形式,学科主渠道、课堂主阵地必须充分发挥育人的功能。学生进学校学习,日复一日,年复一年,绝大部分时间都在课堂里度过。因而,课堂教学进行怎样的教育对学生精神的滋养、心灵的塑造、智力的发展起至关重要的作用。

学科德育实训基地因此需要而诞生,参加德育实训基地学习的学员均是有业务能力、有教学经验的教师,只要提供多种条件,创造多样平台,他们的主动性、积极性与创造性得到充分调动与发挥,学科德育规律、途径、方法的探索就会取得明显的进展,育人质量就会明显提高。因为主动性、积极性与创造性的充分调动与发挥,是一种教育自觉,是一种以教书育人为历史使命的内心的真正觉醒。而要切实做到,须在立德、立业、立人上下功夫。

[①] 本文发表于《上海教育》2012年第6期。

立　德

师德高尚是教师修炼的目标。

古人强调做人要往"立德、立功、立言"的方向努力。"立功"非主观条件所能决定,须有多种多样的机遇;"立言"更为不易,那是人类思想的精粹,能穿越时空,历久弥新,给人以无尽的智慧;而"立德"主要靠自身的努力,只要坚韧不拔,自我提升,人人都能做到。

教师立德尤为重要。教师工作非比寻常,它是以人育人,以德育德的工作。教师以自己高尚的人格教育引导学生形成健康完善的人格,以自己高尚的情操培育学生良好的道德情操,以自己的人格魅力影响感染学生。人格魅力是无权力的力量,但能春风化雨,润物无声,点点滴滴入心头。有人认为这个时代讲实际,高尚是标语、口号,谈论它是一种奢侈。这种看法乱人视听。社会上各行各业追求高尚的人不在少数,"感动中国"的许多人物就是社会的高标,学习的榜样。作为育人的教师应站在精神高原之上,而不是下降到精神低谷,跟风、随波逐流。一个精神卑俗的人不可能担当好培育学生健康成长的重任。

师德内涵丰富,当前对教师而言,最重要的是价值取向的选择。价值取向左右着人的精神追求、生活道路、行为取向,对人起灵魂引领作用。教师对人生的价值取向、对教育的价值取向须作清醒的思考,正确的选择。教师也是食人间烟火的,但对物质的追求要有"度"。教师是教学生读书明理的人,明做人之理,明报效国家之理,当然应抗诱惑,拒腐蚀,不为物质所累,做学生的表率。对教育同样有个价值取向的问题,是真正的以学生为本,创设种种条件,营造良好氛围,促进他们德智体美全面发展,学得生动活泼,学得快乐有劲,还是用无止境的操练,名目繁多的竞赛,挤掉他们个性发展的空间与时间。面对心口不一、言行背离的现状,学科德育教师必须坚持全面质量观,扎扎实实地实施素质教育,不要随把"育分"作为教育第一要务的大流,更不能把分数作为图

中国教育工作者的精神、智慧和自信[1]

我是一名教师,一辈子就是在课堂里上课,在学校里工作的。五年前桃浦教育联合体艰苦创业时,我曾经来到这里开会,当时我就被这些忠诚于党的教育事业的桃浦的校长所感动,至今已经是四年整了。我深切地感觉得到,这四年来一千多个日日夜夜是不寻常的岁月!

桃浦这个普陀区西北角教育的洼地,经过这一千多个日日夜夜的共同努力,今天的教育水平恐怕不仅仅是填平补齐,不少学校已经慢慢上升,达到中等偏上了,我觉得这是非常不容易的。我最强烈的感觉就是桃浦这个"走联合之路,创优质教育"的经验是真经验,这是给我最最强烈的刺激。为什么会有这样的想法?因为,现在我们这个社会当中真假难辨,很多东西说的一套一套,但是剥开来以后,并不是这样。我说,我最深的感受就是桃浦的经验是非常真的,刚才几位领导对桃浦经验作了评论,我也谈一点自己的体会。

这四年桃浦教育联合体给我的第一个启示就是有学校教育的尊严。桃浦这样一个普陀区教育的洼地,经过自己的努力,自力更生,把教育质量提上去了,这彰显了我们学校教育的尊严。现在由于多种多样的因素,功利的、市场化的、利益的驱动,我们教育的尊严受到很大的伤害,学校也是如此。而桃浦教育联合体通过艰苦的工作,不但取得了

---

[1] 本文发表于《学业质量保障研究》2012年第3期。

显著的成绩,同时也彰显了学校教育的尊严,主要体现在四个方面:

第一,是教育的真。是桃浦的教育人在普陀区政府、区教育局和桃浦镇党委、镇政府的领导和支持下,自力更生做出了实实在在的成绩,用桃浦镇郑镇长的话来讲,"我们应该的"。我说:"你们镇里很支持。"她说:"桃浦的小孩是我们自己的,我们要让桃浦的孩子能够接受良好的教育。"我觉得这就是教育的真。桃浦教育联合体的联合是很有道理的,我们现在指派到人家,居高临下,已经成为一种流行的模式。在桃浦这个联合体里,演奏的是一曲和谐的交响曲。李金龙校长是乐队里的首席小提琴手,联合体的每一个学校的地位是平等的,大家平等相待、平等融合,每个人都觉得"我是主人"。我在想,一天到晚被人家指派,这种日子好过吗?人是有自尊的。这个联合体了不起的一点,就是它是平等的、互助的。我进来就看到恒德小学评了全国的科技普及的先进,校长和老师都很有自信。刚才周忠老师讲话的那种自信啊!因此,我觉得这是了不起的,联合体里的这种平等、尊重,彰显了我们每一所学校的尊严。每一个人都是这个联合体的主人,所以都要发挥力量。当然,我们的李校长是首席小提琴手,你怎么指挥?包括我们这个年会,第四届是怎样做的,由第四届执行主任单位汇报;第五届是怎么设计的,由第五届执行主任单位提出,大家共同审议。我觉得在今天这个背景下,教育太需要平等了。有的学校名声很大,进它的小学要识1500个字。我曾经讲过,如果说义务教育条例是真条例的话,那么对这种违反条例的学校,应该怎样?应该像抓染色馒头一样地抓,但是我们没有抓,听之任之,然后还要来排位,排什么位呀?我们桃浦的学生是怎么样的?农民工子弟的学生是怎么样的?我们的义务教育应该是零起点。所以,我觉得了不起,重树了学校的尊严,我很感动。

第二,是精神。我们桃浦的精神怎么会出来的?从区政府一直到镇政府,我们郭景扬教授一直是扑在里头的。我觉得这里面的精神是了不起的，把方方面面的积极性都调动起来了。桃浦从"五个一"到"五个联"，再到"五个结合"，是把学校内部的、学校之间的、把家长的，把社区的资源和力量都紧密结合起来，这就把大家的积极性都调动起来了。

人是要有点精神的。人有了脊梁骨，才能脱离动物爬行状态，直立行走；人有了精神支柱才能成为人。而教育特别需要精神支柱，因为它是育人的伟大事业，这个精神支柱是十分重要的。我觉得桃浦联合体之所以了不起，就是彰显了我们学校教育的精神，彰显了校长的精神、教师的精神、社区方方面面的精神，而精神是非常宝贵的。古希腊的圣人柏拉图在《理想国》里，他讲什么是教育，用他的老师苏格拉底的话打了一个比方，他说教育就好像是把一个囚徒从洞穴里引出来，提升他的灵魂，就是提升他的精神往上升，达到真实之境。

我们中国也是一样的，中国古代的四书中《大学》开篇第一句话就是"大学之道，在明明德"，这个大学不是通常所说的大学、中学、小学，而是说求学，你求学求什么呢？是在"明明德"，在彰显人内心的美德。孟子讲善，就是讲内心的美德，在内心不断修炼达到至善，这就是善的境界。

陶行知先生讲："千教万教，教人求真；千学万学，学做真人。"一个人如果言行不一、表里不一的话，怎么能成为人呢？21世纪的教育本质也没有变，英国大历史学家汤因比在与日本哲人池田大作讨论21世纪教育的时候就说到，21世纪的教育不能停留在功利的浅层次，必须相应地发展心灵的教育。这一点，马克思很早就提到了，教育要培养全面发展的人，自由的人。我说人之为人，就是对孩子进行教育，在孩子身体成长的同时，给他良好的精神养料，提升他的精神境界。比如让他知道什么叫"仁"。中国的文化就是讲仁，就是仁而爱人，是孔子追求的最高境界。中国文化是儒释道，中国的儒家是治世的，他的最高境界就是仁，为什么是这个"仁"，人字旁，一个二，就是你要做人，心中就要有别人,心中没有别人你怎么做人呢?西方对人不是这么定义的,17世纪的西方对人的定义是:人,是一种追求利益的动物,是用理性思考追求最大利益的动物。因此,西方会有扩张等行为。

桃浦的经验告诉我们,为什么会有这样的精神,是因为聚焦在育人这个伟大的目标上。今日的教育质量就是明日的国民素质,国家的未来就植根在育人上面。就像刚才李校长所说的,为了每一个学生的终身发展是不变的宗旨,有了这个宗旨就会精神焕发。

第三,是智慧。联合是不容易的,是智慧,是创造。桃浦的经验不是外国的标签,不是从外国移植过来的,我一直强调中国的教育一定要根植于中国的土地上。我学的是教育,可一天到晚学的就是外国的教育理论。我20世纪50年代出来当教师,最早受规范训练的是凯洛夫教育学,凯洛夫教育学在苏联是没有地位的,我们青年教师当年训练的是五个步骤,什么叫好课?就是下课铃响了,教师说的话就结束了,你说有这么巧吗?这就是注重形式。我现在都还记得课堂教学的五环节。

中国是几千年的教育大国。孔子就是世界文化十大名人之首。有时候我已经搞不清楚,中国人现在已经没有话语权了。我现在虽然已经80多岁,但还没中风,现在听到的全是外国话,名词术语一大堆。因此,桃浦经验了不起就是植根在你们自己的实际当中。邓小平说实事求是,这是了不起的。我们是什么国情?芬兰的教育是了不起的,但它的人口只有几百万,我们的教师就有一千六百万,我们学生是一亿几千万!因此不能迷信外国。

这次十八大我看电视听到一句话,真是兴奋得不得了,我都激动得站了起来,"我们举什么旗,我们走什么路"。这个太重要了。有人好像认为我们都是不行的,其实不是这样。桃浦联合体提出建立五个平台,这也是根据桃浦的经验,根据桃浦的实际,这样的居民的文化层次,这样的孩子的基础,这么一步一步提升的。所以这种智慧了不起。其实,在联合当中桃浦做了很多联合,学校的联合,教师的联合,资源的共享等。你们的思考不是零打碎敲的,而是整体的系统性的思考,所以是了不起的,是一步一步要走自己的路。

第四,是胸怀。桃浦联合体反复讲要形成一个大教育的格局,其实你们前四年的路就是搞大教育的格局。我们办人民满意的教育就要有人民的支持,我们看到了这一点。我突然想到20世纪50年代,当时社会是封闭的,教育也是封闭的,但也确实有好的东西。我从桃浦的经验中,看到了促进社区文化与学校文化互动,感觉到真是迎面吹来的清风,教育就应该发挥这样的功能。我们现在做了那么多工作,花了那么多钱,还受到指责,教语文的更加倒霉。教语文的和教外语的,外语教师高人一等,语文教师是最糟糕的。母语教育是民族情结,它关系到人的一辈子,我们对问题的认识是浅表层的,没认识到问题的实质。我想办学校就要有一种胸怀,不仅在学校里要育好人,把教师队伍带好,而且要拓展出去,跟社区文化互动,互相吸收良好的精神食粮,这样一种辐射,齐心协力搞好现代文化,是一种胸怀。文化不同于经济和军事,军事、经济是看得见的,文化是无孔不入的,培养学生的正确的文化判断力,正确的价值取向是不容易的,不能只靠学校,还要有社会的良好环境。因为人一辈子都生活在价值观中,一辈子都在进行价值取向的选择,我们在学校、在社区能营造这样的学生健康成长的环境,对莘莘学子是极大的恩赐,这是要有些胸怀的,是要看破分数的红尘,现在对分数是顶礼膜拜,作为图腾来看待。所以说,我确实从桃浦学到了很多东西,我梦寐以求的是想中国有自己的教育话语权。

提一点想法供桃浦联合体的教师参考,四个字:增强自信。学校教育不管是怎样的生源和文化背景,应该说都是一样的高尚。我们往往认为哪一个经验了不起,大家都去学,现在"他信主义"太厉害了。上课是参考资料在左右我们,还有"一课一练",还有教育时尚。时尚不都是对的,时尚是会过期的,真正好的时尚要经过时间的淘洗才能变成经典。

不要被流行所左右,不要被他信所左右。我一辈子上过近2 000节公开课,堂堂公开,少则二三十人,多则几百人,也没把外国的话用进来。现在有的老师全国"巡回演出",上课时尚语言,网络语言,甚至外国骂人的话都出来了。上课不是嘉年华,课堂是神圣的。所以我们要增强自信,我们认准了这条路、这个目标就要走下去。

我们一定要植根于桃浦这块土地上,它过去是低洼地,现在已经是绿茵茵的,在这样的土地上,用你们的智慧和你们的责任深入研究教和学的规律,特别要研究学生的所思所想。在教师队伍的成长过程中增强自信,不断改革创新。我曾经听过有人评论教育,从头到尾都是以外国的标准来评判中国的教育,我们被评判得灰溜溜的,我就站起来讲:鲁迅先生如果活着的话还会写一篇"中国人失去自信力了吗?"没有自信怎么可能精神振奋、大步前进呢?所以我提点建议,桃浦联合体一定要在原来的基础上增强自信,改革创新,再创辉煌。

以己之短,比人之长[①]

我非常有幸代表我们上海市教师学研究会在陶行知诞辰120周年这样一个非常有意义的日子里发言。也许我这个人一辈子受陶行知思想的影响很深,用中国人的一句话,也是外国人非常羡慕的一句话来说就是"缘分"。我在做学生的时候写的论文就是研究陶行知先生的生活教育,我是复旦大学教育系的,后来又长期从事师范教育和中学教育。特别是在师范学校做校长的时候,每年新生入学,我和老师都要带学生去陶行知先生纪念馆去瞻仰,去实践,而在这个过程中叶良骏老师一直接待我们。我想,作为一名老师,对我们伟大的教育家留下的教育财富应该很好地了解、学习,应该在教育领域加以实施,加以推行。

受这次会议筹备组的嘱托,要我讲一讲学陶体会,其实跟市区陶研会研究陶行知思想几十年的老前辈相比我就非常浅薄了,只能谈一点非常粗浅的体会。我觉得伟大的陶行知先生留给我们的精神财富是非常丰富的,比如说教育对建国、治国的价值和意义,基础教育是国家的基石,比如说爱满天下的博大情怀,陶先生一再告诫我们什么叫教育,"千教万教,教人求真;千学万学,学做真人",这些真知灼见对我们今天的教育是起启明灯作用的,教育是真善美的事业。离开了真,善就是伪

---

① 本文发表于《陶研之光》2012年3月30日,是作者在纪念陶行知诞辰120周年论坛上的发言。

善,美就是假美。一个社会的文明程度是跟它的诚信程度、真实程度成正比的。又比如说,他一再讲"不带半根草去",这一生奉献,不带半根草去,这是何等高尚的奉献精神。因此,陶行知先生的关于教育、关于社会的论述,确实是留给我们的精神财富,不仅在当时国难当头,老百姓处在水深火热之中的情境下面起着极大的作用,即使在今天我们当家作主了,我们教育事业有跨越式的发展,但是我们要提升教育的内涵,他的许许多多的论述今天仍然有极其大的指导意义,有的时候几乎是给我们敲起了警钟,要我们深思。

今天论坛的论题是和谐校园,我没有能力去阐释博大精深的陶行知思想,我只是对陶先生校园文化和谐的论述给我们以深刻的教育和启迪谈一些体会。记得在晓庄师范开办三年的时候,他写过一篇《晓庄三岁敬告同志书》,里面有这么几句话,学校办了三年,万紫千红各有各的美丽,将这些大不同的花草分别栽种,使他们各得其所,显出和谐的气象,令人一进门就感觉到生命的节奏,这便是大同。我读了以后,对什么叫和谐有了新的体会。这里有几个关键词:第一是"美丽",校园里的花万紫千红告诉我们各有各的美丽,"美丽"是一个关键词。第二,把这些大不同的花草分别栽种,为什么?使它们各得其所,因此第二个关键词是"各得其所",各得其所干什么?使其"繁荣滋长",能够茁壮成长,开出美丽的花朵,结出丰盛的果实,能够呈现出和谐的气象,和谐的气象会让人感觉生命的节奏,生命的节奏就产生"大同"。因此这几个关键词"美丽""各得其所""繁荣滋长",聚焦在和谐上。我想陶行知先生写的是花花草草,万紫千红,育的是校园里的人,谁来创造这样和谐的校园呢?那是我们充满活力的莘莘学子和辛勤教书育人的园丁。社会是各种关系的总和,我们的学校就是小社会,有各种各样的关系,比如说师生关系、生生关系、学校领导和教师的关系、教师与员工之间的关系等,这各种各样的关系如何和谐相处是一门大学问。陶行知先生在这里讲得如此生动,如此通俗,又如此让人深思,他用花花草草的万紫千红来比喻。

要建设我们和谐的校园文化起码有"三个一"需要思考,你要一所学校能够万紫千红,能够发现各有各的美丽,你必须有一双慧眼,能够看到每个人的美丽。为什么这么说呢?美丽的花是各式各样的,比如说牡丹是雍容华贵的,石榴花开红胜火,兰花是清香沁人的,是高雅的,各种各样的花有各种各样的颜色,赤橙黄绿青蓝紫,包括墨绿的,近于黑色的,也是花,也是非常美丽的。但是它的美丽是要人看到,不仅看到它的颜色的五彩缤纷,而且要看到它的品格。我刚才讲牡丹是雍容华贵的,莲花是高洁的,梅花很坚韧,能够斗霜傲雪,因此要看到花的美丽,不仅要看到花的表象,而且要看到花的内涵。对一所学校创造和谐校园来讲,一双慧眼是太重要了。学生也好,老师也好,每个生命都是非常值得珍贵的,每个生命都蕴含着无限的潜能,因此能不能发现一所学校每个学生、每个老师身上的美丽,发现他的特长、他的才能是非常重要的。人不可能是全才,各有所长,各有不足。我们要创建和谐校园,必须发现每个人的特点、长处、优势,有本事把它们聚拢起来,成为学校的精神文化。比如说有的孩子成绩很好,很用功,这是他的美丽;但是有的孩子会跟老师顶撞,发表不同的意见,我觉得这也是美丽,他能够独立思考,不人云亦云,这是很难得的。我们现在习惯于在单位里,一个人用脑袋,大家动手脚,这很难创新,也很难把每个人的自主性、积极性、创造性发挥出来。陶行知先生是最崇尚创造的。老师也是一样,每个人各有所长,各有不足,因此学校和谐文化最主要的就是要善于发现。世界上美是到处都有的,关键在你要发现,你要有一双慧眼,高高在上是看不到人的优点的,看不到人的长处的。我曾经教过一些乱班,那是在"文革"当中,我曾经教过一个桀骜不驯的女孩子,她弄得我们全校的老师头疼,班主任跟她讲话,她是背对着班主任的,那么这个孩子是不是对所有的老师不敬呢？恐怕不是这样。我初步了解一下，这个孩子的阅读量是惊人的，她读了许许多多的书，而且对世界各国的政治都有兴趣，都会研究，她不满足于老师的讲课，对她来说这些看法是太低级了，太幼稚了，尽捣蛋，桀骜不驯啊。原来的老师没有办法教她，学校领导把她调到我的班级来。开始不睬我，一下子就跑掉了。我花了很多时间了解，她喜欢美术。有一次从教室奔跑的时候从口袋里掉了一本书，我一看是美术书，我就从这本书入手接近她。其实这个孩子非常能够独立思考，有她自己的见解。接触多了，谈到她的家庭，谈到她的父母在外地，谈到她的外公是个大教授。她懂的知识很多，她对社会的认识已经超过她的年龄。而我们往往把她放在和她同龄人的水平上去教育她，我们忘记了每个人是有他的独特个性的。我们的教育要因材施教，因材施教就能够把每个人的积极性发挥出来。

我碰到过这样的一个女学生，不断地闯祸，跟男同学打架，跟女同学打架，甚至男女混合双打，我去家访，她的家长说，你把她送到派出所好了，很不配合。到里弄去，里弄干部说，这一家有一个母亲两个女儿，说跟人家吵架就在地上打滚。对这样的一个孩子，我尽量发现她身上的优点，因为一个老师最重要的是发现孩子身上的优点。我表扬她，她马上闯祸，每周都给我闯不大不小的祸。我批评她，她起码两个星期不睬我，看到我的时候用眼角瞟我一下以表示对我的蔑视。她是个性格非常独特的孩子，我叫她交学费，她一封信告到《文汇报》，那是"文革"时候，说我继续执行修正主义教育路线，就是这样的一个孩子难教育啊。但是只要生长在我们这个土地上，我们从事教育的就要千方百计把她教育好，你要摸清她的脾气，摸清她的性格。有一次早操上，她在操场上像打陀螺一样，前面捅两拳，转过来踢两脚，我多次说"你站站好"，她全然不听，我说"你又不是十三点啊"，因为学生都喊她"十三点"，我教育学生不要喊她"十三点"，但是我自己却脱口而出说她"十三点"。实际上,我这种语言的粗暴,对孩子是极大的损害,还谈得上什么和谐?接下来班级学生写周记有四五个写了这件事。学生写道:某天早晨做早操的时候,于老师骂某某同学"十三点"。我们班级是没有"十三点"的,只有"阶级姐妹"。——"文革"中"阶级姐妹""阶级兄弟"是流行语么——他说,你骂学生"十三点",你的阶级感情到哪里去了?接下来还有一句话,就更重了,——包括"文革"批斗时,也没有人说我这个人不像老师,——他在周记中写:"你想想看,你像不像个教师,你配不配做个教师!"我看到这本周记,脸上一阵发热。作为一个老师,应循循善诱啊!遇到学生的任何情况,教师都不能发火。言为心声,我觉得她很难教育,所以才会有这样不符合教师身份的语言。我平时教育学生不好讲这样的话,但我碰到事却脱口而出,想想心中很惭愧,在班级里向她公开道歉。和谐校园,教师必须有一双慧眼,充分认识学生的特点,与此同时,自己千万不能用这样粗暴的语言对孩子,在学校里教师对学生语言粗暴还是不少的,因此,要多看看学生的优点,多检查检查自己的不足。作为一名教师,在学生闯了祸乃至犯了错的情况下,应该用什么态度对待,是非常重要的。每个人都有个性特点,因材施教能够让孩子的潜能充分发挥,不能用标准化生产产品的方法来对待学生,应该培养他们具有健康独特的个性。

第二就是要一腔热情,教育事业是爱的事业,没有爱就没有教育,和谐的校园文化应该是教师对学生的爱,学生之间的相互爱,洋溢在校园里。每个人有自己独特的个性,每个生命都是有价值的。我作为教师,应该把每个学生的成长中的价值充分发挥出来;作为学校领导,更应把每位教师的才能智慧充分发挥出来。我想,这才是真本事,要一腔热情,正视师生的生命价值,让他们能充分发挥发展。为什么这么说呢?加德纳讲人是有多元智能的,在一个人的身上,有他的强势智能,也有他的弱势智能,因此,陶行知先生的第二句话就是要使他们各得其所,这一点非常重要。怎样才能使他们各得其所呢?就是要把每个人放在最合适的位置上。我做师范学校校长,接的学校是"文革"的重灾区,那十年乱得一塌糊涂,所有的档案都没有,学校连个财产账都没有,不要说文书档案了。这样的学校怎么办?重要的是一腔热情,用眼睛去发现每个教师每个学生的优点,把他放在最合适的位置上。比如说我们有一位钱老师,现在是上海的特级教师。他原来是语文老师,如果把他放在教语文这个位置上,大概很难为教育做出贡献,但我发现他对书法很有研究,师范学校必须教师范生写好字。三岁孩童映八十,小学老师字写得是不是横平竖直,会影响孩子一辈子,教好师范生写好字是很重要的。因此我跟他讲,你是不是专门研究硬笔书法,钢笔字、粉笔字、毛笔字这三笔字是一定要写好的。他认真钻研,成为一名出色的书法教师,多年实践下来我们的毕业生,字都写得非常规范。每朵花,每棵草,每个人都是大不一样的。陶行知先生不是讲过吗?把不同的花、草分别栽种,使他们各得其所。比如说迎着太阳的,是太阳花,只能是红的花,因为波很长,它要反射出去,如果是紫色的、蓝色,太阳照得多,就要烧焦了,从物理学角度来讲,蓝色的花,紫色的花必须在阴暗的地方,波短不会灼伤。人也一样,主要的优点在什么地方,一定要看清楚。我们现在学校科技活动屡屡得奖的老师,当年是华师大五年毕业的,但口头表达能力不强。老师上课的语言表达是底线,如果表述不清,满肚子学问,也不能传授给学生的。我做了他很多工作,安排他搞科技活动、课外活动工作。因为他有文化底蕴,学校许许多多的奖都是他指导学生获得的。所以根据每个人的特点把他安排在最适合的地方,就构成了和谐。我们学校有一个职工,历任校长见了都头疼,没办法"摆平",其实不是这样的。有一次我偶然看到她在图书馆编织,发现她的手非常巧,我就请她出来做手工老师——因为小学教师要全面,动手能力要非常强——她十分高兴。这样就把一个令人头疼的职工变成了一个创造性非常强的老师,使学生屡屡获奖,毕业出去以后这些学生的动手能力非常强。因此,我觉得归根结底要有慧眼,透过现象看到本质,而我们往往被现象迷惑住了,看不见了,甚至于以美为丑,双目漆黑,那怎么能调动所有人的积极性呢?一位物理老师,男高音唱得十分好,我就请他专门指导声乐,结果带出了很多学生,有的学生还开了个人演唱会。学校办教育最大的事就是出人,出教师,出学生,不是出分数,如果我们的教育把育人这样崇高的责任、神圣的使命降低为分数,分分计较,那是对教育的亵渎,分数是不能代表人的,哪一张考卷可以考出人的综合素质?考不出来的。如果把机械操练、把考试奉为神灵,那么世界上就没有爱因斯坦,也没有牛顿了!什么是好校长?名师辈出,你就是好校长。你这所学校的学生能够充分发展,这就是真正的和谐。各得其所,把每个人放在最合适的位置上,让他充分发展,靠我们一腔热诚对学生,一腔热情对教师,因为每一个生命都是值得尊重的,都需要敬畏的。

第三,就是有一颗仁爱之心,陶先生讲爱满天下,这不是亲子之爱,这是大爱,大爱就是有一颗仁爱之心。中国人对人的教育,对人的界定和西方人是不一样的。中国人讲"仁"字,特别是儒家,"仁者爱人",要做一个名师就要做到心中有他人。中国的哲学是以人为大,道家讲道大、天大、地大、人大,是东方哲学的精髓。而西方17世纪有的哲学家是这样界定人的:什么叫人?人就是一种动物,追求最大利益的一种动物,用理性思考追求最大利益的动物,这就是他们对人的界定。这个哲学思考对人的影响很大,如果一个校园里都是追求个人第一,个人利益最大化,那怎么能和谐呢?没有办法和谐,更何况我们的中小学。孩子只有一个青春,一个花季童年,青春是无价宝啊!因此陶行知第三个关键词是及时"繁荣滋长",不能耽误,让她繁荣,让她发芽,让她茁壮成长,开花结果,要及时,不能耽误。

我教了一辈子的课，深知教师每一节课的质量都会影响学生生命的质量。你是机械操练还是以学生发展为本，三个维度，既教知识能力，又在情感态度与价值观方面给他们以熏陶，效果是大不一样的，不能耽误他们的青春，这是为师者的一种责任，为师者的一种良心。学生是耽误不起的，我们年纪大的人深有体会，小时候学的东西刻骨铭心，经久不忘；现在不认识的字去查字典，查三遍，四遍，二十遍还是不认识，脑子像漏斗一样。青春无价，小时候的记忆能力最强的，应该是负责呵护每个学生健康成长。我们的和谐校园文化建设面临着1949年以来从未有过的挑战，现在做老师是非常不容易的，做校长也是非常不容易的。我们五六十年代做教师虽然辛苦但是很简单，绝对没有像现在这样复杂，没有现在这样各种各样的诱惑。我们那个时候学校的价值观和社会的价值观是一致的；现在学校提倡主流价值观，但是社会上是多元的，经济多元，文化价值取向多元，多样，多变。在我们的学生脑子里，各种各样的思想都有。过去说小学生是一张白纸，现在社会上的东西在学生的脑子里已经有了。一个家长跟我说她的孩子小学毕业，互相送一本本子。送一本本子是很正常的，但是本子上写的内容是令人触目惊心的，写的是祝你成为大款，祝你成为富婆，祝你成为百万富翁，祝你成为总裁，就没有祝你成为教师，祝你成科研人员的，西方的思想文化影响无孔不入。因此校园和谐文化的建设十分重要，要引导学生健康成长。

现在教师上课，要上到学生满意非常难，一个明星，一个还珠格格，一个周杰伦就把学生弄得晕头转向，你想难度是多么大。因此我们要怀着一颗仁爱之心，千辛万苦做好教育学生的工作，如果没有一颗仁爱之心，一颗大爱之心，就出不了人。社会是真善美和假恶丑的混合体，社会上感动人的事情很多，我们校园里要树榜样。我们小时候读书，民族英雄在我们脑子里是高尚得不得了，岳飞啊，文天祥啊，我们五六十年代是雷锋；现在是什么"好男儿"啊，什么"超女"啊，乱七八糟的。人的成长，特别是学生的成长必须要重视。校园文化一定要弘扬英雄人物。最近媒体下基层，报道很多事情，很感人。水灾，一个老父亲死掉三个儿子，为了给儿子还债，最后剩下五万块钱，一定要还清，这是何等高尚的人格！人格高不高尚跟知识多不多不是画等号的，是人的精神境界，是人的品德和素质。有的知识水平很高，智能很高，心却很坏，一切为自己谋利。和谐文化一定要弘扬社会主义的正气，创造让学生健康成长的氛围。

学校是学生成长的神圣殿堂，不是超市，股市，不是小菜场。一棵树苗很好，如果不很好地施肥，不很好地浇水，也不能长成参天大树，从小歪歪斜斜哪能成才？所以对学生的一颗仁爱之心很重要，要对他们的生命负责。对老师也一样，老师也要培养，也要培养成才。现在任何一个老师都不能在课堂上把孩子进入社会的所有知识都教会，因此要教他学会学习。一颗仁爱之心对校长来说是对全校师生员工负责；对老师来说对所有的学生负责；对学生来讲，自己承受了国家的培育之恩，承受了学校老师的培育之恩，承受了社会的培育之恩，自己一定要选择正确的成长道路，要自觉地分辨真善美和假恶丑，要有正确的文化判断力，我想这样就能够茁壮成长。

一双慧眼，一腔热情，一颗仁爱之心聚焦在和谐校园，建设和谐文化是全校师生的共同责任。怎么创造？是师生员工的共同责任。校长和书记是这个文化的设计师和引领者，在这里要拒绝社会上不良风尚对我们的影响。怎么样才能做到？我没有别的法宝，只是"以己之短，比人之长"。社会上各种各样的矛盾基本上是以我为中心的，学校里各种各样不和谐的声音都是"老子天下第一"，因此"以己之短，比人之长"是非常必要的。办教育的人，谦虚是基本的素质，不断看到自己的不足，看到别人的长处，就有内需的动力，就会进步。人家问我为什么不断学习,因为我觉得自己实在不行,有许许多多的问题。因此我要两把尺子陪伴我终身,一把尺子量自己的短处,一把尺子专门量别人的长处。我越量越找到自己的不足,不断地学习,向社会学习,向书本学习,向老师学习,向学生学习。每一堂课下来我都要反思,一方面写学生上课的反应,学生上课全神贯注的时候能够超水平发挥;另一方面就是写自己的不足。不管怎么备课,一实践就会发现不是这里不足就是那里不足,我想这也可能是创建和谐校园的很重要的一条。如果人人都是谦虚谨慎,宽容大度,"以己之短,比人之长",许多矛盾就会烟消云散。

我们的教育事业是神圣伟大的事业,今日的教育质量就是明日的国民素质。在全球化的背景下,我们今日的经济已经是世界第二了,但是我们的国民素质还是排在一百位后面。一个民族的伟大复兴,绝不只是靠物质文明,还有精神文明。中华民族的伟大复兴不仅要有强大的物质文明,更要有强大的精神文明。向世界展示我们的民族素质,我们的道德水准,我们的人文精神是怎样的强大,才是中华民族真正的崛起,也是我们的文化对世界文化建构的杰出贡献。

书生校长的胆识与胸襟[①]

我这个80几岁的老人,参加这样一个讨论教育现场的会,对红兵同志的这本书进行恳谈,让我好像又回到了几十年以前。这种场景在当时的课堂以及很多研讨的场所是很常见的。刚才有同志讲,这个恳谈的源头在我这边,这句话应该说是不准确的。为什么这么说呢?我跟红兵确实有一段师徒关系,这个师徒其实也是名义的,我并没给他多少指导,反而是他给了我很多思考的机会。陶行知先生有一句话,一个老师最幸福的就是培养出最值得他崇敬的人,我想红兵同志50岁还不到就有这样一个成就,对我来说确实是莫大的幸福。我是从心底对他由衷地感谢,也是由衷地敬佩。

刚才听了他的三位学员的发言,张广录老师是用了心仔仔细细去读去思考;郑朝晖老师信口讲来,也是讲到点子上了;耿慧慧刚才选择的点也很好——"好玩",这个点其实也讲出了程红兵同志从事教育的一些基本要点。

《直面教育现场》是他很多著作当中的一本,他的第一本书《语文教师的人格魅力》,就是我写的序。之后他一本一本地出,基本上属于"多产作家"了。其实他的工作非常繁忙,但即使是这样,他还是把博士读出来了,很不容易,并在这个过程中读了很多书。"书生校长"这几个字

[①] 本文发表于《上海师资培训》2012年5期。

我觉得确实是匹配的。

现在我们做校长的身上太缺少文化的味道了。有些校长身上的商人气太重,没有这种书生气。而这书生气却是非常重要的。我读了这本书之后,感到有几点特别值得我学习。

第一,是学术勇气。我们每个人都在教育现场当中,都应该去直面它。但是鲁迅先生也讲:直面人生是非常不容易的。我们在这教育现场当中经常看到的是两种情况,一个是发牢骚,这个牢骚真是牢骚太盛防肠断,就是这个不满那个不满,几乎是无处不在;另一个是视而不见,采取一种逃避现实的态度。我觉得直面现场,本身就是一种学术勇气。红兵写的这本书不是发牢骚,也不是逃避,而是用他的教育理念、教育思想、教育智慧和他受黑格尔《小逻辑》这本书影响很深的逻辑力量来分析教育现象并加以判断。我想这是一个知识分子,一个有理想的教师的正经的、正规的道路。我是半路出家教语文的,功底不行,但是既然入了这个门,就要一辈子"上下求索"。不仅要找到"门",而且要"登堂入室"。因此我就对语文考虑得比较多。但是红兵不同,他不仅对语文,而且对除语文之外的方方面面包括师范大学包括大学里头的各种各样的现象,他都作了深入思考。所以说这是一种学术的勇气。刚才他引了钱理群的一句话,教育现在是种乱象——我们既取得了伟大的成绩,比如说在我们这样的国家一亿几千万的学生当中普及了义务教育,解决了世界级的顶级难题,对人类做出了巨大贡献。但是与此同时,我们教育当中乱象丛生,一线老师苦不堪言。为什么会是这个样子?靠谁来解决?刚才红兵引用了钱理群的一句话:"恐怕解决问题还是在民间。"我一直相信,从来没有救世主,上课,是教师提高教育质量的一个最根本的环节。学校教育的质量说到底其实是教师的质量,说来说去还是要靠教师。我们历史上有一个非常特殊的教育群体,像西南联大,校舍设备很差,即使我们中国建筑学之父梁思成在那边也没钱盖房子，但是那里出了多少人才！因为那里的老师是精英，他们的学校汇聚了全国的精英。我们"两弹一星"的专家基本上都是从这所学校出来的。另外，像杨振宁，他最大的贡献其实是场论，但因为一个人在物理学方面不能够两次获诺贝尔奖，所以不为大众熟知。90岁的他在作报告的一个半钟头里，没有停下来喝过一口水。这就是中国知识分子的精气神。我想，西南联大出那么多人才，杨振宁、李政道、黄昆、邓稼先……于敏没有喝过洋墨水，但却对氢弹的制造功劳巨大。文科也是如此。现代话剧之父曹禺，是在图书馆里创作《雷雨》的，他写了一辈子的剧本，没有一部能够超过《雷雨》。可见，师资质量是出人才的第一要素。我们确实要有这种学术勇气，既要肯定我们的成绩，也要对那些乱象，用自己的行动和学术的能力加以分析，承担一点责任。

第二，必须要有清醒头脑。刚才张广录老师分析得很清楚，从观察点、多重角色、判断方法、思维方法、研究方法等去审视。我觉得头脑清醒是非常重要的。我以前一直觉得老师为什么不能有点自己的思想主见，为什么总是缺少思想，我现在否定了这些想法。因为现在不是缺思想的时代，而是思想太多了，但浅薄的思想太多，深邃的思想太少，特别是一针见血、一语中的的东西太少了。我们经常在浅薄的思想上轮回，不能透过疯狂的现象找到事物的本质，找到骨子里头的东西。装模作样、乔装打扮的思想太多，而实实在在的思想太少了。你看现在随便一个人说出来的话，都是一套一套的，听上去就是新名词、新概念的词汇大串联。这种乔装打扮、装模作样的思想太多，让我们来不及思考中国教育到底应该搞什么、语文教育搞什么。有的时候媒体宣传的东西实在真假难辨，伪思想太多，伪科学太多，真的东西太少。这里树一个榜样以后，马上就要卖门票了，到哪一层门卖20元，到哪一层门卖50元，到哪一层就可以卖100元。这把教育办到哪儿去了？你到我这个学校参观，还有土特产卖……我简直搞不清楚了，这是什么东西，这是什么东西！但是我们很多人就被忽悠过去了。所以，一个老师必须有清醒的头脑，在乱象当中，有文化判断力。什么是真的，什么是假的，什么是科学，什么是伪饰，一定要把它搞清楚。红兵的这本《直面教育现场》有很多很清晰的洞察，很清晰的批判，他没有绝对化。比如说传统教育跟现代教育，我们有部分人觉得传统教育都不行，全部都要外国的，那是现代教育。实际上从世界来讲，教师中心主义跟儿童中心主义都是两个极端。你怎么可能一定要把别的因素排掉了以后才能突出你的这个观点的正确性？一个复杂的庞大的教育工程，不是简单的一两句话、几个标签一贴，就成功了。不是这个样子。所以教师应该有清醒的头脑，特别要用辩证唯物主义的武器来思考。

第三，要有文化自觉。清醒的头脑不是天上下来的。《文化自觉》这本书我读了，每一个问题都在讲文化，分析问题的时候，也都是在讲文化。什么叫文化？就是"以文化人"。以文化人，这种文化很了不起，它是我们的民族精神，是千百年来祖先淬火锻造来的。我们现在这种文化自觉很差。中华文化一个了不起的特点就是文化的消化，几千年以来它都在接受别人的文化，但是它的这种接受，始终坚持以我为主的消化原则。但1840年英国用鸦片和大炮打开清政府大门、西方的文化排山倒海般进来以后，这种现状就被打破了。中国的近现代史经历了殖民地半殖民地，即使今天站起来了，但我们仍然深受西方文化的影响。开放以来这种影响更大。西方的文化非常有侵略性，它对人的界定跟中国是不一样的。它认为，人是用理性思考谋取最大利益的动物。而中国人认为，人就是"仁而爱人"，有恻隐之心、同情之心、柔软之心。在西方文化的影响下，我们的传统文化还有多少主体地位？我们的教育是否应该有所坚守？中国的教育文化很了不起的地方是强调"读书做人"，将读书和做人联系在一起，这是一个根本问题。既然如此，我们为什么还要育分不育人，重术轻德？中国教育到底用什么文化来支撑？

刚刚有个女同志问红兵"教育国际化"的问题。现在"国际化""跟国际接轨"这个口号响得不得了,可是这个国际接轨是跟谁接轨呢？跟印度接轨吗？跟非洲接轨吗？跟西方、跟欧美接轨吗？我们现在高中的课改基本上是芬兰的模式。可是芬兰只有几百万人口,而我们多少人啊！因此这里讲的文化自觉,非常重要的一点恐怕就是不能忘记你是中国,中华文化的根是不能忘记的。我们对很多问题并没有站在中国文化的本土上去思考,推崇西方的话语霸权。

刚才红兵回答很多问题,都是针对训练、做题目、考核,一个考,一个评价体系,就把我们整个的教育全部控制了。我开始真的没有体会到这个问题会如此严重。1985年国家教委就教育大纲、教材的审编请我们在北戴河开会,当时语文第一次出现了标准化设计,就是打钩打叉、ABCD。我跟冯钟芸大姐住一个房间。她私下跟我讲,这是什么题目啊？一点都做不来。她是北大中文系的资深教授,也编过中学语文的教材。当时我讲,把这样一个标准化的设计引入我们语文高考试卷,起码害三代。如今看来不知道害了几代了。这个考试指挥棒是很厉害的,它把我们的教育理念,教育大纲讲到的"以人为本""学生的发展为本"都颠覆了。你到下面去看一看,到底是以人为本还是以分为本？我国过去的学科整体框架是非常完整的,现在却全是知识点。我写过一篇文章,《标准化试题把语文教学引入死胡同》,在《人民教育》发表,我说为什么语文教学弄得如此支离破碎、碎尸万段,语文最重要的应该是读书啊！不读书,怎么得了？书是孩子的精神食粮,是一辈子受益的事啊,这真要很好地反思。

现在所有好的东西好像都是从外国来的,连想象力都是外国的。有一个作家,女儿上小学四年级,他说："你们这都是什么教材啊,我只让女儿读了七遍《哈利·波特》。"我不反对读《哈利·波特》,但是这并不意味着我们的孩子都要这样。语文老师作为中华优秀文化的传承者,恐怕真是任重道远。我们把所有好的都贴上"外国",所有不好的都贴到我们中国传统教育上。比如说,丰富的想象,屈原的《天问》里至少有138个问题吧?柳宗元对此就有138个《天对》。后来还有《天论》等,我们的古人的想象力差吗?有必要这样妄自菲薄吗?我们在五六十年代教学容易得多,当时尽管是极左思潮,但是怎么上课是由着我自己的,没有那么多规矩。现在讲究"精细化"管理,却把你头、手、脚都管住,连你每个手指头都管住。老师怎么发挥个性?不管你再怎么提倡"个性",教师的个性也被抹杀掉了。这种情况可怕在哪里呢?我们口号讲得那么响亮,先是把学生标准化,然后在学生标准化的同时把教师也标准化了。这个真糟糕,真是糟糕!过去四川大学蒙文通教授考学生,他的考试就是叫学生向他提问题,如果提的问题他回答不出来,那这个提问题的学生就是呱呱叫的。而我们现在的自由度实在太差了,时间和空间全部给捆绑起来。一个孩子、一个教师没有空间和时间,他怎么发展?没法发展!

我们不是不要向西方学习。人家好的东西很多。几年以前我第一次拿到童心出版社出的《美国语文》,我还以为是历史教科书。美国的文化是英国殖民文化和美洲土著文化的结合。这本教材选了六个总统的发言,把它200年的文化讲得花好稻好。而我们对自己五千年的文化却不知道,无动于衷,这是一种什么样的心态?它以历史来串联文本,这个做法很好。我们现在的状况是,一边拼命在强调爱国主义,可另一边却没有让学生搞清楚自己的历史地理,说的和做的反差很大,往往形成一种悖论。20世纪90年代克林顿做总统的时候,他就发现美国小学生的阅读能力很差,于是他花了15亿美元,组织了一个阅读特种挑战,组织了一百万中小学教师、十万大学生半工半读,来解决小学生的阅读能力提高问题。他认为信息社会第一能力就是阅读,没有读的能力是不行的。结果这十年下来,他的努力行了。我们曾有机会跟牛津大学的教育学院和密歇根大学的教育学院搞了跨国研究课题，参加我们课题的一个博士后的小孩在硅谷小学上四年级，他的暑假没有我们的"一课一练"，但是要读四十本书。我把他的书一翻，那些并不都是动漫作品。读四十本书啊！一个人，一个民族，最后能不能出来，靠的是他的文化积淀，是他的文化素养。如果我们对这个问题不重视，对文化素养不重视，那么将来我们的孩子怎么能够成才？怎么能够成为卓越的人才？

外国好的东西很多，我们到底该学什么？我们中国自己好的东西丢掉了多少？从文化自觉的角度，我们真要好好考虑考虑。再比如，我们50年代包括80年代的学校，虽是泥地的操场，却到处是龙腾虎跃。我看到男孩子打篮球、打排球就非常高兴，这是在锻炼一个民族的精神，在锻炼民族的健壮的体魄。而现在中小学的操场虽然漂亮，可又有几家能够做到"龙腾虎跃"？我们现在都是长官意志，我们规定学生每天必须要一个钟头到室外去。可你看看，实际上有多少学生、学校在按照要求这么做？他要做题目，他不去。坚强的体魄从哪里来？你老是怪足球不争气，可眼下该如何争气法？儿童青少年有多少时间进行体育锻炼，打球踢球？这就如同数学中分母跟分子的关系，坚强体魄的分母都没有，又如何谈体育精英这些分子呢？又比如说，我们课外阅读。当年我的学生都只是中等偏上的水平，但是对文学的兴趣、对读书的兴趣，那种美丽的风景线我至今不忘。像陈残云的《香飘四季》刚刚出来以后，我们马上组织讲座，学生立刻就能听到。课外的讲座，大礼堂上坐着几百个人，盛况空前。甚至几十年以后，学生碰到我还会一而再再而三地谈到那时的语文课外活动盛况。现在有这样的风景线吗？没有啦，不读书啦！20世纪70年代末《哥德巴赫猜想》报道一出来，数学教研组长马上讲什么叫"哥德巴赫猜想"，而我马上去讲徐迟的这篇报告文学。那时孩子的求知真是盛况空前啊！五六十年代我在高中教课，十七八岁的孩子会很感动。而我们现在课堂上还有这种风景线吗?

红兵说教师要打开课堂,我认为,我们这些教育骨干、语文教学骨干,首先要打开脑子、解放思想。有一次跟王志刚校长一起听课,我觉得如果我是学生,是没有兴趣听这种课的。教师把什么事情都磨碎了来讲,不研究我们的学生,这怎么听得下去?教师可以有自身的理想,但是更不要忘了还要有文化自觉。教育没有文化支撑,是没有魂的。我们现在经常呕心沥血,办的却是没有灵魂的教育,只看到技术看不到人。从柏拉图《理想国》开始一直到21世纪英国大历史学家汤因比跟日本池田大作关于21世纪教育的对话,他们都谈到21世纪教育的本质是培养人,人不培养全盘皆输。语文老师的文化自觉真是太重要了。文化本身是多年来积淀下来的,好像淬火一样,不能因为人家的一些乱七八糟的东西就把它销掉。文化的毁灭是一个民族的灾难!

第四,要有知识分子的责任担当。我们的教育必须有自己的话语权。一个民族,一个大国的教育,如果没有多少话语权,那在世界上是没有分量,没有地位的。社发局的陈彬处长告诉我,我们拿出去的东西都要按照外国人的标准来评判,因为西方有话语的霸权,很多东西拿出去都被退回来了。思想上的殖民、文化上的殖民太厉害了,这种殖民性渗透在我们文化教育的方方面面。我们有那么多优秀教师,有很多闪光的东西,一定要建立文化自信。现在中国、美国、俄罗斯三国结合起来,要向欧洲标准挑战,向他们要话语权,我们为何不能有这样的勇气从西方话语里跳出来?程红兵为什么有这样的勇气,有这样的思维,有这样的自觉?恐怕正是他作为知识分子的责任担当意识。你既然是知识分子,你就要以天下为家!古时候都讲"匹夫有责",即使你是匹夫,也有社会责任,也应有担当。红兵之所以会有这一系列对话,我想其本身就拥有一颗赤子之心的责任担当意识。

谁的成长没有瓶颈?红兵有时会打电话给我谈到这样的问题,我们也会商量,会讨论。一个人会碰到很多困惑、困难,乃至迷茫,但最重要的是,你内心的深度觉醒。当你意识到自己的这个教育岗位关系到千秋万代大业,关系到老百姓的千家万户,就有一种崇高的使命感和责任感,就一定要破浪前进,路从来是不平坦的。

美国没有文化部,也没有宣传部,只有中央情报局。它的文化是中央情报局文化,它的工作就是要输出西方文化,而且让被输出的对象能够舒舒服服地把美国的价值观当作自己的价值观,可怕吧？所以我们一定要有清醒的头脑。优秀的教师一定要起骨干作用,引领作用,做出自己的个性,独树一帜,形成教学风格。这个工作很困难,而且语文又是所有学科里被骂得最多的。但是骂也可以变成动力,使得我们更清醒地思考。

我作为一名80几岁的老学生,读了这本书,受到了一些启发,再听了刚才各位老师的发言更是受益匪浅。当年西南联大的学生躲在防空洞里还要孜孜矻矻学习,就只为了中华文化的根。因为中华文化的根有了,我们这个民族才会真正实现伟大的复兴。今天这里汇集了很多语文教师当中的精英,也都是为了我们中华民族的根啊!

要建立自己的教育话语权[①]

"教育要面向现代化、面向世界、面向未来"是邓小平同志1983年10月1日为景山学校题的词。这一题词用高度概括的语言表达了邓小平同志教育思想的精髓,是邓小平同志建设有中国特色的社会主义理论的重要组成部分,是新的历史时期教育改革和发展的战略指导方针。

"三个面向"的价值与意义非比寻常

今日再次讨论"三个面向",更是深切体会到其价值与意义的非比寻常。尤其是经过近三十年波澜壮阔的教育实践,更显现其思想光芒。"三个面向",首先是教育理念上的更新与革命。传统教育有一个根深蒂固的强大力量就是"学而优则仕",似乎办教育就是为了让学生升入高一级的学校,一级一级升的最终目的又是什么呢?成就"仕",成为"人上人"。不言而喻,这种人是可以脱离劳动生产、脱离劳动阶层的骄子。教育目标的偏离,必然导致教育功能的片面与弱化。科教兴国是

[①] 本文发表于《上海教育》2012年第18期。在教育教学改革发展过程中,长期以来西语盛行,作者对此深感不满,从20世纪90年代起就形成了"教育话语权"的自觉,多次明言"绝不让自己的教育实践甘心沦为外国理念的论据"。进入新世纪以来,随着西语霸权的愈演愈烈,课程、教学与教材改革的诸多领域几乎变成了西方教育理论的试验田,而广大一线教师,尤其是青年教师,对此却缺乏必要的认识。针对这种现象,作者撰写了系列文章,明确提出"要建立自己的教育话语权"的主张,大声疾呼对我们国家和民族悠久教育传统的敬畏和自信。这一系列文章,发出了当代中国"教育自信"的最强音。

我们的大政方针，但并不是任何教育都可以"兴国"的。教育必须方向正，目标明，扎根于国情土壤，措施实在、有力，方能取得振兴国家的效果。

"面向现代化"，就是要求教育全面适应社会主义现代化建设的需要，从宏观到微观作系统思考，既思考如何为物质文明建设服务，又思考如何为精神文明建设服务，更要聚焦在人的培养上，深入思考、研究社会主义现代化建设需要怎样的建设者，怎样的可靠接班人。这是教育功能全方位思考的问题，而培养怎样的人，培养的人为谁服务，又是重中之重，是教育的核心价值所在，关系到民族素质的高低，具有影响建设全局的战略意义。

面向现代化，当然不能关起门来搞教育，自我封闭，而是必须面向世界。在怎样的全球背景下办教育；世界各国教育的状况怎样；它们是怎样办教育的，尤其是发达国家办教育的经验，我们都要比较、对照，科学地分析利弊得失。有了国际视野，知己知彼，心中更有谱，更能认清前进的方向。培养的学生当然也要有国际视野，要立足本国，放眼世界，具有参与国际社会生活与竞争的能力。他们不仅要有中华优秀文化的底气，更要以开放的心态善于学习与吸收人类创造的文明成果，还要提高文化识别力、判断力，抵制西方种种腐朽毒液的入侵、浸染。

教育是未来的事业，以往的错觉是：教育是用过去的知识教眼前的学生。把"传授"、把"眼前"看得很重。"面向未来"打开了教育的新天地，凸显了教育战略性，针砭了教育中鼠目寸光极其短视的弊病。教育是为未来社会培养人才，教在今天，要想到明天，要以明日建设者的要求来指导今日的教育教学工作。没有这样的高度，社会视野狭窄，囿于已经铸成的墙垛，在其中转来转去。教育预测未来的这一特点，经济学家成思危说得十分精辟，他说："经济只能保证我们的今天，科技可以保证我们的明天，只有教育才能保证我们的后天。"

"面向"不是照抄，不是移植，更不是贩卖

与三十年前对"三个面向"题词的学习作比较，现今的认识与理解要深刻得多，周全得多，而这些理解与认识相当程度来之于教育实践。教育实践取得的巨大成就又是在对"三个面向"战略指导方针不断提升认识、不断加深理解的指导下取得的。理念指导行动，教育改革和发展已取得累累硕果。

别的且不说，单说普及义务教育，那么宽广的地域，穷乡僻壤，高原峭壁，全覆盖；那么多的学龄儿童都入学，一亿几千万的学生都接受义务教育，这是怎样庞大的数量啊。如此的教育成就在世界上应该算是首屈一指，应该是中国特色的办教育。然而，在日常教育教学工作中，在听报告、进修、开展教学科研时，洋概念、洋语言无处不在，给人的感觉常常是"言必称希腊"，我们几乎没有自己的教育话语体系。这是为什么？

原因甚多，举其要而言，首先是盲目崇拜的矮人思想在作怪。教育改革与发展、教育质量的提升必须有先进教育理念、科学教育思想指导，欧美等西方国家有些教育理论确实比较科学、比较先进，有些做法与经验也值得学习、值得借鉴。教育本身就有很强的包含性，它承认不同教育之间需要互相了解、互相借鉴，看到人家好的就学，学了根据本国情况吸收、剔除、改造、创新。

"面向世界"是打开视野，知己知彼，学别人之长；"面向"不是照抄，不是移植，更不是贩卖。任何教育理论的形成总有其特定的时代背景、历史文化土壤、社会需求、环境条件，其中有普适性价值的，但地域特色常常十分鲜明，并非放之四海而皆准的真理。不深究这些理论、理念、经验、做法的来龙去脉，不深究它们的环境、条件，不深究它们在哲学高度、人文高度、科学高度能经受怎样的检验；不深究它们在付诸实践中的利弊得失，只要是引进的，就是好的、先进的，以强势语言宣传、推行；谁满口洋概念、洋术语，谁就是先进教育理论、理念的布道者，听的人只

好噤声失语了。

与此同时,是对中国教育的鄙薄,不管是传统的,还是现代的、当代的。中国教育有深厚的资源,有正面的、负面的极其丰富的积累,但不了解,不研究,不珍惜。一谈改革,一谈发展,它就总是处于被批判、被否定、被消解、被解构的无奈地位。无形之中,我们就成了思想上的矮子,丢失了教育自主的话语权。《中国震撼》的作者张维为说过这样一句意味深长的话:"一个只会用别人话语的民族在世界上是没有分量的,中国人要用自己的话语来解释中国和世界。中国崛起的过程也必然是一个中国话语崛起的过程。"教育何尝不是如此呢?

教育话语权的作用不可小视。时至今日,搞课题,写论文,不引用外国教育理论,不引用外国教育家某某话语作为语录,似乎就没有水平,不够先进,不够前沿。更有甚者,我们教育实践、教育研究的进步、成效,常作为论证这些理论、理念的证据。独立之思想,自由之精神,何处去了?搭到"外"字,就有理论水平,科研立项也好,职称升迁也好,往往就有绿色通道之便。

话语权会影响许许多多做法。比如,考试客观题科学,主观题欠科学,不能量化,评价成绩有差异。不能不说有一定的道理,但是一下子推行标准化试题,对几乎所有学科全覆盖,无视不同学科的不同性质特点,实践下来,弊病甚多。最厉害是衍生的一课一练,题海题库,铺天盖地的教辅,赚的是家长的钱,害的是学生的青春。机械操练几乎剥夺了学生课外读书的时间,消解了他们的好奇心,消解了他们求知的强烈兴趣与奇思妙想的创造意识。教育行政部门一再采取措施规范、制止,但收效总不理想。思维成定式,更由于巨大利益的驱动,要改变当然十分困难。其实,标准化试题对课程教材教学的冲击同样不可小视。课程整体框架在教学中淡化,知识点大大流行以提高押题率,教学中碎片化屡见不鲜。

建立自己的教育话语权关键在回顾走过的路

建立自己的教育话语权并非争语言上的短长,更不是说大话、空话、不着边际的话。我们的教育话语权有大量的教育实践作支撑,有教育硕果如普及义务教育这样的人类教育史上的奇迹作支撑,有丹心与智慧浇铸而成的许许多多教书育人的经验作支撑。且不说别的,单是乡村美丽教师对教育事业的信仰、奉献,对学生的至诚至爱,克服困难的坚强意志,白手兴办学校的创业精神,就显现了中国教师在教育事业中的脊梁作用,硬骨头精神,值得大说特说,大写特写。

建立我们自己的教育话语权是对我们国家民族的尊重,是对我们自己教育的敬畏与自信,是对从事教育工作的人,特别是在第一线的教师的心中点燃希望之火,用温暖支持他们挺直腰杆做培育学生成长、成才的大事,摆脱矮人一等的困境。

建立我们自己的教育话语权就要认真回顾、梳理、反思这三十年来我们教育走过的路。要清醒地认识到:我们向国外学习了哪些好的理念、好的经验,融入我们的教育文化、教育理念与教育实践之中,促进了我们教育的改革与发展;又有哪些以偏概全、烦琐纠结、真伪参半乃至伪理论、金钱教育等对我们进行干扰与忽悠,分辨清楚,方向才会更明,才会消除教育中不该有的乱象。我们更要下决心静下心来认认真真研究中国教育有哪些优秀的传统,哪些是不符合"三个面向"战略指导方针的,在改革与发展的进程中,哪些弊病是障碍,须克服、须清除的。研究自己的历史与现状,扎根于本土,才会有真发展,才会形成有中国特色的教育理论,从宏观到微观,从理念到举措,既有思想的光芒,又有中国教育泥土的芳香,是鲜活的,充满勃勃生机的。偌大的受教育群体,偌大的教师队伍,文化土壤深厚,旧教育历时久远,新教育积累的正反经验丰富,总得建立中国自己的教育学。

1949年以来,中国教育有许多可圈可点值得骄傲之处,如以往有限的教育经费支撑着庞大的教育工程,由于自强自信,发挥艰苦奋斗的创业精神,取得了培养青少年的巨大成果;如小学启蒙阶段学习良好习惯、卫生良好习惯、做人道德良好习惯的养成有一整套行之有效的教育方法;如理想教育渗透到学习求知当中,既从小树立胸怀大志的根,又不断引领学习的目标、方向、动机,激发旺盛的求知欲;如学校坚持全面实施国家教育方针,千方百计促进学生德智体美全面发展;课堂上学生的深度质疑会令教师吃惊又欣慰,下午课后简陋的操场上龙腾虎跃,热火朝天,文学讲座、科普讲座座无虚席,全神贯注。课外各种各样的活动小组,生龙活虎,当家的全是学生,至于互帮互学、一人有事大家帮,更是常见的风景……举一点例子无非说明我们的教育寓含着不少宝藏,值得深入研究,从中提取精华,为全面推进素质教育提供坚实的基础。历史预示未来,对历史以虚无主义对待,恶果是消解了民族自信力。

以"三个面向"为指针,审视我们教育的历史与现状,解放思想,实事求是,改革发展,再创新的业绩,让我们的教育话语铿锵有力,鼓舞士气,传播四方。

我们这支队伍，这些人[①]

黑龙江省佳木斯市第十九中学张丽莉老师舍命救学生的英雄行为传遍全中国，感动了老老少少亿万人。她是普通的人，普通的教师，为何能有如此震撼人心的力量？且不说她对学生的爱、对事业的敬、对同事的真，也不说她对伤病的超强意志和对前景的乐观坦然，就其实质而言，仅一句话概括：灵魂崇高。

她是中国基础教育的骄傲！

由此，我联想到我们这支队伍。最近中央媒体走基层，寻找最美的乡村教师，报道了许多真实而生动的故事。每次看报道，心中总会涌起冲动，让人洗涤私欲，净化感情。那么平凡、那么普通的教师，在乡村坚守10年、20年，乃至30年，面对贫困不言苦，面对艰难勇向前，对社会敢于担当，对学生心怀大爱。他们犹如灿烂星空中的闪烁小星，虽不知名，但给我们以无限的希望。

教师的思想道德水平可以说是处在社会道德建设的前列。全国有一千多万中小学教师，他们默默耕耘在培养学生成长成人的第一线，播

[①] 本文发表于《中国德育》2012年第16期。进入新世纪以来，随着网络的普及，媒体对极个别有违师德的现象大做文章，肆意炒作，造成了很坏的社会影响，使教师整体形象蒙尘，损害了教师群体的社会声誉，挫伤了广大教师的自尊心和教书育人的积极性。作者撰写此文，并不讳言教师队伍中个别违背师德的人和事，同时呼吁整个社会要正视广大教师倾注心血、大爱育人的无私奉献精神。作者饱含深情地讴歌了"我们这支队伍，这些人"，弘扬了正气，提振了广大教师的士气。

撒青春、艰苦备尝、无怨无悔,他们经常背负着不能承受之重。时代发展快,教育要求高,误解、指责、怪罪,脱离国情与地情的任务加码屡见不鲜,但绝大多数教师并未把责任推向客观,而是认真学习、努力改进,力争与学生共同成长,志在教育实践中不断修炼,成为高素质、专业化的教师。毋庸讳言,这样庞大的队伍中出现一些违背师德的人和事,的确令人不齿,但可贵在同行不仅不认同,而且认为其有损于队伍的形象与声誉,影响恶劣,应加强教育,并以此发挥警示作用。

这支队伍是可爱的,深入他们当中,你会发现,无论社会环境怎样变换,总有一些宝贵的东西在他们身上默默传递。

坚定不移的价值取向

人一辈子都活在价值观中,一辈子都在进行价值取向的选择。价值观是人生的标尺,它决定了人生的境界。

在社会转型、价值取向多元的现实生活中,许多职业扎堆成团,炙手可热,而教师职业还有几分清凉,几分执着。选择教师,选择向青少年学生传承人类精神文明作为自身的追求,就是一种志气,一种境界。

选择教师,就是选择了高尚,选择了与国家前途和命运紧密相连的教育事业。教师是以人育人的工作,许多教师深知,要用自己高尚的人格去引领学生形成健全的人格,以自己的真才实学启发学生旺盛的求知欲。只有自己不断修炼,成为师德高尚、业务精湛的人,才能成为指导学生选择正确人生道路的引路人。

在深刻的社会变革转型之中,多种经济发展模式并存,生活方式越来越多元,利益分配方法与价值观念交织在一起,原有的价值标准、道德理念失衡、失范、失律,许多教师选择了奉献教育、为国育才的价值取向,是蔡元培、陶行知等教育大家忧国忧民、为国为民奉献崇高精神的薪火相传。

不说全国范围的感人事迹,看看周围的平凡教师,就可从中吸收到不少精神养料。如坚守在上海郊区的优秀教师,包括特级教师,他们经受住中心城区以及其他行业高薪的种种诱惑,全身心地哺育农村学子成长。又如不少参加教育培训的年轻教师,把学习实践、接受培训看成精神上的福利,有的写下了这样的心声:"教学工作再忙,应试压力再大,事务性工作再烦琐,也依然挤出时间去学习。一年半中,从不上网聊天,未看一集热播电视剧,更是与网游绝缘。培训让我真正懂得了终身学习的意义,品尝到学习的无穷乐趣。育人先育己!"

教师不是生活在真空地带,不可能不食人间烟火,关键在于信奉怎样的价值观,选择怎样的价值取向。我自己就面临过高位、高薪、汽车、房子的诱惑,我都婉言谢绝了,因为教师是社会的良心,千万不能为金钱、物欲所俘虏,成为它的奴隶。《礼记·乐记》早就深刻指出:"夫物之感人无穷,而人之好恶无节,则是物至而人化物也。"我铭刻在心,在金钱至上、物欲横流的大潮中更须以此为警戒。

教师爱教育、爱学校、爱学生,他们在教育实践中不断进取,升腾起来的理念是:思路决定出路,行为决定作为,定位决定地位。学校给我一块土壤,我还学校一片绿洲。这就是我们的普通教师,对教育事业有一颗金子般的心。

倾注心血的大爱之情

教育事业是爱的事业,没有爱就没有教育。师爱超越亲子之爱。亲子之爱源于血缘关系,父母爱子女是人的本性和本能。教师和学生之间无血缘关系,但只要是诞生于我们这块多情土地上的孩子,教师都要倾注心血,千方百计把他们教好,因为其中寄寓了国家的期望与人民的嘱托。这是沉甸甸的历史使命,须有高度的责任感,须有仁爱之心、大爱之情。

对学生能不能满腔热情满腔爱,实际是教师对教育价值能否深刻领悟与不断净化感情的问题。教师只要内心真正觉醒,把日常千件万件的教育教学小事与国家的千秋大业、人民的幸福追求紧密联系在一起时,就会觉得身上挑着千斤重担,一头挑着学生的现在,另一头挑着国家的未来,今日的教育质量,就是明天的国民素质。觉醒意味着,不仅领悟教育工作非凡的意义,而且真切体验到每个孩子都是国家的宝贝、家庭的宝贝,此时此刻,师爱就会在胸中激荡。

学生进入学校学习,虽只有短短几年,在人生长河中仅仅是一阵子,但这短短一阵子往往影响一辈子的生活道路。万丈高楼平地起,关键在基础打得牢不牢。做人的根基扎得正,扎得牢固,学生就会一辈子受益不尽。更重要的是,一个人只有一次青春,青春是无价宝,国家把学生青春年少、风华正茂的时期交给教师培养,这是对教师的极大信任。如果不充满爱心培育,岂不浪费学生青春?这是对国家、对人民、对学生的大不敬。基于这样的认识,许许多多教师锤炼自己的感情,用"有教无类"的博大胸怀,对每一个学生施以爱的教育。资优的、学困的,开朗的、内向的,家庭和谐的、破碎的,生活富裕的、贫穷的……都想方设法根据不同情况言传身教,学业上、生活上、性格上、习惯上关怀备至,不是亲子女,胜似亲子女,以大爱的细流滋润他们心灵,促进他们健康成长。

什么叫大爱?就是没有任何条件,没有任何私利的爱,它源于仁爱之心。亚里士多德说过,善有外在的善、身体的善和灵魂的善,灵魂的善是真正的最具卓越意义的善。几十年来,我一直在教育第一线,耳濡目染、亲身实践,深刻领悟到教师生涯中最大的事就是一心为学生,不只是说说,而是身体力行,倾注心血去做,持之以恒地做,做出效果,这就是真善,就是仁爱,就是大爱。哪所学校、哪个地区、哪个省市没有生动、鲜活的爱生故事?教师中不胜枚举的爱生故事汇聚成道德中爱的洪流,与社会上那些自私自利、刻薄寡情形成鲜明的对照。尚善、尚美、尚爱终将驱散丑恶。

对专业发展的执着追求

德性与智性是生命之魂,思想道德素质是人的理想信念、价值观念、道德观念、法制观念等方面的综合体现,它决定并影响着智力的发展与发挥;科学文化素质是通过知识传授、能力培养,开发学生的潜能,使他们的智力获得发展,形成良好的认知结构。在发展智能的过程中,须注意学生情感的激发、意志的培养和正确价值观的形成,三者是不可分割的整体,互相融合、渗透、贯通。要培养学生的德性和智性,教师须强化自身的综合素质。为此,师德高尚、业务精湛永远是每一位教师执着追求的目标。

上好课,是教育改革的原点,也是教师的真本事,然而,要上好课确实不易。信息如潮涌,学生的信息渠道畅通、视野开阔、想法很多,要让学生学有兴趣、学有所得、学能开启智慧,实非一日之功。有思想、有抱负的教师,钟情自己的学科教学,不受教学参考书的羁绊,不信教学时尚的忽悠,不受分数评价标准的束缚,更不信题海题库、一课一练;而是独立思考,刻苦钻研课程教材,把握知识的来龙去脉,突显教学的核心价值;而是研究学情,深入了解学生对所学学科的内在需求,选择合适的途径与方法,引领学生在求知过程中品尝快乐与成功。他们的非凡勇气在于跳出"育分"的怪圈,回归"育人"的教育本质。

举例来说,一位坚持学科教学必须"育人"的语文教师,叙写他多年实践的体会中有这样几句:"教师所需做的就是带着学生,沿着文字,走进作者的生命世界,去倾听、去感悟,给学生自由思考的空间与表达的机会。在课堂上,我们为学生打开了一扇门或是推开了一扇窗,让学生怀着莫大的好奇穿过门,透过窗,进入更为广泛的语文天空,体验、收获、感受生命的美好,聆听生命的絮语,丰富生命的内蕴,语文教学的生命由此盛大空灵。它们形成了我的教学思路,成为我作为一名语文教师的生命底座。"没有唯分,没有拼分,而是遵循教学规律、遵循学生认知规律,阅读、表达、观察、实践,学生德性、智性获得有效培养,毕业选拔考试成绩极佳。

每一节课都会影响学生生命的质量,许多教师已经清醒地意识到这一点,为此,在工作十分繁忙的情况下仍然坚持学习、进修,坚持科研,双休日参加学习培训已屡见不鲜。教研组、备课组是教师专业发展的实体,各个层面教师形成带教的成长链,以真问题驱动真教研,帮助教师解决真问题,促进教师专业发展。

对学生丹心一片,对业务执着追求,坚守教育的神圣,创造育人的业绩,这是我们这支队伍、这些人的永恒追求。

坚持走有中国特色的教育发展道路[①]

十八大报告是我国建设中国特色社会主义的里程碑,彰显了中国人的志气、精神、智慧和胸怀。党最理解教师的心,因为教师一辈子的追求就是把学生塑造成为优秀的中华人民共和国的公民。把学生培养成人、成才是做老师的最大心愿。在教师生涯中,能做到这一点非常不容易,不仅需要主观努力,还需要客观环境等各方面的支持。

要努力办好人民满意的教育,一定要把立德树人作为教育的根本任务。而要实现立德树人的宗旨,首先需要树立教育自信。近 30 年,特别是近 10 年来,在普及义务教育、解决一亿几千万的学生有学上这一世界难题上,中国教育取得了显著的成绩,我国所有学段的教育都得到了长足发展。

但不可回避的是,虽然我们进行了很多富有实效的教育实践,但依然缺少自己的教育思想提炼和教育理论研究。从教育内涵到学生培养再到课程改革,我们从理念到做法上大部分都是运用国外的教育思想和教育理论。虽然我们不排斥借鉴国外的经验,但今天的中国教育理应树立起自信,拥有自己的话语权和理论体系。

[①] 本文发表于《上海教育》2012 年第 24 期。2012 年 11 月,中国共产党第十八次全国代表大会胜利召开。作者认真学习领会十八大精神,着眼当下教育发展现状,结合自身教育实践体会,撰写了此文,明确提出树立中国教育自信需要拥有两个视野,一个是中国历史发展的视野,另一个是世界文明发展的视野,呼吁中国教育一定要在世界上发出声音。

中国的教育需要拥有两个视野，一个是中国历史发展的视野，另一个是世界文明发展的视野。我们要用这两个视野帮助我们树立自信。任何一种学术都具有独立性，其他国家再成功的经验都不能代替自身的独立思考。十八大提出的"道路自信、理论自信、制度自信"这三个自信是非常有远见的。中国教育必须从本土出发，树立自己的自信。有了这样的自信，广大教育工作者才能为实现教育发展目标自觉自愿地去奋斗，我们办出的教育才是真正符合中国实际的。

实现立德树人的宗旨，还要坚持走有中国特色的教育发展道路。中国教育的体量非常巨大，是世界上任何国家无法匹敌的。中国的文化讲究以人为本，这是非常具有中国特色的。老子说："道大天大地大人大。"孔子的"仁爱"思想，说的就是，心中不仅有自己，还要有他人、集体和国家。这与西方单一注重个人发展的狭隘视角是不同的。

1949年以来，从"德智体全面发展"到提出"四有新人"，从"素质教育"再到十八大提出的"全面实施素质教育"，显示出我们走有中国特色的教育发展道路的指导方针是非常明确的。"育人为本，德育为先"是每一个教育工作者必须遵循的。《上海市中长期教育改革和发展规划纲要》明确提出"为了每一个学生的终身发展"，如果教育能真正使每一个学生得到终身发展，就能使几千年前孔子"有教无类"的思想在今天得以实现。

坚持走有中国特色的教育发展道路，一是要贯通古今，梳理我国几千年来的教育史，特别是1949年以来的教育成功经验；二是要拓宽视野，能够"左顾右盼"，结合中国国情学习国外的先进经验。在整个教育层面，需要构建家国共同体，要倡导"修身、齐家、治国、平天下""先天下之忧而忧，后天下之乐而乐"。教师要能肩负起这样的使命和担当。

教育发展有自身的规律，教育的本质是非常朴实的，教师应当遵循教育规律教书育人。要在教育软实力的建设中攻坚克难，从教育的思想、教育的理念、教育的价值出发,创造出有中国特色的教育。教育规划纲要提出要聚焦战略主题,实现重大突破,这个"战略"和"突破"的核心就是"以人为本""全面实施素质教育"。

总之,作为教育工作者,我们要吃透十八大精神,在思想观念和策略上作一番真正的调整,走有中国特色的教育道路,最终对世界教育产生影响。我希望中国在未来的五十年中,能拥有属于自己的特色教育学,提炼出自己的理论,再到实践中进行检验。中国的教育一定要在世界上发出声音,而且是锃亮的声音!

心存敬畏,回归教学本原[①]

教书育人自有其内在规律,既要遵循学科本身固有的性质与功能,更要遵循学生的认知规律和成长规律。教学中根据不同学年段、不同层面学生的内心需求寻找最佳契合点,满怀培育之情,施以良好的知性与德性的教育,就能促进学生蓬勃向上,健康发展。

然而,在办学实践中,我们往往有意无意地忽视这种教育的内在规律,有的甚至熟视无睹,自行其是。是否可以这样来描述:这些年来我们的学科教学经常面临着三种强大势力的挤压。

一是对分数顶礼膜拜的应试教育。分、分、分,不仅是学生的命根,也是教师的命根、学校的命根、家长的命根,因而,许多学校办学的第一兴奋点是分数,是升学率。嘴上不明说,行动上真抓实干。尽管上海市教委三令五申不可搞分数排行,不以升学率论高低,但现管的看重升学率,认为升学率就是学校的质量,就是一方教育的质量,第一线干工作的拼命追求,许多是实属无奈。

二是把科学管理与量化管理混为一谈。科学管理是尊重客观规律,是以人为本。有人认为量化管理才是最客观的、最科学的,甚至是测量学大行其道,一切以数字来衡量,以数字测量教学的利弊得失。学校工作有的可以量化,有的是无法量化的,教育性、人文性、校风教风学

[①] 本文发表于《思想理论教育》2013年第2期。

风等如何量化？既然要量化,各类作业、各类考试当然就成为重中之重,以分评人,以分压人。

三是理论之风盛行。众所周知,实践在正确理论的指导下能创造喜人的业绩；理论上的模糊会导致实践中的盲目。问题在于外来的理论话语霸权在不深入研究中国教情、学情的情况下大拆大建,一提传统不分青红皂白,均在对立面,均在批判之列。实践者基本无话语权,不实践者以各种各样的理论话语霸权左右教学,弄得从事学科教学的教师莫衷一是。

教书育人原本是教师肩负的天经地义的历史使命,在三股强力的挤压下,学科教学迅速工具化、技术化、功利化,育人价值不知不觉地被剥离,被消释。

在这种环境下,强调学科德育,回归教学本源,并进行专门研究,既十分必要,又非常紧迫。

首先是教育本质的呼唤。教育,说到底就是培养人。党的十八大报告中精辟地阐明:"教育是民族振兴和社会进步的基石。要坚持教育优先发展,全面贯彻党的教育方针,坚持教育为社会主义现代化建设服务、为人民服务,把立德树人作为教育的根本任务,培养德智体美全面发展的社会主义建设者和接班人。"要"全面实施素质教育",要"培养学生社会责任感、创新精神、实践能力"。《上海市中长期教育改革和发展规划纲要(2010—2020年)》的核心理念是"为了每一个学生的终身发展",强调不能在教育功能多元化中迷失其本原的核心价值——育人。上海教育改革和发展聚焦的战略主题是"围绕以人为本,推进素质教育"。这一系列的表述都揭示了教育的本质,一再明示我们:学生求学,接受教育,既学习科学文化知识,又学习做人的道理,德智体美要全面发展。基础教育是给未成年人打知识的基础、做人的基础,基础打得正,打得牢,他们就能健康成长,乃至终身获得良性发展。德性是生命之魂,重知轻德的教育是一种残缺的教育。缺了德性的教育不仅有悖教育本质,而且其结果使学生终生都难以弥补。学校面对的教育群体是学生,口口声声说的也是一切为了学生,为了学生的一切,可为什么教学中从起点到目标凸显的是"重术轻人""分数至上"?除了行为上的功利之外,思维也留下了深深的印记。"人"常被有意无意地忽略,被概念化、模式化,常被无知和偏见遮蔽。学生是活泼泼的生命体,一个人是一个世界,一个宇宙,成长发展过程中甜酸苦辣精彩异常。就由于我们那些思维被埋在无意识之下,而且埋得十分之深,以至于常常看不见一个个个性迥异的学生,有时对自己教育者的身份也熟视无睹了。学科德育旨在教育本质的回归,是唤醒沉睡的育人意识。

其次是学科教学本身的呼唤。任何学科的教学之中都蕴含着教学生做人的丰富资源。知识的创建饱含人们追求理想的壮志、不懈奋斗的精神和为人民造福的情怀。且不说人文学科里珍藏的忧患意识、家国情怀、虽九死而不悔的责任担当,就是数理、生化等学科传授的是极为严密的刚性的科学知识也一样。在这些刚性的数字、原理、公式、定律背后,蕴藏着多少敬畏自然、探索奥秘、寻求规律、追求真理的思想道德财富,创造了多少可歌可泣的为科学而献身的事迹。关键在我们执教者有没有一双慧眼来发现,而能不能发现又取决于我们是否牢固树立育人的意识,有没有育人的巨大热情。知识本身是生动的、鲜活的、有生命力的,闪耀着科学与人文的亮光。这原本是客观存在的事实,但由于功利喧嚣、技术至上的干扰,往往只见其工具性,只重其实用性功能,而剥离或阉割其内涵的精髓。任何学科教学都有教育性,没有教育性的教学是失魂落魄的教学,不仅学生缺失了完善培养的权利,而且学科知识本身也缺失了吸引人、感染人的魅力。

当前,更为重要的是学生成长中价值迷茫的急需。接受基础教育的学生还是未成年人,生活经历少,没有生活正反方面的经验,学习积累有限，无厚实的文化积淀，文化识别力、文化判断力比较差，面对声、光、形大肆渲染的东西，很容易不加辨别照单全收，有时甚至错把腐朽当神奇。社会上多元价值的冲击，尤其是个人第一、金钱至上、享乐追求等香风迷雾的侵染，学生往往受害而不自知。最近，我们语文学科德育实训基地因"价值多元背景下语文学科德育建设的实证研究"课题的需要，对14个区500多名中小学生思想道德现状开展调研，从采集到的10万多数据来看，有些情况还是很值得研究、值得深思的。比如，从喜欢的偶像、喜欢的榜样考查学生的倾向性认识，结果显示，按照选率高低排序依次为：演艺人物（48.7%）、政界人物（9.8%）、体坛人物（7.7%），仅有1.2%的学生选择道德楷模，更有甚者，还有1.2%的学生将"二战"期间的纳粹分子作为自己的偶像，反映了一些中学生的极端心理和畸形价值观，也暴露了教育的某种突出病象：学校普遍重视应试训导与行为规范教育，并以此来判断学生的"好"与"差"，淡化甚至取消心理疏导与信仰牵引，以致一些学生价值观扭曲，人生观变形，荣耻莫辨，善恶难分。

教育者必须负起教育青少年学生健康成长的重要责任。这项任务的复杂与艰巨，不是靠少数德育工作者就能完成的，而是全体教师的共同使命。做人准则、思想道德准则、遵纪守法准则，特别是家国情怀、社会责任意识等就是要通过每天每节课与知识传授、能力培养融合在一起，撒播到学生的心田，为他们的生活道路导航。这样，教书育人才能落到实处，而非空喊千百遍的口号。

有的倾向性认识确实需要澄清。有些教育工作者包括学校教育一线的管理者与教师，一说到学科德育，就条件反射般地认为那是没有专业的人说的话、干的活。什么叫专业？什么是教师的专业？业务钻研不深，怎么可能目光有穿透力，怎能发现其中宝贵的育人资源？学生进校求学，大部分时间是在课堂里度过的，每堂课的质量影响到学生生命的质量。优质课一定是知性与德性的高度统一,而不是教师是知识的二传手,学生是知识的容器。对学生心存敬畏,对教育教学本原心存敬畏,对教师专业的认识与感悟就会更周全一些,更有深度一些。

学科德育彰显的是对学生的大爱,对事业的拥抱,对业务的执着追求,对教学智慧的不断创造,担当此重任的教师辛苦在当前,功德在千秋。

椎心的忧思,竭诚的期望[①]

直面教育现场,给人突出的印象,一是成绩巨大,二是乱象丛生。

且不评说改革开放 30 多年来教育取得的举世瞩目的成绩,单是普及义务教育,那么宽广的地域,穷乡僻壤,高原平川,全覆盖,那么多的学龄儿童都入学,一亿几千万学生都接受义务教育,这是怎样庞大的数量啊!如此的教育成就在世界上应该是首屈一指,史无前例,值得骄傲与自豪。然而,与此同时,教育内部、教育外部混乱现象触目皆是,它们不断侵蚀教育的肌体,不断扭曲教育的宗旨,投入的人力、物力、财力与教育质量、人民的满意度有很大距离,许多事不得不让人忧心忡忡,长此以往,何处是乱象的尽头!

以分判人,首当其冲受害的是男娃娃

分分计较,以分判人,在许许多多学校已司空见惯。在这种教学机制下,不管怎样加重负担,机械训练,不管怎样要求家长陪读陪学,首先在分数这个紧箍咒面前败下阵来的是男娃娃。是他们的智力比女小孩

[①] 本文发表于《未来教育家》2013 年第 5—8 期。进入新世纪以来,教育经受着来自各方面的考验,如多元文化背景下的价值分歧对教育走向的疏离,经济社会的功利选择对教育底线的冲击,海量的冗杂信息对教育育人功能的消解;教育之外,批评指责之声不绝于耳,而教育内部则奇论迭出,标语口号满天飞,违情悖理的荒谬做法司空见惯。作者对此深感痛心,满怀忧思,遂撰写此文,竭诚献智,寄托期望。

差吗？不是，是生理发展、性格特点难以适应这种刻板的、琐细的、无趣的、反反复复的标准化训练。他们好动、好奇、求新、求异，又粗粗拉拉，不懂事，这不是缺点，是天性。可悲的是无视这些特点，未潜心研究这些特点去因材施教，而是用统一的标准化的框框进行打造，抑制想象力、抑制求知欲、抑制灵气的教学事例屡见不鲜。由于以分判人，从启蒙教育开始，男娃娃就难以获得锻炼的机会。用家长的话来说，"好事怎么摊得着？当个小队长已是天大的喜事"。小学时就处于弱势，升学一路淘汰，学生世界中就形成了"阴盛阳衰"的局面。

这不是一个简单的男女生比例失调的问题，而是要追究探讨形成这种现象的原因，以及产生的影响与后果。男孩智力开发与女孩相比，要迟一到两年，用分数一把尺子评判，有时会把天才扼杀在摇篮里。更可怕的是男学生的阳刚之气受到损害，更谈不上培育与发扬。一整套对分数顶礼膜拜的做法，男性的勇敢、担当、冲劲、冒险精神等无形中受到消解。男孩子"娘娘腔"不是好事，面广量大，就会影响到民族性。中国的伟大事业需要无数像罗阳同志那样顶天立地的好男儿。

以考定教，最受伤害的是学生的全面发展

育分还是育人是办教育的根本性问题。古今中外教育家无论是创建或持有怎样的学说，有一点是无可争辩的，即教育是"教人"的，教学生"成为人"，"完成人的美好品质"。我们办教育的目标十分明确，是育人，是培养学生成为德智体美全面发展的有良好思想道德素养和良好科学文化素养的合格建设者和可靠的接班人。然而，学校教育现状是相当程度在育分，"分"是实做，"人"的全面培养不到位，有时被虚化了。"分"为何高到如此的价位？支撑的是强有力的指挥棒——升学考试。为了追求中考、高考升学率，考试结织成的这张网覆盖了整个基础教育，连小学一年级的娃娃也未能幸免，现已延伸到幼儿园，不少幼儿也

要提前学习"课程",提前支付有限的"智力"。

考试作为一种检测手段、选拔手段,本无可厚非。检测的目的在于改进教与学,提高教学质量,使学生学得更有兴趣,更自主;升学选拔在当今仍然是公平公正的好措施。在短时间内助学生做点应考准备也是人之常情。问题在以应试教育为依归,以追求升学率为目标,偏离了育人的轨道,学生的健康发展受到明显的伤害。

以考定教。为了反复操练取得提高考分的效果,教学内容不断提前提前,缩短新授课的时间,高三、初三缩短新授课一学期乃至两学期的情况屡见不鲜。教学时间的压缩,必然造成教学内容的叠加,再加上反复操练,学生的学业负担超常沉重。以考定教,考什么教什么,不考就舍弃,学科的性质、功能,学生的认知规律很少顾及。原本醉心于知识点,现在更进一步发展到抓住得分点。上课抓得分点,眼睛发亮,全神贯注;不是得分点,气泄了,劲也没了。求知对心灵的滋养、情感的陶冶、理想的孕育、思维的发展、视野的拓展等虽不荡然无存,但也难觅踪影,那种求知中的新发现、新顿悟、新追求的美丽风景很少见到。智育的品质、内涵、功能下降到如此逼仄的情况,怎不让人忧虑?求学不读书,阅读的贫瘠直接影响到科学文化的素养,缺少文化积淀,大大制约今后的发展。社会实践少,动手能力差,有的几乎世事不知,更不用说接近自然。整日埋头作业,学生的时间空间被题海占满,还谈什么个性发展、创新精神、实践能力?用学生的话来说,"学习只为考试,考试只为应试,考过就忘记","一天15小时以上泡在课堂与作业里,造出一个个机器人"。

"立德树人"是教育最本质的问题,德育为先,育人为本。教育的根本任务是引导青年学生树立正确的世界观、人生观、价值观和荣辱观,培养德智体美全面发展的"和谐的人"。一心追求考分,全力以赴追求升学率,学校德育有形无形受到挤压。课堂里解题的技能技巧至上,不仅育人意识淡薄,而且做法上也违背教学宗旨。任何教学都具有教育性,没有教育性的教学是失掉灵魂的教学,苍白无力。别的暂且不说,仅以学生崇拜的偶像而言,就促使我们深思、猛醒。前不久中国青少年研究中心公布的一项"少年儿童偶像崇拜与榜样研究"调查显示,有近七成的孩子最崇拜的偶像是文艺体育明星,把科学家作为偶像的只有2.3%。科学家排名:爱因斯坦31位,钱学森45位,爱迪生47位,袁隆平80位。偶像崇拜高度娱乐化。抽取对象是6省市的小学三年级到高中二年级的6 466名在校学生。我们语文学科德育实训基地也于去年做过类似的调研,尽管样本不大,508名中小学生,但涉及14个区。结果显示:崇拜的偶像48.7%是演艺明星,体坛人物7.7%,仅有1.2%选择道德楷模。社会上金钱至上、一夜暴富、娱乐化文化大肆鼓吹、大肆宣扬,对未涉世、缺少文化积淀、缺少正确的文化判断力的青少年儿童所产生的负面作用是显而易见的。这些思想观念通过具体的、生动的、包装得新奇的声、光、电等手段施加影响,而且持续不断,学生容易入目入耳,最后就入了心。至于理想信念、民族自信、诚信意识、社会责任、勤奋自强、和谐相处等都不同程度有不足或缺陷,这既不能漠然无视,更不能掉以轻心。学生是我们真正的宝贝——家庭的宝贝,国家的宝贝。从小施以怎样的教育,直接影响到他们将来如何立业、立人。如果做人的根基打不正,打不牢,就会"地动山摇"。

健全的心灵寓于健康的身体。身体是否健康关系到一个人一辈子的生活、工作、学习。儿童、少年、青年是长身体的关键时候,施以怎样质量的体育教育,对他们的身体成长、体质强健起至关重要的作用。当前,学生的体质不容乐观,视力下降、耐力、爆发力差,许多体育锻炼项目不会、不适应、不参加。这同样令人忧虑。我们不是培养玻璃娃娃,用圈养的方法让他们碰不得、摔不得,不能经受风吹日晒雨淋;我们要培养的是体格健壮、精力充沛、意志坚强、有抗挫能力的建设者,永远甩掉"病夫"的历史屈辱。

德智体美全面发展不仅是我们培养的目标,更是我们社会主义国家青少年受教育的权利。片面的乃至扭曲的教育质量观、违背学生身心健康发展规律的学生观,指挥着、左右着我们的教育教学行为,损害着未成年人应该享有的幸福权利,抑制了他们花样年华的生命活力与光彩。一个人只有一个童年,一个青春,青春是无价宝,哪个孩子都伤不起,更何况今天的教育质量就是明天的国民素质。这不仅是基础性的问题,更是带有全局性的战略意义的大事,怎能不让人揪心!

认清乱象产生之诸多根由,是改变教育困境的第一步

教育行政部门对种种乱象从未停止过整治,如学业过重负担问题、铺天盖地的教辅问题、五花八门的考证问题等,均作规定、下文件,但收效不理想,有些地方有令不行,还变着法儿顶着干。怎么会这样呢？乱象形成非一朝一夕,愈演愈烈有各方的利益驱动,破解困境谈何容易。

就业压力巨大,又瞄准了权与钱,高学历成了选择高待遇职业的必要台阶。就业问题必然牵扯到学历;要获得高学历,必然要经历无数次考试的关,而升学考更是诸多"关"中的关键,考试指挥棒能强有力的指挥就不足为怪了。围绕考试产生的种种乱象,最深层次的根由即在于此。

家长对子女教育的高度重视前所未有,这是一种进步,是好事。但相当数量的家长期望值高得往往不切实际。由于社会上金钱至上、享乐主义思想影响,期望值又往往聚焦在出人头地、做"大事"、赚大钱上,于是各种负担往子女身上压,双休日也得在各种班里连轴转。家长望子成龙、望女成凤的苦心又支撑了乱象的"合法性"。常听到的一句话是："家长有此需要嘛！"不管孩子受不受得了。

应试教育乱象中起推波助澜作用的莫大于教辅读物,渗透到每个

地方,题海、题库,无一名学生幸免。教辅读物是出版部门的大产业,然而不是出版部门也在搞,都在学生身上打主意,赚的是家长的钱,耽误的是孩子的青春。学生没完没了的机械训练,挤压了自主阅读、社会实践的时间与空间。利益驱动的巨大力量使应试教育的乱象久盛不衰。

领导部门常按照考核经济的办法来考核教育。考核经济看GDP,考核教育看升学率,看百分比高不高。教育是育人的事业,有其特殊性,要在未来才能看到效果,用现在的考分评价未来的事情,科学吗?合适吗?再说,当前办学以应试为准则,能反映学生德智体美发展的真实情况吗?能反映学校真正的教育质量吗?这一招很厉害,"给你钱投下去,产出呢?"升学率以数字说话,检测最方便。于是,一级压一级,区县压到教育局,教育局压到学校,校长压到教师,教师压到学生。不仅是教学压力、学习压力,由于功利思想作怪,弄虚作假乱象也随之而生。

凡此种种,不一而足,社会给教育的压力太大了。教育自身呢?对乱象的存在与发展有没有关系呢?

大家最看得见、影响最直接最有指挥力的是招生考试制度,尤其是高考制度。基础教育办学基本瞄准这一点来干的。

以升学率为目标,有些学校的管理层面设置众多规定,从学生入学开始就层层把关,把教师和学生捆绑在考试的战车上高速运行,学生、教师均苦不堪言。这种办学方向本应纠正,可悲在往往被默认,说的是一套,做的是另一套。说的是素质教育,创新做法,行的是考、考、考、分、分、分。拿高升学率说话,谁也不敢把这类学校怎么样。举例来说,中考考六门课,其他课程就不教,无法无天到如此程度,没人管,因为升学率高。此类事大家心知肚明,心里不服,又不敢直言,其负面作用是对教育失去信心。对考试步步为营的做法大大巩固了应试教育的阵地。

说大话,说空话,说假话,搞花样,搞形式,以名利为导向的"面子工程"也是乱象滋生根由之一。开口应满足学生需要开多少多少门课程，上百，几百，师资似乎比大学的名教授还要棒。浮夸，说过似乎就已经做过。一谈论教育，就是外国名词术语一大串，而且不断花样翻新以表示走在最前沿，国情、校情、师情、学情反倒不上心，似乎学校就是国外教育思想观念的大汇聚，教育措施的实验地。为招揽生源，与国际接轨，开设外国课程，语文、历史不开设，去中国化。凡此种种，形成一种导向，形成一种追逐的风气，一般学校还难有这样的底气，有头有脸的学校才有能量。

教师绩效考核、职称评定、荣誉表彰都要与考分、升学百分比挂钩，有些学校还挂得十分紧密。考试一结束，教师的名次就按分数高低排列出来了，精确到小数点后一位、两位，0.1分之差就有高下之别。分，分，不仅是学生的命根，也是教师立身的命根。教师对高分的追逐滋生了对学生语言暴力、操练打压的种种乱象。

由于以分数评价教育质量，以升学率高低判别学校，于是有些学校拼命提高学生入学的门槛，如识1 500字方能进入小学一年级就读，一传十，十传百，家长很快就把子女的识字、算术延伸到幼儿时期，揠苗助长。正由于要在起跑线上领先，且保持继续领跑的优势，各种考证兴起，声势浩大，奥数的价值位列头等。学校择生，家长择校，有些小学如招4个班级学生，其中一个班级几乎都是"条子生"，钱不敢收，有所顾忌，"条子生"招架不住，各种各样关系，谁也惹不起，教育的公平、公正就被各种各样的权力人为地破坏了。这是腐败！

教育乱象产生的根由错综复杂，有教育理念的问题，有体制机制的问题，有利益驱动的问题，教育内部、教育外部矛盾交叉，相互作用。谈这些情况不是抹杀我们改革开放以来教育取得的巨大成绩，而是面对现实，增强忧患意识，坚定破解难题的勇气、信心和毅力，真正做到党的十八大报告中指出的"努力办好人民满意的教育"。

深化教育改革，以法治教，以德兴校

破解教育中碰到的种种难题，用单打一的方式确实难以奏效，须进行综合改革，各方协调，上下配合，真抓实干，扎实推进。

进行综合改革，要有各个层面的科学设计。就是顶层设计，也一定要从现实情况出发，倾听基层呼声，接地气。就基础教育而言，要进行有效的改革，先要重视精神状态的改变。无能为力、无奈、等待、随大流等是常见状况。明知学校教育应全面贯彻教育方针，全面实施素质教育，立德树人是办学的责任与使命，但面对应试教育的强大压力拉拽，觉得胳膊扭不过大腿，无能为力突破。于是深感无奈，心里想育人，行动上在育分，不想做也得勉强做。但心里还是充满了希望，等待哪一天改革成功，招生考试制度、评价体系为基础教育松绑，那就蓝天白云，上上大吉了。更有甚者是不思改革，在应试教育轨道上走惯了，轻车熟路，何必自讨苦吃，随大流可少费神。

我认为，办教育的人，从管理者到一线教师，都要有点精神，要有中国人的脊梁骨。教育承载着学生的现在与未来的发展，承载着国民素质的整体提高，承载着中华民族伟大复兴的千秋大业，是民族振兴和社会进步的基石。为之奋斗，是责任，也是莫大的光荣与幸福。与以往经费短缺、寸步难行比，今日不知要好多少倍。今日教育战略地位的确立，坚持优先发展教育，为创建有中国特色的教育开辟了无比广阔的道路。问题、困难是发展过程中的挑战，拿出奋斗的勇气，不屈不挠的精神，努力施展才华，难题就会一个个解开。

破解难题最为重要的是以法治教，以德兴校。教育有一系列的法律法规，从《中国教育改革和发展纲要》、《中华人民共和国教育法》、《中华人民共和国义务教育法》(修订)、《中华人民共和国教师法》，以及《中华人民共和国未成年人保护法》等，一直到《国家中长期教育改革和发展规划纲要(2010—2020年)》，对办中国特色教育的方方面面均作了明确的规定，按时代需求，发展的线索也十分清晰。按理说，从政府顶层设计层面、管理层面，一直到基础学校层面，均应依法治教。法制观念淡薄，主观臆断，追逐教育时尚，随意性滋生，乱象也就随之堂而皇之地出现。按法律法规办事，既是政府部门的事，也是所有从事教育的人，包括学校校长、教师都要自觉遵纪守法。在法律面前校校平等，这所学校特殊，那所学校特殊，不表态就是默认，默认造成有恃无恐，无法无天情况出现也就不足为奇了。法制观念加强，以法律法规约束，许多乱象可以受到抑制。

学校是培育学生成人成才的神圣场所，以德兴校是办学者应尽的天职。以德兴校是对学生生命与发展成长的敬畏，是对教育事业的忠诚。尽管社会上有市场喧嚣、急功近利、金钱至上的观念存在，但学校弘扬的必须是社会主义核心价值，营造真善美的文化。坚持以德兴校，能比较有效地抵御社会不良风气的侵袭，创建学生健康成长的精神家园。这不是要关门办学，而是在改革开放的条件下，牢牢抓住以德兴校，有助于去功利、去包装、去虚假、去炒作，让教育回归育人的本原，让学校成为比较洁净的地方，显示社会主义精神文明的引领力量。

要切实提高办学水平，切实提高教育质量内涵，课堂教学须攻坚。学生到学校求学，一天要上7节课、8节课乃至9节课，课堂教学的质量直接影响学生生命的质量，成长的质量。有几个须面对：一是课堂教学外围战打得热闹，真正沉到教学第一线进行研究很少。教学竞赛、项目展示、论坛高论，与广大教师第一线的教学距离甚远。"你干你的，我教我的"，什么公开课、展示课、竞赛课，为了获得比赛名次，反复修改，反复操练，预演许多次，追求形式，违背课堂教学真实、朴素的宗旨，教师并不认可。只是热闹一阵，谈不上有多少吸引力、辐射力。二是课堂教学由于"技术至上"，把情感、态度、价值观与知识和能力剥离，教书育人有机结合未能落到实处。这一堡垒攻不下，"育人为本"实质上就被架空，课程改革的三维目标也就形同虚设。学科德育的实施正是为了让课程改革以学生为本，知识与能力、过程与方法、情感态度与价值观融为一体的课程目标真正得到落实。三是课堂教学质量往往以分评判，教师压力很大，不少教师有逃离课堂的想法。有人这样调侃：有本事的进机关，当校长，还有本事的当教研员，再差一点当学校主任，我们是五流，只好站课堂。那么多不上课的人对上课的评头品足，掌握考试大权，掌握教师职称能不能升迁的大权。有些青年教师觉得教学太苦，总想离开课堂。这些想法和说法不完全正确，但对教学第一线的教师缺乏应有的尊重与人文关怀也是屡见不鲜。管理者似乎高过实践者，教研员成了考研员，脱离教学，与设置该岗位的初衷差距很大，教师心态不平衡。课堂教学质量的提高靠的是合力，要各司其职，兢兢业业，多一点在教学实践第一线实干的，少一点脱离实际指手画脚的指挥者，关系和谐，有利于促进对教育事业的热爱，齐心协力提高教学质量。

学校经常要被评估，被检查，但又往往政出多门，基层有时应接不暇。有的校长诉艰难：一个学期要接待18次，有的文字报告长达3万多字，不胜负担。学校教育工作须静下心来思考、实践，干扰多，必然精力分散。大家忙得团团转，但常走不进核心工作深入钻研。"大道至简"，简单就是智慧，过多的程序，层层叠叠的要求，简单问题复杂化，必然束缚下面人的积极性和创新精神。有个制度是否可建立？那就是问责制度。不抓枝枝节节，就抓学校是否全面贯彻教育方针，是否以学生为本，德育为先，从办学指导思想到具体措施到实际效果，提纲挈领，把学校教育教学统整起来，回归教育的本原。"问责"不是发生错误才"问"，而是促进教育思想的提升，得出正道办学的经验，从不同层面学校的实际出发，共同回答"我是谁""我是干什么的""我怎样干""为什么我这样干""干的效果怎样""如何才能继续发展"等问题，呈现办学多姿多彩的局面，使每个学生都能幸福成长。

最后,说一点自信力的问题。教育经费、教育布局、教育法规等,只要是政府行为,很有中国特色,中国气魄,但一到教育专业领域,"言必称希腊",我们一下子就成为矮人了。学习外国绝对没有错,但绝不是照搬照抄,食而不化,妄自菲薄。外国教育的名词术语、操作、评论笼罩了我们基础教育的方方面面,以"言必称希腊"为荣,"行必做希腊"为荣,这也是一种悲哀。中华民族从来是一个海纳百川的民族,善于学习与吸收外来文化,但绝不是囫囵吞枣,简单移植,而是用拿来主义的眼光,取其精华,弃其糟粕,在"化"上下功夫。照搬照抄,良莠不分,其结果是失去了自己。有人开口闭口教育要与国际接轨,须知,中国当今的教育不是在零起点上,是有传统的,教育的优秀传统是我们培养学生成长、成人、成才的根和本,忘了根脉,离开了本真,不可能长足发展。不要说两千多年前孔子教导的"有教无类""因材施教""学而不思则罔,思而不学则殆"的大智慧,千百年来"君子教育"的丰厚内涵,就有许多可圈可点值得骄傲之处。且不说自强自信、艰苦奋斗的创业精神,单是教育目标的定位、教育措施、教育方法等积累的经验就十分宝贵。如理想教育渗透到学习求知当中,既教育学生从小要树立胸怀大志的根,又不断引领学习的目标、方向、动机、激发旺盛的求知欲。又如小学启蒙阶段学习良好习惯、卫生良好习惯、做人道德良好习惯的养成有一整套行之有效的教育方法。再如,学校千方百计促进学生德智体美全面发展。为使学生体格健壮,早锻炼必不可少;课堂上有些学生质疑的深度令教师既吃惊又欣慰;下午课后,简陋的操场上龙腾虎跃,热火朝天,文学讲座、科普讲座,座无虚席,全神贯注。那时学生求学美丽的风景线至今令人兴奋,令人神往。而今,有些人一谈到传统,就把我们否定得一钱不值,把负面的东西夸大再夸大,这是很不严肃的,缺乏实事求是的科学态度。

时代在发展,教育当然要改革,要去除落后的,改革不适应时代发展的。我们要做的事是不忘本来，吸收外来，面向未来。不能把我们的教育打扮得跟外国的教育一样，所谓的去跟国际接轨。要研究自己教育的历史与现状，扎根于本土，才会有真发展。学习西方是为了发展我们自己的教育。在专业领域从宏观到微观，从理念到举措，跟在别人后面爬不会有出路。要走自己的路，树自己的旗，尽心尽力办中国特色的教育，创建中国特色的教育高地，这样，有民族自信，国家自尊，才能真正走向世界。

一名草根教师椎心忧思的表白，是期望从事教育的同志能直面现实，共同兴利除弊，促进教育事业的健康、繁荣，走出一条让世界瞩目又钦羡的中国特色的教育之路，让教育回归育人本原，让每个学生在改革开放环境中幸福成长。

中国人一定要说中国话[①]

《新读写》从它诞生的那一刻起，为了教育本质的回归，为了我们的子孙后代能够拥有祖国语言文字的修养，做了大量的工作，得到孩子、家长、学校和社会的认可。十年辛苦不寻常，在此谨向辛勤劳动的编辑部同志表达真挚的谢意。

这些年来，"一课一练"题海、题库充斥市场，赚的是家长的钱，害的是孩子的青春！青春是无价宝，一个人只有一个青春啊！海量的机械训练习题，把孩子阅读、写作的时间挤压了，剥夺了！以前老师在课堂上着力讲知识点已十分琐碎，现在发展到了讲"得分点"，学习为求知，为学做人，荡然无存。应试教育愈演愈烈，长此以往下去，怎么得了！为此，我感到椎心的忧思。

《新读写》在弘扬传统文化、传递中华文明上做了大量的工作。比如"读懂中国"活动从启动到发展，陈刚先生做了许许多多的工作。记得那次我应邀在上师大作有关中国文化的基本精神的报告，反响很大，底下的听众都是来自全国各地的中学老师、专家。为什么会有如此的盛况？因为在继承和发扬优秀传统文化方面，大家都有同样的紧迫感。

现在的孩子是在"三片文化"中长大的。哪三片文化？一是大片文

[①] 本文发表于《新读写》2013年第5期，是作者在《新读写》杂志创刊10周年回顾与展望研讨会上的讲话。

化,好莱坞大片风行,娱乐化把高雅文化拉下圣坛;二是薯片文化,吃的不是麦当劳,就是肯德基,全是洋快餐,至于川菜、湘菜抑或粤菜、鲁菜等,他们不知道,而且无感觉,更不体会饮食文化是有民族印记、地域印记乃至国家印记的;三是芯片文化,从比尔·盖茨到乔布斯,从windows系统到iPhone系列手机,这些都影响孩子的情感趋向与是非判断标准。这种影响对缺少生活积累、文化积淀的青少年潜移默化,在不知不觉中起着作用。在这种情况下,宣传中华优秀传统文化、经典文化该是多么的艰难。然而,再难也要把中华文化的血脉传递到下一代的心中,这是社会进步、民族振兴的大事。

《新读写》今天已经初步形成了一个品牌。品牌是干出来的,不是吹出来的,也不是包装出来的。今后的路该怎么走?要知道,任何事物都有保鲜期。"新"是有保鲜期的。另外,在互联网时代,纸质媒体面临严重挑战。所以,编辑部同志要站在战略高度思考这一问题。

台湾作家白先勇早就说过:"百年中文,内忧外患。"西方语言强势植入,严重影响了汉语言文化的学习与传承。我见到一个幼儿园,墙上打的大标语是"从小就做国际人",以此来招揽"顾客"。小孩子中国话都说不好,先去说外国话?先做好一个中国人,才有可能做好一个国际人,因为只有民族的,才能是国际的。思想的殖民十分可怕,经济上、军事上殖民看得见、摸得着,思想上的殖民在不知不觉中就浸染进去了,奴颜媚骨了。

中国人一定要有骨气,中国人一定要说中国话!我们要有自己的话语权,用祖国的语言文字来表达自己的思想感情。现在的情况是人们对祖国的语言文字缺乏敬畏之心,不知学习它的重要意义,因此,要不断提高素质,才能有正确的认识与判断力。孩子完全为应试而学习,阅读视野就非常狭小。不考的一律不读。其实,只要阅读与写作的量与质上去了,考试自然就能考好了。而现在完全反着来,错把本是手段的考试变成了目标。语文能力是根本,是基础的基础,它会伴随孩子的一生。语文学不好,其他功课也很难学得好。

汉语言文字是中华文化的根。五千年中华文明之所以一脉相承,从未断裂,语言文字发挥了了不起的作用,做出了卓越贡献。编辑部同志要站在传承中华文明的高度来看待此一问题,办好刊物,让中华文化在广大青少年中生根发芽,从而促使我们的教育进入育人的正道。

把教育回归育人变成办学的追求[①]

一所有着一定历史积淀的学校,在新的环境下如何找到新的突破点,使已有的一些教育资源能够更好地发挥,为区域教育、为老百姓做出新的贡献,这是需要思考的一个问题。

众所周知,素质教育在实施的过程中有许多阻力,有许多障碍,有许多干扰,我们经常碰到的情况是轰轰烈烈的素质教育、扎扎实实的应试教育。我曾经提出,我们到底是"育分"还是"育人",因为只有"育人"才是教育的本质。有的学校以"崇公、养品、静思、立能"作为办学校的目标,实际上是对当前实施素质教育的一个生动的诠释。我国第一代党的领导人毛泽东提出,我们的教育方针是让孩子"德智体全面发展",这与马克思所讲的"人的全面发展学说"是完全一致的。第二代领导人邓小平谈到,我们教育的本质还是育人,他提出我们要培养"有理想、有道德、有文化、有纪律"的"四有"新人,这里的"四有"新人就是现代的文明人。国家的强盛和中华民族的伟大复兴,第一重要的是人。真正有了可靠的接班人、素质良好的建设者,才能使各行各业兴旺发达。办教

[①] 本文发表于《现代基础教育研究》2013 年 6 月第 10 卷。虽然国家和地方政府一直重视教育的育人功能,但是,随着高考社会关注度的不断提升,学校"片面追求升学率"、教师"育分不育人"、学生"求学不读书"的现象却愈演愈烈,有些学校的学生甚至在高考后将书本撕得粉碎。作为一名将"教书育人"作为基本价值而毕生坚守的教育专家,作者在各种校长办学研讨会上多次演讲,从教育本质、教育传统、课程观、教学论、教师观、学生观等多角度反复呼吁将"育人"作为学校办学的价值追求。本文即为其众多演说中的一篇。

育对这一点坚守是非常重要的。

我们现在对素质教育口号讲得很多,标签也贴得很多,但是每个地区、每所学校对孩子的素质教育究竟怎么进行?深入研究不够,具体落实不够,成效当然也就不够。素质教育的内涵是非常丰富的。比如说,"崇公"这一理念,从张伯苓的"允公"而来;"养品",对基础教育特别是小学教育来讲太重要了。现在的教育对知识、对分数顶礼膜拜,这是误区。在十几年的教育中,小学教育对孩子品性、习惯的养成非常重要。我一辈子强调基础教育的重要性,特别是小学教育,儿童时期的教育对一个人来说影响终身。中国有句古话:三岁孩童映八十。从小要在良好品德的养成上下功夫。"静思",主要针对的是当前教育中的功利和浮躁。一所学校把孩子的时间空间、教师的时间空间全部占领了,还怎么让儿童、教师和校长去思考?别的且不说,单是许多获诺贝尔奖的大科学家都强调独立思考的重要性。我也从事过十多年的师范教育,我有一个体会,要教育好学生,首先要教育好教师,带领好教师的发展成长。教师教育的第一责任人是学校校长,他们对教师的情况最了解。教师的成长不是听几场报告就能够解决问题的,课当然要上好,这是当教师的前提,但是一定要让教师有学习和思考的空间,否则不可能涌现出类拔萃的教师。如果教师所有的时间都被占满了,那就变成了标准化建设。标准化的设计培养出标准化的教师和标准化的学生,这样创新就会成为空洞的口号。

记得莎士比亚讲过,简洁出自智慧。课程统整一定要抓住最本源、最精髓的。统整的目的是化繁为简,提高教学的有效性;统整的亮点是减轻学生负担,减少头绪。确实是要思考三类课程如何统整、如何拓展基础课、如何把研究性的内容放进去,科学地加以统整,从而切实减轻学生的负担。别说统整需要正确的教育理念,就是教学业务也应深入钻研。比如,小学的识字教学,问题不小。我举一个例子,月亮的"月"

是象形字,"月"(肉)也是象形字,字典、词典归在同一个部首,许多教师不知道。在进行识字教学中,对频率最高的词、独体字都不知道它的来源,这就必然会加重学生负担。其实表示人体上的器官的汉字许多都由"月"(肉)字旁构成,如:"腿","月"(肉)字旁,形声字;"胃"上面是个田,下面是个"月"(肉);胸,"月"(肉)字旁,形声字。

  如果我们对这些规律性的知识都不清楚的话,只能加重学生负担,一个字让学生抄10遍、20遍。因此,统整一定要在学科的本质上下功夫。要读懂文本,这才是教师真正的专业素养。希望我们的教师快快成长,一名优秀的教师能恩泽多少学生啊!学生是要培养的,教师也是要培养的,教育要回归本质——育人的本质。教师应该拿什么来育人?一是人格魅力,二是学术魅力。基础教育是有学术内涵的,哪怕教一个字,也有学术内涵,有文化积淀。学校要着力发挥所有教师的聪明才智,教师有了教育自觉,充分发挥聪明才智,办学的诗意目标就会化为执着的追求,从而有效提高教书育人的质量。

把诗意的语言变成教育的追求[①]

德国著名诗人席勒曾写诗赞颂幼儿教育之父福禄贝尔,"来,让我们为儿童而活!"这是诗意的语言,包含着崇高的思想境界。诗意的语言能够激动人心,但是还需要把它转化成教育目标和培养目标。

我曾经提出教育到底是"育分"还是"育人"的问题,因为只有"育人"才是教育的本质。我们国家的强盛和中华民族的伟大复兴,第一重要的是人。各行各业的兴旺发达,需要大批素质良好的建设者和接班人。我们现在提倡素质教育,但往往口号叫得很响,标签也贴得很多,在实施的过程中却有许多阻力,有许多障碍,有许多干扰。落实到一个地区、一所学校,往往只有一个概念,一行标语,即所谓"轰轰烈烈的素质教育,扎扎实实的应试教育"。

我们一直在"开展""深化"基础教育课程教学改革,课程建设是我们教育的灵魂、学校的灵魂。但我们要清楚,基础教育不是大学教育,不是研究生教育,它是给学生一辈子做人打底线的基础,因此今日的课程就是明天的国民素质。我们能达到什么样的文化程度,达到什么样的做人底线,都反映在今日的课程中。不是今天开这个课程,明天又开那个课程就创新了。没有传统哪来创新?没有知识的积淀,没有自主的学习,哪来创新?许多获诺贝尔奖的大科学家都强调独立思考的重

[①] 本文发表于《上海教育科研》2013年第8期。

要性,而当前教育中有太多的功利和浮躁,对知识对分数顶礼膜拜,把孩子们、老师们的时间、空间全部占领了,还怎么让儿童、教师和校长去思考?

现在我仍经常去学校听课、评课,年纪大,确实很累。为什么还要这样呢?就是我们说的,为儿童而活啊!现在老师们也很苦恼,很多时间都被折腾掉了,静下来真正钻研文本、掌握学科本质的功夫不够。学生要培养,教师也是要培养的。教师拿什么来育人?一个是人格魅力,另一个是学术魅力。我们的基础教育是有学术内涵的,哪怕教一个字,也有它的学术内涵、文化积淀,有不同的教育效果和育人价值。教育要回归本质,希望我们的年轻老师快快成长。我当校长的时候有一个梦想,要把我们语文教研组的年轻老师全部培养为特级教师。只有所有的教师都发挥了他们的聪明才智,我们的基础教育才能不断创造新的辉煌!

寻找教师之根[①]

近年来,在教师教育取得进展的同时,我们也明显地感到不少教师在专业发展过程中有所缺失。对专业技能、教育时尚关注得比较多,而专业理想、专业伦理在为人、为师、为学中体现得不够清晰、明朗,身上缺少了应该有的精、气、神。专业理想是使教师成为专业人员的精神支柱,无教育理想的教师,怎么可能真正理解教育的本质、教育的目的?教师自身如果理想迷失,又怎么可能培养出有理想、有社会责任感的学生?

形成这种状况有多种因素,但其中有两种力量的干扰不可掉以轻心。

一是经常忘掉我们是中国教师,从事的是中国教育。一讲先进,就是外国,尤其是欧、美、日;一讲传统,就是落后、危害,似乎我们的教育是建立在荒滩上的,建立在污水沟上面的,除了作为批判的对象,无价值可言。这些年来,我们耳濡目染的教育理念、教育领域五花八门的做法几乎都是舶来品,许多学校几乎成为外国教育思想观念、概念术语的集散地。

当今时代办教育当然要有世界眼光、国际视野,当然要认真学习国外的先进经验。学习,就要比较、深究、参照,就要立足本土,尊重国情,

---

[①] 本文发表于《中国教育报》2013年9月2日。

择其优秀者借鉴、使用、发展,在"化"上下功夫,而不是照搬照抄,以此来炫耀、卖弄,抬高自己的身价。办教育,当教师,首先要弄清楚中国教育的根在何处,中国教师的魂在哪里。它们扎根在数千年的中华民族优秀文化之中,这是无可辩驳的历史存在。从孔夫子到蔡元培有十分丰富的教育人成人成才的宝贵财富,而且不断地以批判的眼光革故创新,以求彰显教育价值。这些育人财富穿越时间隧道至今仍闪现光华。如果我们不了解,不研究,对历史采取虚无主义态度,就会数典忘祖,就是对民族自信力的丢弃,十分可悲。

《教育魅力》[①]探源教师教育魅力与代际传承,目的是让我们的青年教师初步了解"我从哪里来""根在何处"。我们不是教育的穷人、教育的乞丐。要让中华优秀文化的精髓进入自己的思想、情感、血脉,又有海纳百川的胸怀,做有脊梁的与时俱进的中国当代优秀教师。拾人牙慧、仰人鼻息就只能听凭人家说短长,是得不到别人真正的尊重的。

二是分数对我们教师的困扰。说的是"育人",行的是"育分",瞄准的是升学率。其实,分数本无罪,但以考分作为评判学生、教师、学校高下优劣的标杆,就形成了待价而沽的局面,市场经济在教育领域发挥着追逐功利的神威。对分数顶礼膜拜,谈全面推进素质教育岂不是一种奢侈?岂不是言不由衷?

坚持以人为本,全面实施素质教育是教育改革发展的战略主题,核心是解决培养什么人、怎样培养人的问题。教师对此须深入思考,摆脱片面质量观的干扰,冲破"育分"藩篱,使学生德智体美全面发展,社会责任感、创新精神和实践能力得到提高。素质教育不排斥考试,不排斥分数。考试只是一种手段,用来选拔,用来检测教与学,教育的真正目的是培养人,不能错把手段当目标。关键在教师要怀揣对学生的满腔

---

① 该书由于漪老师主编,华东师范大学出版社2013年4月出版。

热情,以自己专业的真本事教出学生的真本领。学生有了真本领,何惧考试?又何愁不取得好成绩?这比在题海中浮沉难得多,需要静下心来,刻苦钻研,在专业的精深上求索,切实把握教育教学的规律,形成独特的教育教学风格,对学生有巨大的吸引力和感染力。

基于这种需求,《教育魅力》着力阐述了现代教师教育魅力的基本构成、功能价值、彰显方式与修养锻炼,目的在于让青年教师懂得教育魅力对一名教师的重要性。尤其是当今时代,社会对教师的信任,学生对教师的信服,面临着严峻的挑战,要担负起育人重任,取得良好效果,须不断修炼人格魅力与学术魅力。在教育工作中,一切是以教师的人格为依据的,教育力量来自教师人格的活的源泉。人格魅力是一种与权势、金钱无关的吸引力,靠的是一身正气,品德高尚。学术魅力重在有真知灼见,有厚实的文化底蕴,不人云亦云,依葫芦画瓢。

回顾教育历史,常有这样的图景浮现在眼前:一群身无分文的知识分子,器宇轩昂地屹立于天地之间,悲天悯人,为苍生造福,令人感动。这是由于他们身上有那么一股志气、意气与豪气。历史启示今天肩负重任的现代教师,应从传统中汲取精华,锻造自己的精、气、神。

点亮青少年心中情商那盏灯[①]

众所周知,青少年是国家的命根,家庭的命根,青少年强则国家强,青少年健康成长则家庭幸福万事兴。为此,无论是家庭、学校,还是社会,对青少年均寄予无限的期望,对他们教育的重视与实践达到了前所未有的高度、深度与广度。

这本是令人兴奋、令人欣喜的好事,然而,直面教育现场,许多现象不得不使人困惑、纠结,乃至焦虑。简言之,重"智"轻"情"的倾向十分严重。迷信智商,对知识过度崇拜、依赖,智力开发忽视年龄特征,既过度,层层加码,又不断超前,拔苗助长;对真善美的启蒙大大忽视,情感、态度、价值观等情商世界的培育与滋养明显缺失。

现以两组数据为例,就可知晓其中端倪。近期,我们曾对本市14个区508名中小学生进行问卷调查,了解价值多元背景下他们的道德判断、道德倾向及隐含的价值观。如,了解对广州小悦悦事件的判断。问"如果你是路经的一位,你会怎样做",选择:"直接向110、120或警察求助"的占52.4%,"主动求助"的占34.1%,"先作证再代他呼救"的占

[①] 本文是作者2013年9月26日在上海市第九届"为了孩子"国际论坛开幕式上的发言。本届论坛主题是"儿童创造力与社会发展"。在作者看来,青少年成长是一个情智共生的全人发展过程,儿童创造力的培养绝不能重智而轻德。而从现实考量,青少年情感世界沙漠化的倾向则令人忧虑。作者聚焦于青少年"情商"作主题演讲,代表教育界发声,为论坛提供了不可或缺的视角,引起了与会者的共鸣。

5.3%。排在后三位的是"视而不见"占4.1%,其他占3.7%,"已经死亡,无须求助"的占0.4%。对于路人和司机见死不救的原因,有55%的学生选择"害怕被讹上是自己造成的",有24%的学生选择"我没有任何义务去救一个我不认识的人"。显然,成人世界里缺乏同情心、"不管他人瓦上霜"的冷漠态度对青少年学生起相当的负面作用。又如从喜欢的偶像、榜样维度考察学生倾向性认识。结果显示:以演艺明星为偶像的占48.7%,政界人物9.8%,体坛人物7.7%,仅有1.2%选择道德楷模,对科学家的崇拜也是少之又少。显然,娱乐文化盛行,现代声、光、色、形的渲染,金钱至上的追逐,严重影响了学生的价值取向。更有甚者,选择还反映了极少数学生的极端心理和畸形价值,暴露了教育的某种突出病象。

现实状况迫使我们反思:青少年怎样才能健康成长?他们有哪些成长的权利?我们应尽怎样的责任?

青少年处于生命成长的初始阶段,犹如人生的阳春三月,既有明媚的阳光,又有霏霏的春雨,正是耕耘播种的好时节。对他们撒播怎样的种子,施以怎样的教育,直接影响他们的成长与发展。《礼记·学记》早就指出:"玉不琢,不成器,人不学,不知道。"美玉不经雕琢,不能成为有用的器物,人如果不学习,就不知人生的路怎样走。不以知识武装头脑,那就不可能脱离愚昧,成为有用之才。因而,在青少年心中撒播知识的种子是天经地义的。然而,仅止于此,远远不够。人生的基础是做人。没有这个基础,人就没有定力,浮游无根,容易受形形色色不良事物的诱惑,误入歧途。根子正,根子深,才能枝繁叶茂,长足发展。因而,在青少年心中撒播知识种子的同时,必须满怀激情地撒播做人的良种,使他们的品格、知识都能夯实基础。知识和道德、人品牵手,才真正有力量。在分数至上、知识是商品的急功近利者的眼中,道德、人品是虚幻的、廉价的、没有尊严的。殊不知如若青少年这一块弱化、缺失,就失掉了健康成长的根,失掉了作为人的脊梁与魂魄。

　　健康成长是青少年特有的权利,成人成才是他们成长的目标。求知是青少年的本性,精神上受到美德的滋养,是他们内心的诉求。但丁在《神曲》中曾说:"人不能像走兽那样活着,应该追求知识和美德。"追求知识与美德应伴随着青少年的成长,二者互相砥砺,互相促进,共生共荣,缺一不可。求知是一种快乐,而好奇是知识的萌芽。要尊重他们在成长过程中好奇、探索、发现的权利。每个学生都是活泼泼的生命体,天生一双好奇的眼睛,对所遇到的人、事、景、物会有各种各样的疑问,也会努力探索解答问题的途径和方法。在探索过程中,他们观察、倾听、阅读、思考,增长知识,丰富感情,培养辨别正误、区分美丑的能力,享受成长的快乐。这种探索、发现的过程孕育了创新意识、创新精神,激发了新发现的冲动和渴望。可悲在我们许多成人,包括家长、教师、校长不珍惜,不尊重,以分数至上的应试教育扼杀这种天赋的权利,霸占了他们成长的所有时间与空间,急功近利炙手可热,影响并损害他们情商的发展。

　　教育的本质是培养人。我们的责任是把青少年培养成为具有中国心的素质良好的现代公民。当前,十分重要的是在他们心中点亮情商那盏灯。要点亮,首先,要转变观念,认清情商比智商更重要,智商不足,尚可以勤补拙;情商缺失,轻则难以立足社会,重则不珍惜自己及他人的生命,对社会造成危害。其次,要从心底里敬畏孩子的生命。每个生命都来之不易,每个生命都只有一次,每个生命都无比宝贵。从他们生命的初始阶段,就要施以做人、做好人、做正直的人的养料,引导他们从小树立人生的目标,锻炼意志,积极进取,心中充满阳光。切不可以自己是"过来人"的模式打造孩子,以成龙成凤的虚幻目标禁锢孩子,无视他们在生命成长中需要的欢乐、心理诉求和碰到的困惑与迷茫。对生命缺乏敬畏之心,就会把它扭曲为谋取功利的工具,消解生命的意义与价值。第三,爱是教育的根本,要以满腔热情满腔爱呵护他们成长,滋润他们心田。社会上金钱万能、自我私利膨胀,不断侵蚀青少年的情感世界,使他们原来柔软的心蒙上了盐碱,冷淡、冷漠,难以感动、激动,有时出言犹如历尽沧海桑田,看破红尘。这就需要家庭、学校、社会以真情来唤醒,唤醒他们热爱生命、热爱他人、热爱祖国,唤醒他们自强自律、有责任心、善待别人、与别人和谐相处,从自我中心里解放出来,在心中装载亲情、友情、学业情、赤子情,装载天地、宇宙、社会、人生,活得大气一点。点燃这盏灯的任务繁重而艰巨,要细水长流,持之以恒,从点滴小事、良好习惯抓起,因势利导,锲而不舍。绝非靠号召、口号、啰唆、训斥所能奏效,而是以真心、真情、真诚感动成长中的生命。印度大诗人泰戈尔曾这样告诫:"不是锤的敲打,而是水的载歌载舞使鹅卵石臻于完美。"

点亮这盏灯,照得青少年生命通体明。

"紫竹论道"的启示[①]

从进入闵行区教育学院会议中心开始,就一直处于感动之中,接受学院精心准备的这样一台有内容、有质量,又有多样形式的主题论坛——"紫竹论道"的教育。"紫竹"是闵行的高新园区,在这场"论道"的过程中,体现了闵行教育人的创新思维和追求梦想的力量,我是来接受教育的。

为什么这么说呢?我这个人已经是历史的人了,80多岁了。昨天参加了一个关于为了孩子的第九届国际论坛。大会有8位发言人,5位是外国人,有联合国"儿基会"的,还有美国、英国、瑞典、意大利等,我们中国有3位,一位是教育局的老领导王荣华,一位是台湾的学者,还有我。我发现,我们所思考的问题,和五位外国先生和女士们相比,一点都不逊色。从思考的高度和深度上,可能我们还"略高一筹"。

我这样说,是为了回应论坛中谈到的自信心,这样一个大区要搞好教育,首先要有自信心。闵行区是一个不断发展、人口不断膨胀的大区,正如徐院长所说,闵行区教育质量这几年非但一点都没有下降,而且还步步高升。除了有区委、区府,教育局,以及各位校长的努力之外,其中尤其不能忽略的,是闵行区教育学院的功劳。我一直认为,区域教

[①] 本文是作者2013年9月27日在闵行区教育学院"对话师德,铸就师魂——2013第一届'紫竹论道'"上的讲话,傅军根据录音整理。

育学院思考问题的水平,学术研究的水平所站的高度,决定了区域的教育质量。不仅影响现在——当今闵行教育的现实,而且预示教育的未来。在这样一个人口不断膨胀、各方面不断发展的大区,教育也在全面增长。在我接触到的市级教师培养基地里,从整体上看,来参加学习的教师中,闵行的学员是最认真的,曾颁发给闵行区教育学院优秀组织奖。今天师德、师魂论坛所讲述的似乎是点燃青少年儿童心中真善美的火种,其实不仅是儿童与青少年,整个论坛也是在点燃老师、领导心中的火种。

闵行区除了中、高考的学科非常努力外,还有一大特点,音乐、美术学科、体育等学科也非常出色。张家素老师是我非常尊敬的老师,是美术专业委员会主任委员,是我们市教师学研究会的骄傲。他在教育战线上41年的坚守,本身就是一种人生境界。他的三支笔,每一支笔都做出了卓越的贡献。这不是技能、技巧的事,这是一种超越自我的人生境界。他把事业当作自己的生命,把培养青年美术教师作为自己生命的延续。说老实话,搞艺术的人赚钱是非常容易的,但是我们的美术老师拒绝了诱惑。在现实中,把良心送给魔鬼的人太多了,尽管钱锺书先生在世的时候对刘再复说:我们作为一个人,一根头发也不要被魔鬼抓住!面对金钱至上、名利泛滥的情况,教师要坚守自己的职责,而且要薪火相传,这是一种高尚的师德表现,这就是最生动的对师魂的诠释。

我们几位特级教师在论坛中讲了为师之道,如何"亲道明德",我也非常受教育。教师这个职业,我从事了62年,没想到比一个甲子还多。论坛中讲到了做真教师,而真教师首先是要做真人。现在"两面人"太多了,心口不一,言行不一。刚才论坛中的6位特级教师讲得非常好,要做真教师、做真人,就要表里如一。一个学生的生命只有一次,我经常上完课后叩问自己的灵魂:这堂课对学生尽职了没有?因为在每个孩子的成长中,每一天都是独一无二的,不会再来一次,你的每一堂课都在影响着学生的生命成长。特级老师们、教研员们在论坛中谈到：每一堂课都应该是立体的、多功能的。如果只是简单的操练，恐怕会耽误孩子的青春。张家素老师说得好，"要做一名真教师"，为什么有这样的思想高度？思想的高度源于志向的高度，如果一个人没有信念，没有理想，就不可能有思想。

作为一个人，即使是处在如今社会转型的时代，也既要生活在现在，又要生活在理想中。既要仰望天空，像李白一样天马行空，追求美好的未来，就如闵行区教育学院恽院长所说要有"梦"，人一定要生活在梦想中，不断地追求信仰；又要脚踏实地，脚踏我们的热土，像杜甫用诗歌写唐史一样。写文章可以打草稿，可以修改，可以撕掉重来，人生是不可能打草稿的，每一天都是唯一的一次。因此我站在课堂上讲课，每一句话都要深思熟虑，想到这是在孩子的心灵点燃真善美的火炬，点燃情感的明灯。正因为人生是不可能打草稿的，我们做教师的人更应该求真，"千教万教，教人求真；千学万学，学做真人"，这是陶行知先生的教导。

论坛的第三部分讲到了教研员的工作，讲到了很多内容，尽管只举了戴老师物理学科的一个例子，但她是闵行区教育学院教研员的缩影。其中谈到了"服务学校，幸福学生"。我这个人就是教研员培养出来的，我对教研员有特殊的感情。我是一个草根教师，在二三十岁时，不认识任何一个教育官员，只知道上课。那时的教育学院叫教师红专学校，有一次红专学校召开高中语文教研组组长会议，我们学校语文组有一个老组长徐老师，琴棋书画无所不能，非常有文化积淀。他不太愿意出去开会，我是副组长，就派我去参加会议。当时，我对语文教学认识浅薄、什么都不通晓。曾经我想听这位组长一堂课，和他说了有十次之多，他都没让我听。现在的年轻教师太幸福了，给了你们那么多的培养平台，那时我想听一堂课都听不到。当时在参加教研组长会议的时候，谈了很多我对语文教学的看法。有一位40多岁的老教研员,在会议结束后对我说:"于漪同志,以后我要来听你的课,但不提前通知。"这位老教研员就是市语文教研员杨质彬同志。她是大学毕业生,非常有文化修养,是地下党员。我非常感谢这位教研员。她听课不通知,推门就听,一听就听了一个学期。在论坛的节目单上写到这个部分是"发现人,成就人",这是教育学院的重任。教研员既要有敏锐的目光发现人,又要有毅力,用心血浇灌,把教师培养出来。杨老师听了半年的课,一周上6天课,她起码来3天。听完课,有时一句话也没有就走了,有时会问几个问题,从来不会说应该怎么教。她的问题没有标准答案,"你为什么这样设计?""为什么这样讲?""如果换个方式可以吗?""你看哪个方式更好?"……全都是启发性的问题,让我独立思考。就是在这样的一系列的问题启发下,培养了我这样一个脑子里全是问题的教师。问题甚至胆大到可以质疑我们的汉语语法体系。我认为我们的汉语语法体系是"舶来品",是从国外引进的,从《马氏文通》以来均如此。为了教高中语文,我花了三年时间,天天开夜车到一点,把大学中文系的专业教材全部通读,发现不管是吕叔湘的、高名凯的还是黎锦熙的,都是"舶来品",痕迹很深。这让我上课时很困惑,在分析很多复句时,不能自圆其说,这说明语法有问题。语言学家张志公先生在晚年时说"中国没有自己的汉语语法体系"。

  我说这些话的目的,是希望,也是请求我们的教研员同志们,你们的脑子里一定要有许许多多的疑问,要不断思考,这样才能超越你现有的水平,只有超越自己,才能创新。我就是由教研员培养出来的,也是在课改的洪流中被教研员"问"出来的。我当时任教高中两个班的语文课,每班56人,每学期8篇作文。教研员把100多人的作文本拿去,坐在校长室,一篇一篇地看我是怎么批改的。这就是"培养",这就是"成就人"。

教研员身份、定位决定了他的"双重任务",除了自己的"成就"外,还要"发现人,成就人"。作为教师来说,必须有一颗敏感的灵魂。有人说,艺术家必须有敏感的灵魂。如张家素老师,一定就有特殊的美术细胞,他有敏感的灵魂。我们的音乐教师也一样,要把一首童谣《摇啊摇,摇到外婆桥》这样的乡土文化进行国际化,一定要有敏感的音乐细胞。要拥有敏感的灵魂,第一要"学",张开自己的感官,还要用自己的"心",孟子说"心之官则思"。要用心、用自己的感官去学。论坛中还有几位博士、硕士谈到要砥砺自己,就要多读书,要读一点"磨脑子"的书。对教育学院的老师来讲,这一点非常重要,一定要读经典。不是轻而易举,一看就懂,驾轻就熟;只读一点专业书籍是不行的,必须要文理贯通,上下贯通。所以"学"是使自己灵魂敏感的第一要素。要把很多的信息,很多精髓的思想、缜密的思维拿来为我所用,这是非常重要的。读书要会读,读"磨脑子"的书,也许读起来会很困难,但像啃骨头一样,别有一番滋味,会提升认识能力,提升思考水平。

对于教育学院这样一个培养区域师资的摇篮、孵化基地来说,文化判断力、教育判断力是非常重要的。我们现在处于"乱花渐欲迷人眼"的时期,口号满天飞,拿语文来讲,有"诗意语文""青春语文""绿色语文"等,我搞不清楚。口号最容易出名,学问是不容易出名的。我记得上海第一个成功的口号就是白丽香皂的广告,是上师大一位教师想出来的,"今年二十,明年十八"。这个香皂出名了,这句广告违反了生命的成长规律,吸人眼球。教育不是口号,作为专业的学科教学是要"沉下去"的,是有知识的建构的。口号不能解决问题,一定要有文化判断力。论坛中音乐教研员谈到了自己的想法,这让我想到了日本有一位世界著名的音乐指挥家——小泽征尔,参加一次世界级的音乐比赛,那是在他成名之前的最后一次比赛。他在指挥时,发现乐谱中有一处不和谐,在演奏结束后,他对评委说他发现了不和谐之处,是否是乐谱有问题？但评委们肯定地告诉他乐谱没错，是你自己的感觉罢了。小泽征尔反复回忆后，斩钉截铁地说"肯定是乐谱错了！"评委们全体起立为他鼓掌，认为他对音乐有坚定的自信，真了不起！所以文化判断力不是随便地下结论，是来自深厚的专业素养。

有了深厚的专业素养，才能拥有文化判断力，而且还要有对事业的敬重之心，要敬业。小泽征尔把我们中国的著名二胡曲演奏家瞎子阿炳的《二泉映月》改编为交响乐，指挥演奏后，他对着东方，向着中国的方向，深深地鞠了一躬。瞎子阿炳的《二泉映月》乍看起来似乎是描述无锡惠山天下第二泉夜晚的景色，但小泽征尔体会到了这是瞎子阿炳身世的述说，是一个人的生命诉求。一个人对自己的专业要有很高的学养，首先要有敬重之心。施主来了，大和尚要小和尚送茶，小和尚每走一步都要非常虔诚，这就叫"敬业"。对自己的专业，对闵行这片热土，如张家素老师的专著《热土恋情》所说，一定要有敬业精神，我想这就是师德、师魂。我们现在缺的不是技能、技巧，缺的是精、气、神。

这次"紫竹论道"说的是闵行的教育梦，实际也是上海的教育梦，也是中国的教育梦。论道是论"教师之道"，是论教师的人生之路。什么叫"道"？"玉不琢，不成器，人不学，不知道"，这里的"道"是人生之路，是事业之路。这条路该怎么走？作为一名教师，只有把自己的生命融入祖国的教育事业中，和我们伟大复兴的、千秋万业的事业紧密联系在一起的时候，和我们的百姓、和千家万户的幸福联系在一起的时候，你会超越自己。因为你有内心深度的觉醒，你体悟到自己平凡的工作有了那样深厚的意义。

我们经常说现在的孩子难教，不会感动，也不会感恩；有的老师也经常跟我说怎么教也感动不了学生。现在的老师比我年轻的时候难当多了，我二三十岁时，能把十七八岁的高中生教得感动不已。他们在一二十年后来看望我时，还会把我当时讲课的内容、说的话、写的板书背给我听，我也感动不已。记得我在教《文天祥传》时，最后一句话是"朝南再拜，遂死"。我当时对学生说你们不要看这 6 个字简单，其实意蕴丰厚。"朝南再拜"，文天祥牺牲时，在大都就是今天的北京，南宋小朝廷是在临安，因此他牺牲前"朝南再拜"。"遂死"就是慷慨就义，面不改色，这就是中华民族的精、气、神。我们这个曾经苦难的民族经历几千年，内忧外患，之所以能屹立于世界民族之林，那是由于一代一代的志士仁人，传承和弘扬了爱国主义精神。爱国主义是我们民族的精神支柱，民族气节是我们的民族魂。鲁迅先生说过，只有我们自己真正懂得要有民族魂，中国才有真正的进步。民族要有民族魂，为师也要有师魂。今天的"紫竹论道"既论"德"，又论"魂"。在《宋史》中记载，文天祥死后，他的夫人收尸时，在衣带中发现纸条上写着"孔曰成仁，孟曰取义。惟其义尽，所以仁至。读圣贤书，所学何事？而今而后，庶几无愧"。孔子讲"仁"，什么叫"仁"？"仁"是"亻"字旁加"二"，人活着，心中要有别人。仁而爱人，这是大爱。教师对学生要"仁爱"。"孟曰取义"，孟子讲"义"，什么叫"义"？就是我应该做的事情。教师就是既要教书，又要育人，这是教师应该做的事。"惟其义尽，所以仁至"，我应该做的事都做到了，所以我达到了仁而爱人的至高境界。"读圣贤书，所学何事"，"读圣贤书"学什么？读书是为了明理，明做人之理，明报效国家之理。"而今而后，庶几无愧。"我已经把自己的一生献给了国家，我"庶几无愧"，没有什么感到遗憾的了。我没有想到一二十年后，这些学生来看我，他们把这些话背给我听，此时懵懂的我才懂得：三尺讲台，影响学生生命成长的质量。

  教师这个事业是世界上最崇高的事业，选择教师就选择了高尚。在我脑子里始终有许多救国救民的知识分子形象，民国初年一批衣衫褴褛的知识分子，胸怀天下，站在那里，是那样的有精气神，因为那时他们心怀几亿中国人，现在是 13 亿人。要心怀百姓安危，心怀天下，我想我们教师就要做这样的人,像德国的大文学家歌德在《浮士德》里所说:"让我狭小的心,有一个广阔的宇宙。"

今天这场论道,就是要让我们的老师,虽然看起来只有七尺柔软的身躯,却要容纳一个伟大的宇宙。要把我们闵行的教育搞得"青枝绿叶,灿烂辉煌",要能影响上海,影响全国。就像"论道"第五个版块,守正出新,辐射全区,还要辐射全国。工作中有很多困难,但要向张家素老师学习,向许多热爱这份事业的老师们学习,学习坚守,坚守教育者的尊严。

祝愿闵行的教育事业、闵行教育学院进一步发展,开创出更灿烂的气象!

创建有中国特色的教育学[①]

在教师节 30 周年来临之际,我这名年已耄耋的教师,心中翻腾着一个强烈的愿望,那就是急切期盼当代能创建有中国特色的教育学。

这部教育学有磅礴之气,和谐之美,它蕴含中国至圣先贤的教育智慧,包蕴近现代尤其是当代教育的鲜活思想和先进理念,人类进步教育的种种创造融化其中,不见痕迹。这部教育学是中华优秀文化教育传统与时代精神的高度整合,透射出民族智慧的芳香,充满育人成长成才的活力。

有这种想法由来已久,萌发在一个甲子前。那时,我读大学教育系,专业课除了"中国古代教育史",几乎都是西洋的,从教育理论到教育派别,到林林总总的教育家都是外国的。当时,刚过 20 岁的我幼稚地想,什么时候专业课多有中国的就好了。从教 60 多年来,这种想法越来越强烈,那就是:中国一定要有自己的教育学,在世界上要有教育的话语权。英国撒切尔夫人在她的《治国方略》中曾说中国永远不会成

[①] 本文是作者在 2014 年教师节前夕为《上海教育》"精彩一课"作开讲第一讲。作者早在复旦大学教育系读书时就隐约萌生了"创建有中国特色的教育学"的想法,从教 60 多年以来,这种想法越来越清晰、越来越强烈。20 世纪 80 年代末作者创立上海市教师学研究会,在很大程度上也是有感于以西方体系和话语为主的"教育学"缺乏对教师的深入研究,而她终其一生的教育教学求索,究其实就是对心中"有中国特色的教育学"的行动书写过程。在她看来,真正有中国特色的教育学,不是靠一套概念术语、几本著作就能表述清楚的,因为它蕴藏在广大一线教师富有实践智慧和创造品格的教育教学实践过程中。

为世界强国,因为"今天中国出口的是电视机而不是思想观念"。对我们而言,这种狂妄是一种深刻的警示。法国哲学家福柯曾说:"话语的强弱是由话语者地位的强弱所决定的,谈论什么并不重要。"西方国家强势地位的话语权一直占主导地位,教育话语权也不例外。

中国不是教育穷国,历来尊师重教。从孔子到蔡元培,留下了丰厚的教育遗产,其中精华仍光照人间。以人为本,追求理想与人格的完美;有教无类,因材施教;不愤不启,不悱不发,学思结合;务本求实,匡时济世;思想自由,兼容并包等教育核心价值因时代发展而更具丰富内涵,更显育人光彩。改革开放以来,教育积累了正反两方面极其丰富的经验,党和政府领导一千几百万数量的教师带领近2亿的学生进行教育实践,从普及义务教育到高中教育、职业教育的发展,到研究生教育的拓展、提升,其体量之大、情况之复杂、挑战之严峻、问题之多维、工作之艰巨等世界上罕见,一个个沟沟坎坎,一个个艰难关隘,我们都闯过来了,教育取得了蓬勃发展,许多方面取得了举世瞩目的成绩。政府的具有中国特色的方针、政策是取得巨大成效的保障,而我们的育人理念、课程改革、队伍建设、制度创新等随着时代的要求均有突破性的进展,其中不乏具有中国教育特色、中国教育个性的符合学生成长规律的理性思考与实践经验,这些饱含着中国精神的教育财富,是当代中国教育人群策群力奉献智慧的结晶。对思想认识与实践做法进行提炼,在理论上进行阐述是有充分条件、相当基础的。

然而,理论落后于实践是不争的事实。中国教育发展到今天,还缺乏从事教育的人普遍接受的有中国特色的理论阐述。对当代中国教育学的研究对象、目标定位、性质任务、结构体系、评价体系、研究方法等认识不够清晰,没有形成比较一致的整体性看法。当代教育理论阐述未得到足够重视,原因不少,但有两点很值得深思。

一是不知从何时起,教育话语系统悄悄变更了。一提传统,全是落后、糟粕、铺天盖地是外来的教育概念、术语、做法,标签到处贴,花样日日新。不仅言必称希腊,行也照希腊,美其名曰现代化、国际化,教育自信哪儿去了?有的教师不无忧虑地说,"我们在给西方教育打工"。当今时代,拒绝学习外国,不是愚蠢,就是白痴,但是,学什么,怎么学,必须以我为主。土壤、对象、目标等有很大差别,怎能照搬照套?不本土化,又怎能国际化,被"化"到哪个方向?我们不是缺少国际视野,而是缺少对历史与现状的理解与尊重。教育现代化不能割断历史,历史是理智的启迪,它给追求理想的人们新的起跑线。德国前总理勃兰特说,"谁忘记历史,谁就会在灵魂上生病"。二是缺少学者、专家静下心来,沉到教育教学第一线,倾听办学者、教师、学生的心声,摒弃急功近利,认真研究中国教育的历史与现状,从国情、教情、学情出发,提炼思想,揭示规律,指引未来。

创建有中国特色的教育学,不只是创写几本教育学术著作的问题,而是教育实践有教育理论指导,不再是东一锒头西一棒子,拼凑焊接,不再是思想矮子,任人说短长,而是彰显中国教育工作者的志气,中国教育的尊严。

以民族精神铸学生脊梁[1]

习近平总书记教师节在北师大的讲话,真的太解渴了,非常及时非常重要,让我们如饮甘泉。9月17日,上海市教育系统开了个学习讲话的座谈会,老师们的观点很一致:总书记的讲话,不独是针对具体教学内容的更新,而是强调了立德树人这一教育的根本任务,更是深化教育综合改革的重要指导原则。

育人先育德,人有了脊梁骨才能直立行走;人有了理想信念,就有了精神支柱,就能成为真正的人。中华民族博大精深的文化是教师育人、育德的深厚沃土,也是涵养社会主义核心价值观取之不尽的精神宝库。

如何将文化基因植入孩子的生命体?学生的民族精神和传统文化教育,要用制度和法规的形式固化,首先要在学科主渠道、课堂主阵地中贯彻落实。我作为专家,曾经参与《上海市学生民族精神教育指导纲要》的制定,提出构建以爱国主义为核心,以国家意识、文化认同、公民人格教育为重点的民族精神教育的实施体系:文化认同就是把民族语言、民族历史、革命传统和人文传统四项内容列为重点;民族精神和传统文化教育,不仅要体现在思想政治课上,同时要有机融入所有学科,让学生充分领略并理解中华优秀文化的深厚和魅力,知道根在何处,方

---

[1] 本文发表于《人民日报》2014年9月19日。

能从容面向未来；所有学科都确定了三个维度的教学目标，在传授"知识与技能""过程与方法"的同时，融入"情感、态度、价值观"的培育与熏陶。

  我当了多年语文教师，退休之后，仍然全程参与了上海语文学科的几轮培训工作。在探索中我感到，传统文化教育"文本中开掘、过程中点拨、情感上激励、思想上启迪"是一套行之有效的方法，可以将知识、思想、情感、价值观融为一体，让学生获得德育与智育的双重滋养。

  要让民族精神和中华优秀文化入耳、入脑、入心，应该鼓励探索多种多样的操作方式。比如，要针对不同年龄段学生特点因材施教。根据各学科性质，上海分学段列出民族精神教育的21门学科的分层指导意见，小学以启蒙、兴趣为主，初中以理解认知为主，高中以理性思考为主。与课改紧密结合，帮助学生内化为理想信念，外化为自觉行动。两年多来，上海小学一年级到高三年级一直在沿用《中华优秀传统文化诵读课本》，而小学一年级是通过听音诵读，让孩子们更容易感受古诗文魅力。

  习近平总书记说得好，"教师重要，就在于教师的工作是塑造灵魂、塑造生命、塑造人的工作"。这话讲到了教育的根本，讲到了教师的心里。"三尺讲台系国运，一牛秉烛铸民魂"，我们每位教师都应努力成为有理想信念、有道德情操、有扎实学识、有仁爱之心的为人师者，以精彩教学弘扬中华文化，以民族精神铸学生脊梁，以赤诚与智慧谱写教育的华章。

十年探索不寻常[1]
——写在"两纲"教育实施十年之际

人的记忆非常奇妙,有些事随着时光的流逝了无痕迹,有些事却印记深刻,鲜活如昨,常忆常新。2005年上海市教育领导部门制定和印发的《上海市学生民族精神教育指导纲要(试行)》《上海市中小学生生命教育指导纲要(试行)》(以下简称"两纲")实施至今已整整十年,当时诞生的兴奋情景,仍历历在目。

一、"两纲"教育是时代的呼唤

"两纲"的诞生是教育本质的呼唤、时代发展的诉求和学校教育全面育人的现实需要。当代学生所处的是一个特殊的时空环境。进入新世纪,世界和中国都发生着深刻的变化,这种变化构成了这个时代的特征,对教育提出了严峻的挑战。这些变化可简要概括为:政治多极化、经济全球化、文化多样化和信息网络化。暂且不说其他,单是文化多样化和信息网络化对缺少人生经历、文化积淀和文化判断力的中小学生的思想道德观念和价值观的形成就产生了相当大的影响。上海处于改革开放的前沿,又是中西文化交汇的窗口,这一方面给学生提供了优越的成长环境,同时,又对学生的思想观念、价值取向和行为养成提出了

---

[1] 本文发表于《现代教学·思想理论教育》2015年5B。

更高的要求。

根据《上海市学生民族精神教育现状调研》报告,上海学生民族精神教育总体上是富有成效的,尤其是改革开放以来的伟大成就大大激发和提高了青少年学生的国家意识、民族自信心和自豪感,但在深刻变化了的国际国内形势下,学生民族精神教育面临诸多问题与挑战。由于西方强势文化的复杂影响,一些青少年迷恋西方文化,追随西方时尚,国家意识淡薄,对国情了解甚少。比如升国旗、奏国歌是进行爱国主义教育的重要方式之一,但有两成多的学生却认为没什么意思或毫无意义,因此他们升国旗、奏国歌时不是自觉肃立,心中也未能涌起对祖国的热爱、对先烈的缅怀。又由于学校崇尚重智育轻德育的应试教育,急功近利地追求升学率,学科主渠道、课堂主阵地存在片面追逐分数的倾向,学科教学应有的人文性和育人价值被削弱乃至失去。体制上的弱势地位使有些学科在进行中华优秀传统文化、历史传统、国情等教育方面常处于无助与无奈的境地。学生和家长对外语的重视与认可程度大大超过本国语言,学习时间更是成倍或几倍增加。在双语教育兴起的背景下,一些学校甚至出现了用外语教古汉语、用外语教中国历史、用外语唱国歌的奇怪现象。这种怪现象与对本民族的文字、历史、文化认同教育完全相悖,消解了学生的国家意识。

更可悲的是,人们对问题的严重性不仅未充分重视,有的媒体还把这种做法当作"经验"来宣扬,如报道某小学一年级用英语教语文,还美其名曰双语教学。文化是一个民族的灵魂,无论是国家意识还是人格精神都需要文化的支撑。文化的漂移与无根状态会对青少年学生人格的形成产生非常不利的影响。一个国家、一个民族最深层次的力量是价值观,学生价值追求的偏离实在令人揪心!同时,在生命教育方面,如何引导学生科学地理解生理、心理发展的规律,正确认识生命现象和生命的价值意义,同样也面临不少严峻的问题。

怎样才能切实有效地促进学生健康成长、全面发展,使他们成为有中国心的思想道德素质良好、科学文化素质良好的中国特色社会主义事业的合格建设者和可靠接班人？这是事关"培育什么人、怎样培养人"的大问题,半点不能含糊,半点不能掉以轻心。上海市教育领导部门正视新情况新问题,抓住人才培养的根本问题,及时而果断地制定了"两纲",并大力组织实施。

二、"两纲"教育仍在路上,需要继续前行

回顾"两纲"教育十年的历程,不是为了再现历史的场景,意图在唤醒教育者须正确认识"两纲"实施的价值与意义,增强信心继续前行。

首先,"两纲"是站在时代制高点上,抓住当代复杂背景下育人的根本大计作出的战略性回应。教育就是培养人,是"人的完成",育学生成人成才是教育的真谛所在。当今时代要让学生在现代化大潮中树立理想信念,不迷失方向,有家国情怀,就必须树民族精神之根,立爱国主义之魂。《上海市学生民族精神教育指导纲要》从国家意识、文化认同、公民人格三个方面弘扬和培育民族精神,坚持继承中华优秀传统文化与弘扬时代精神相结合。也就是既继承中华民族悠久的历史和文化传统,又发扬党的优良传统和以改革创新为核心的时代精神,还借鉴世界各国创造的文明成果,使民族精神的弘扬充满创新的生机与活力。有人认为"两纲"内容狭隘,尤其是认为民族精神教育缺少时代气息,这其实是一种误解,是未认真钻研其内涵的一种偏颇的观点。以爱国主义为核心的民族精神与以改革创新为核心的时代精神紧密相连。其实,民族精神充满活力,不断发展,既广且深。有独立自主、维护统一的爱国精神,有与时俱进不断变革的创新精神,有自强不息的奋斗精神,有经世致用的求实精神,有协和万邦的和平精神,等等。时代创造的精神财富不断丰富着民族精神的内涵。

其次,"两纲"教育要与时俱进,在探索育人规律中努力前行。"两纲"在贯彻实施时,根据情况的变化不断探索育人新举措,使青少年学生思想、情操真正获得良好的培养,世界观、人生观、价值观得以正确形成。新时期课程教材改革的核心理念是以学生为本,以促进学生的发展为本,《上海市中长期教育改革和发展规划纲要(2010—2020年)》的核心理念是"为了每一个学生的终身发展","两纲"的一系列附件中包括了中小学各学科开展民族精神教育及生命教育的指导意见与内容要求,但由于认识上、体制上的种种原因,这些要求还没有完全落到实处。学生在学校求学,绝大部分时间在课堂上度过,课堂上施以怎样的教育,直接影响他们生命质量的提升和精神的成长。有些学校、有些教师说的是课程改革,行的是应试教育,把学科知识和育人价值人为地加以剥离,教学不仅局囿于知识点,更热衷于得分点。这不是个别现象,而是普遍现象。在这种情况下,强调"学科德育"的实施,就是要坚持以学生为本的先进理念,这对于促进学生全面发展,推进素质教育,具有极其重要的现实意义。

三、要进一步明确学科德育的价值

要明确"学科德育"价值与意义,有两个认识须澄清:一是须清醒地认识重智轻德、重术轻人,是教育方向的偏离,也是教育的大忌。教育如果连学生做人的基本道德、基本底线都不牢牢把握,学生拿高分又有什么用?现实生活中的惨痛教训触目惊心。古人司马光早就指出:"才者,德之资也;德者,才之帅也。""德"是"才"的统帅,一语道破了"德"在树人中最为关键的不可替代的地位。德行,是做人之魂;德育,是教育之魂。所有的学科教学都有教育性,都有育人价值,既有智性的内容,又有德性的内容,而且相当程度上两者是融为一体的。但是,由于功利思想作祟,由于追逐分数的增值,教学中的教育性被人为地剥离。抽掉了育人价值,教学就"失魂落魄",只见知识点、得分点飘荡,机械操练横行,学生的学习兴趣、求知欲望、目标追求、创新尝试等均被消解。为改变"育人"扭曲为"育分"的状态,"两纲"教育在推行中提出"学科德育"并组织实施,它不是为了"贴什么标签",而是要使学科教学回归教书育人的本位,让德育与智育有机融合,使德育进入学科主渠道、课堂主阵地,使"两纲"教育真正深入教学领域,落到实处。

二是要清醒地认识到学科德育的实施与"上海二期"课改的施行,并不是两股道上跑的车,而是紧密结合、互依互存、相互促进的。《上海市普通中小学课程方案(试行稿)》课程总目标与"两纲"的总目标相一致,均提出要进一步推进素质教育,培养合格公民。这次课程改革的核心理念是以学生发展为本,要把这个理念落实到学科教学之中,就必须牢牢抓住知识与能力、过程与方法、情感态度与价值观三个维度的支撑。教学中认真进行三个维度设计,三个方面相互渗透、融为一体,这样德育、智育、全面育人的任务就落到了实处。且不说前两个维度,就是情感态度与价值观的内涵就十分丰富。情感,不仅指学习热情、兴趣,更指内心体验和心灵世界的丰富,以及高尚道德情操和审美情趣与追求。态度,既指学习态度与责任,更指乐观的生活态度、求实的科学态度和宽容的人生态度。价值观,指个人价值与社会价值的和谐统一,科学价值与人文价值的和谐统一,社会价值与自然价值的和谐统一。三者构成了一个心灵连续体,由情而理,由直觉反应而进入本质探究,引领学生从内心确立起对真善美的追求。这么丰富的内涵需要充分发挥各学科的个性特点,发挥知识、能力载体的作用,并实现三者的有机融合。情感态度与价值观不是凌空的概念与术语,而是具有实实在在的内涵。贯彻实施"两纲"教育绝不是外加、贴标签,而是要深入钻研教材,研究学生的心理诉求,发现并挖掘教材中蕴含的育人因素,使学生心灵得到滋养。学科德育的实施给三个维度的教学注入了无限的活力,使以学生发展为本的课程改革核心理念落地、落实,不至于让支撑核心理念的三个维度成为"跛脚",更不让情感态度与价值观的目标要求成为写在纸上的教学设计。

教育的先进理念我们说了千百遍,课程改革的核心价值也说了千百遍,但践行时却千难万难,甚至大大走样。这令我想起这样一句启人深思的话:世界上最远的距离是什么?不是天涯海角,而是从"说"到"做"。确实如此,只有切切实实去做,"说"的价值和意义才能得以彰显。

2013年,教育部重大攻关项目"大中小德育课程一体化建设研究"落户上海,专题研究如何落实教育的根本任务——立德树人。这为"两纲"教育的贯彻实施又增添了新的动力,从指导思想到内容设计,从学理研究到具体措施,又步入一个新起点。培育和践行社会主义核心价值观,弘扬中华优秀传统文化,需要我们将顶层设计的内容体系——政治认同、国家意识、文化自信、公民人格科学落实到各门学科之中,促进知识体系和价值体系的有机统一、学科内容和科学方法的有机统一。面对新任务新要求以及有待破解的问题,抚今思昔,更显出"两纲"实施的时代价值、战略意义及铺路奠基的作用。

十年探索不寻常,且行且思且发展,卓有成效;未来展望亦窈然,须志须气须聚力,更上层楼。

我心中的教育[1]

教育是一项理想的事业,没有理想的教育是不存在的;教育是一项神圣的追求,它充满着伟大与圣洁,不容任何玷污与亵渎;教育是一个崇高的使命,它需要我们全身心地投入与完全的奉献;教育是民族发展的奠基者,它决定着民族的命运与未来。这就是我心中的教育,正是基于对教育的这一认识,决定了我的价值意识与人生选择,决定了我终生的职业走向。

一、全面育人观:我的基础教育观

育人是基础教育的基本任务与根本目的,也是我们所有工作的终极追求,不管是从事教学还是管理。通过自己的成长过程,我深深懂得,高尚教育境界的追求不是玄虚的,无依据的,而是源于对教育的深刻理解,对自己肩负使命的执着追求,源于教师内心的深度觉醒。从我作为语文教师坚持"胸中有书,目中有人"开始,到追求"教文育人",再到担任校长进一步深入思考和确立学校的教育目标,对教育的对象是人、教育的根本目的是培养人的认识越来越清晰。我们一切的教育教学工作,都应该切切实实围绕着这样一个中心。

随着人类步入知识经济时代,所有财富的核心都是"知识"。而知

---

[1] 本文收于《于漪与教育教学探索》(北京师范大学出版社 2015 年版)。

识经济时代,知识的寿命越来越短,知识的更新越来越快。人的一次性受教育已经满足不了这个时代的需求,这就向教育提出了挑战:教育能否满足人可持续发展的需要,并且满足人类社会的可持续发展需要?实际上,社会的可持续发展,在很大程度上取决于人的素质的提高,取决于人本身的可持续发展。而人的素质的提高,正是教育发挥其本体功能——育人功能的结果。故今天的教育,必须使人——包括受教育者和教育者自身——具有可持续发展的潜力,具有可持续发展的丰富的内在品质。因此,今天教育的所有标志性目标都将指向同一个核心内容——人的可持续发展。并通过人的可持续发展,来实现学校的可持续发展,进而为推进社会的可持续发展这一教育的终极目标做出自己的贡献。

作为一个活生生的人,学生的德智体美各项素养不是简单并列,更不是机械割裂,而是有机融合不可分割的,其融合的最终指向就是人格,是人的综合素养。从某种意义上说,一个人人格的高下优劣往往直接决定了他作为一个人的基本素质的高低。要培养全面发展的人,也就是要培养人格健全的人。正是在这个意义上,江泽民同志特别重视学生的人格培养。他强调指出,如果不重视人格培养,就会产生很大的片面性,而这种片面性会影响人一生的轨迹。因此,学校教育必须培养拥有健全人格的全面发展的人。

现代教育理念和社会发展还要求我们不放弃任何一个学生,要求我们的教育注重培养和调动学生在学习过程中的自主意识,充分发挥每个学生在发展上的潜能和优势,以形成各个学生的最佳素质结构。现代教育要努力实现让每一个学生成为大写的人,一个有着自我目标、自主追求、能够实现自身人生价值的人,一个适应时代需要、与社会和谐进步和发展的人。因此,以育人作为教育基本的也是最终的目的。在我们的教育中真正体现以人为本、以学生发展为本的原则,为实现全体学生的全面发展与终身发展奠定基础,就成为我的基础教育观,成为我此生不变的永恒追求。其实,这一全面育人观的建立,是教育的本质所决定的,是时代发展的要求,也是当代教育实现可持续发展的必然选择。

1. 全面育人观体现了教育本质的呼唤

我国古代经典著作《大学》中开宗明义这样说:"大学之道,在明明德,在亲民,在止于至善。"即学习的目的,在于彰明内心美善的德行,在于使人自新,在于使人处在最高的至善的道德境界。古希腊哲学家柏拉图在《理想国》中借苏格拉底之口,用"洞穴中的囚徒"这一隐喻,说出了教育的真正含义,即教育是要把人的灵魂、精神用力往上拉,引向真实世界;而知识、技能是帮助灵魂攀升的阶梯。因此,"真正的教育"是引导人的灵魂达到高处的真实之境,是人生境界的提升。我们的前辈陶行知先生的"千教万教,教人求真;千学万学,学做真人",也就是追求人的精神世界的高尚。当今时代,这种意识更加明确,英国史学家汤因比和日本的池田大作关于21世纪的对话中谈到当代教育时,认为教育的本质不应该以谋实利为动机,而更应寻求存在于宇宙背后的"精神存在"之间的心灵交流,开启人的心灵与富有的大脑。古今中外研究教育的大家都认为教育的本质是增强人的精神世界,提升人的思想境界。可见,教育的本质就是培养人,增强人的精神力量。这一教育本质呼唤着我们的教育必须把学生放在教育的核心位置,以学生为本,对学生的成长负责,从而追求崇高的教育境界。绝不能以育分为本,以应试为本,伤害学生。

教育的本质聚焦在人的培养、人的发展、人的精神提升上,聚焦在学生的全面发展和终身发展上。几十年来,我始终认为,学生在学校接受教育,学习各门功课,无论从学生个体的成长来说,还是从社会的实际需要来说,都要着力于他们的发展。发展是学生的基本权利。把每个学生蕴藏的潜能变成发展的现实，使他们终身受益，这是教育的职责，更是我们每一个教育工作者的使命。深刻领会这一点，我们的目中就会真正有"人"，脑中就会有一个个学生鲜活的形象，就会处处为学生今日的健康成长和明日的长足发展着想。心中有学生，我们在教育教学中就能产生热情，产生智慧，充满活力，浑身就会有使不完的劲，就会去不懈地追求。认识了教育的这一本质，我们就会大局在胸，就会始终站在教育发展的前沿，牢牢把握课程改革的核心，就能够促使自己成为真正的教育工作者，而不是仅仅将教师这一职业作为养家糊口手段的教书匠。

使每个学生都得到全面的发展，同时也是我国全面发展的社会主义教育方针的体现，是今天实施素质教育最本质的要求。教育是培养人才和造就民族创新能力的基础，它在现代化建设中居于全局性的战略地位。在科学技术向现实生产力迅速转化的过程中，教育是十分重要的中介环节。人的生命体本身蕴含着多方面的发展潜能，教育的任务就是把学生的潜能变成发展的现实。每一个学生都得到发展，不仅是现代民主的基本理念，而且是每个学生的基本权利，我们要保护并尊重这种权利，创造条件实现这个权利。

教育历来有着不同层次的价值观。教育的浅层次价值观是教育的个体发展中过分注重对谋生、谋取物质利益、博取功名的追求，忽视或轻视个性充分发展及高尚精神境界形成的深层次价值。我们教育工作者的教育追求不能停留在浅层次的教育价值观上，千万不能把教育仅仅看作是教给学生未来谋生的手段。我们要树立深层次的教育价值观，要培养民族未来的栋梁。当前，重智育轻德育、体育、美育的观念及做法对学校教育有很大的干扰。这种片面的教育质量观影响教育的发展，影响学生的健康成长。要办真正的教育，要造就新一代高素质的劳动者、建设者、管理者和领导者，就必须全面贯彻教育方针，真正实现全面育人。

2. 全面育人观是时代发展的现实要求

当今世界竞争的焦点是人才的竞争,是全民素质的竞争,我们所谓综合国力的竞争,实质上也就是人才的竞争,国民素质的竞争。今天,人力资源在国家综合国力的增强方面,发挥着越来越重要的作用,而人力资源的状况归根结底取决于教育发展的水平。人的现代化是时代发展的迫切要求,是社会现代化的根本保证。一个国家可以从国外引进作为现代化最显著标志的科学技术,可以移植卓有成效的管理方式、教育制度以及课程内容等,但这些毕竟是一些躯壳,关键在于执行和运用这些制度的人。要使这些制度有生命力,并在自己土地上发展、开花、结果,那么,作为操作者的人自身的心理、思想、行为方式都须经历一个向现代化的转变,只有提高人的综合素质,有创新能力,有人才优势,才能保证社会主义现代化的实现。因此,社会要求学校向学生提供优质教育,使学生全面发展,而只有全面发展,学生才能够在未来社会不断求知和创新,实现与他人合作,学会保持身体和心理的健康,成为现代化的人。

众所周知,今日的教育就是明日的科技,就是后天的经济,今日教育的走向影响着甚至决定着明日的国民素质。与许多发达国家和有些发展中国家比,我国国民素质所处位置较低,不尽如人意,因此我们的教育更是肩负重任。几十年来,我国教育取得了巨大成就,但就教育理念、教育体制、教育结构和培养模式,乃至教育内容、教育方法等而言,我们仍然有着相对滞后的一面,这影响了青少年的发展,不能适应提高国民素质的要求。因此,以学生为本,促进学生全面发展,正是当今社会对我们教育的急切呼唤。知识经济时代的到来,对教育提出了严峻的挑战,未来社会不是以某种技能技术的运用为基础,而是以整个知识进步为基础。对人才知识水平的评价标准,主要不是看某一方面的技能运用，而是看人才的整个知识的结构、容量、水平和知识积聚与更新的能力。显然，人的培养不能再以传统的获取相对固定的知识体系为唯一目的，而是要求以提高综合素质为目的，实现学生全面发展。

几十年教育教学的实践与探索使我清晰地认识到，由于我们的基础教育观念与教育模式的制约，多年来，我国中小学生在学校接受教育，得益最多的是知识与能力，这方面我们是成功的。但学生自主获取知识的能力、批判性思考能力、责任感、价值判断与文化判断能力，创新意识和主体精神等，则相对较弱，人文精神缺失现象相对突出。学生在学校学习，获取了知识，培养了能力，这是好事，也是教育应承担的责任，但获取知识与能力不是教育教学的全部，其他方面残缺不全，必然影响学生的健康成长。局部不能代替整体，教育更不能局限于此，片面的教育质量观对学生的全面发展是极大的障碍，更何况由于长期机械操练式教育的影响，学生能力的缺陷也很多。因而，培养思想道德素质、科学文化素质、身心素质良好的现代文明人，是我们建设中国特色社会主义的战略需要，因此我们必须改变传统教育观念，牢固树立全面育人的教育理念。只有这样，我们的教育才可能真正走向现代。

基础教育是普及教育，它的指导思想如何，质量如何，关系全民族素质能否提高。因此它不只是一地、一校局部的事，而是影响国家发展的全局。它是一种战略需要，关系到国家与民族的未来。改革开放至今，时日虽不算长，但广大教育工作者已经充分意识到我们传统教育观存在的不足乃至缺陷，不少专家与教师在探索新的教育理念与教育模式。究竟应该树立怎样的教育理念，我们现在也已有了较为明确的认识。然而，如何确立育人为先的教育理念，如何使这一理念转化为教育教学的现实，当今时代的教育对象——学生具有怎样的特点，教育究竟怎样才能走进学生的世界，特别是学生的心灵世界，我们了解得还不深入，研究得还不透彻。因而，多在方法上、窍门上兜圈子，有时还是从主观愿望、主观设想出发,没有达到应有的成效。这一状况如不加以根本改变,我们将辜负这伟大的时代,辜负肩负的使命。因而,确立正确的基础教育观,以高质量的基础教育迎接未来的挑战,是时代发展的要求,是中华民族的伟大振兴赋予我们教育的一份沉甸甸的责任。

3. 全面育人观是教育自身实现可持续发展的必然选择

人类及其生存的社会环境的可持续发展愿望,必然要求教育的可持续发展。作为整个社会系统的重要组成部分之一,作为推动社会进步的主要原动力之一,教育的可持续性发展,表现为人、教育与环境的有机结合。作为整个社会的一个子系统,教育的可持续发展保持教育这个子系统与社会其他各子系统之间平衡发展,是保持教育自身生存与发展的重要前提之一,也是教育作为社会发展的革命性力量,能有效地推动社会不断进步的力量之所在。

从宏观层面来认识,理想的可持续发展的教育,一方面表现为教育的持续性特点,另一方面表现为教育的全面性特点。教育的全面性,一是指受教育对象的全面性,也就是说,教育要成为面向全体社会成员的教育,通过教育要使得全体社会成员的素质都得到全面的提高和发展;二是指个体素质的全面性,即对于每个社会个体而言,教育所提供的是促进所有个体在德智体美以及劳动技能和心理健康等方面的全面发展。这样,教育的全面性特点决定了教育的全面育人特点,教育通过促使人的可持续发展,来促使自身的可持续发展,并通过人的可持续发展,进而促进整个人类和社会的可持续发展。而这一切决定了教育的核心是人,一切以人为出发点,一切为了人的发展需要。

从另一角度说,在我们漫长的历史演进过程中,人类的生存方式和需求层次随着社会的不断发展而体现着不同的阶段性特点。今天,人的需求已经由维持基本生存、保障物质生活条件,转到以追求个性发展、提升人的生活品质、丰富人的精神享受为主。这既体现了不同发展阶段经济对人的需求的制约过程，也体现了人对自身发展阶段性需要的自我认识的过程。因而，今天的教育已由单纯的经济发展的工具和手段，成为以追求和实现人的幸福生活为目的，并成为实现人的全面发展的重要途径。时代对人才培养的要求，也逐渐由工业化时代的整齐划一，转入到更加注重人的个性发展与创造精神的培养。因此，我们必须清醒地认识到，在今天，人已经成为教育的中心，也是教育的根本目的。人是一切教育的出发点，也是所有教育的归宿。教育在人的交往与活动中展开，人在教育的交往与活动中成长和发展。人是教育的基础，也是教育的根本。所以，一切教育都必须以人为本，以学生发展为本，这是现代教育的基本价值观念。

我们的基础教育从应试教育走向素质教育，这是一个非常大的甚至是革命性的进步。应试教育的最大弊端就在于它压制人的主动性，将受教育者物化而使之仅仅成为一种客体存在，教育也就成为一种外在塑造的过程，这显然不能适应当代社会发展对人的素质的要求。以人为本、全面发展的育人观，是对以往教育的纠偏，是向现代教育发展的必然结果。以人为本，全面发展，就是把人看作人，以人的样子构建人与人的关系。具体到教育上，就是把学生和教师看作教育过程中的主体，他们有着共同的发展与成长需要。教育要培养他们的自主意识，给他们以充分的发展空间，使他们充分意识并且明确认识到自己主体性存在的价值和意义。引导他们健康成长，使学生的观念从"要我学习，要我成才"，转变为"我要学习，我要成才"，使教师的观念从"要我教书，要我奉献"，转变为"我要教书，我要奉献"，使他们真正成为学与教的主人，成为自身成长和发展的主人。

这种全面育人观，在充分体现学生和教师两个积极性的基础上，构筑新型的师生关系，真正使学生和教师做到教学相长，共同成长，从而形成人的可持续发展与教育的可持续发展模式。

4. 全面育人观更是学生终身发展的需要

学生的世界丰富多彩，他们的生活世界、知识世界、心灵世界充满了奇幻，又充满了现实的追求；他们成才的愿望特别强烈，不大甘于做平常人；他们见识比较广，接受外界信息的灵敏度比较高，有时看问题尖锐和深刻的程度大大超过了他们的年龄；他们敏于思索，善于质疑，不轻信，对社会对人生常有自己的看法；他们的兴趣十分广泛，对古今中外的人和事往往带着猎奇的心理去了解与询问，对现代化科技、媒体、网络、时尚产品、歌星球星，更是津津乐道甚至神往。关于生活时尚的知识，教师常常远远不如学生。这样具有鲜明时代特征的学生群体能否承担起肩负的使命，关键在于教育。因而，教育必须着眼于学生的终身发展，这不仅是国家与民族发展的需要，更是学生自我发展、实现其生命意义与价值的需要。这同样要求我们真正确立全面育人的教育大目标，充分发挥学生的能动性，激发他们的成长欲望，发掘他们的成长潜能，实现他们的终身发展。

全面育人观要求教育给学生更为全面也更加个性化的教育，以塑造他们的整个身心世界，这就要求教师更好地了解今日学生，了解今日学生的群体特点与个性特征。众所周知，认清材料的质地是雕塑工艺师的基本功。对所雕塑的材料进行仔细的研究，摸清它们的纹理、曲直、坚硬程度，以及能承受的压力大小，因材雕刻塑造，就能制作出巧夺天工令人赞叹不已的工艺品；如果忽视这项基本功，拿到象牙、玉石、水晶、黄杨等宝贵材料，不识材势，不辨脉理，鲁莽地下刀、使锯、运凿，其结果不是卡了丝，就是损了块，使材料遭到糟蹋。

教师不是工艺师，但同样有识质的问题。教师培养的对象是青春年少充满活力的学生，不言而喻，培养他们成长这个工作比制作工艺品复杂千百倍，精细千百倍。我们的教育工作要想取得成效，一定要重视和锻炼识质的本领。教师要花相当的力气了解学生，研究学生，洞悉他们的内心世界,把握他们成长过程中的发展与变化,使自己的教育工作建立在科学的基础之上。否则,从主观臆想出发,就会盲人瞎马,事倍功半,使我们无法完成时代赋予教育的重任。

当今学生思维活跃,科技知识起点高,生活知识丰富,对未来有美好的憧憬。但与此同时,他们又存在明显的不足,如国家意识淡薄,道德观念、集体主义观念淡薄,又由于优秀民族文化传承的薄弱,有的学生对西方文化不辨良莠,不识美丑,缺乏正确的文化判断力,照单全收。在科技飞速发展、经济与社会发展日新月异的现代社会,多元经济并存,多元文化碰撞,信息传媒普及,都会对他们产生正面的或者负面的影响。他们的思想、道德、情操、价值观,他们的兴趣、爱好、追求,他们的行为举止无不渗透着时代的气息。时代的特点既给教育带来有利的条件,又给教育带来严峻的挑战。如何让我们的教育进入学生的心灵世界,发扬他们的长处,激发他们树立信心,使他们的综合能力与综合素养获得较好的发展,为他们的终身发展奠定坚实的基础,是我们必须重视并值得付出心血研究的问题,这也必然地成为今日教育的中心问题。因此,全面育人观的提出也正是今天的学生实现健康成长与终身发展的需要。

总之,一辈子的教育教学征程,一辈子的教育教学求索,使我逐渐牢固地树立起教育的全面育人观,这是我整个教育观念的核心。在这个基础上,形成了自己的职业观、教学观、学生观和学校发展观等一系列教育教学理念。有了这样一些理念的导引,我才能一步一个脚印地走到今天。我深深体会到,教育是一种理想的事业,但只有拥有先进理论的指导,才能避免走弯路,才能使理想成为现实,教育也才能真正"托起明天的太阳"。

二、放飞理想的事业:我的教师职业观

我的全面育人观决定了我对教师这一职业的基本认识。教师是一

种特殊的职业,是一种需要强烈责任意识和奉献精神的职业。教师做的是育人的工作,特别是基础教育领域的教师,他们面对的是心智与价值观念尚不成熟的青少年。在这样的年龄阶段,教师的影响在某种程度上将决定学生的终身发展方向。因此,教师肩上挑着的是祖国的未来。

教育的目的之一是教书,教师的重要职责之一,也是教给学生知识,培养学生能力,但教育的本质是育人,是培养终身发展的人。因此,教师既要培养学生良好的知识与能力,又要实现学生品格与心理的全面健康,使他们既拥有丰富的学识,又拥有良好的道德情操与积极的人生追求,成为德才兼备的一代新人。特别是在当今这样的多元时代,教师的导引作用就显得特别重要。教师只有以正确的思想去教育人,以积极的心态去熏陶人,才能培养学生积极的人生态度与良好的情感、态度、价值观,去正确地认识社会与融入社会。塑造大写的人,这是我们的学校教育所面临的一个重要使命,也是教师之所以被称为"人类灵魂的工程师"的原因之所在,教师职业充满了神圣感和崇高感。由此,我始终将教师这种职业看成是一种放飞理想的事业,它需要的是一种自觉的人生追求。

1. 理想的追求构成教师生命的内驱力

教师固然需要实践自身的职业道德,但教师不能仅仅局限于职业道德的外在规范性,它更是一种生命的内在需求,也正是这种职业理想,成为我永不停步、执着追求、一生奉献的内在驱动力。我曾多次引用汉朝韩婴《韩诗外传》里的那句话:"智如泉涌,行可以为表仪者,人师也。"我深深感到,做老师应该是智慧像泉水一样喷涌而出,思想言行都可以做学生的榜样。我牢牢记住这句话,努力身体力行。也正是在这种职业理想的激励下,我感觉到,教育事业永远没有终点,我所完成的工作永远没有最好,作为教师一定要不断地自我发展。一个不会自我发展的教师,他的生存空间会越来越小。因此,我做一辈子教师,一辈子学做教师,一辈子在提升自我,完善自我。一个教师的人格是思想、道德、行为、举止、气质、风度、知识、能力、心理的、生理的众多因素的综合。总而言之,应在德、才、识、能方面自觉锻造,才能无愧于教师这一理想追求者的称号。也正是有着对这种职业理想的高度认同,即便在整个社会都陷入了浩劫之中的20世纪60年代末70年代初期,在不断遭受批斗的日子里,我仍能坚守职责,始终不渝。因为这是我人生最重要的一部分,是我须臾不能舍弃的生命追求。

教师的职业理想告诉我,教师必须给学生以琼浆、醍醐,引导他们树立理想与信念。教师要教会学生发现时代与社会的亮色,去寻找生活中的真善美,帮助学生树立积极的人生价值取向与世界观,因为学生没有第二个青春。我立志做一名"合格"的教师。这"格"的要求很高,它不是用量化来衡量的,而是国家的要求、人民的嘱托。国家把自己的希望交给我们,人民把自己的子女交给我们,对我们寄予无限的期望。教师肩负着育人的重任,必须对学生的终身成长负责,必须教会学生终身发展。这种职业理想与生命追求,鞭策我孜孜以求,不断进取,执着实践。为了做一名合格的教师,做一名合格的语文教师,对学生今日的成长与明日的发展起积极作用,我数十载不敢有丝毫的懈怠。道路艰辛,欢乐洋溢,意义非凡。所以我一辈子不断地自我否定,自我超越。

我曾多次对青年教师说,要教育学生具备良好的思想道德素质,教师首先要自我教育,完善人格。教师心里要装国运、装教育、装学生、装责任、装追求。要做到四个"学会":一是学会热爱,教师要热爱党、热爱祖国、热爱教育、热爱学生,情真、情浓、情深,就会有不懈的内驱动力;二是学会敬业,教师身上挑着千钧重担,一头挑的是学生的现在,一头挑的是祖国的未来,这就是教师工作的整个世界;三是学会正确的价值判断,未成年人识别能力不强,教师具有正确的价值判断,树立社会主义核心价值观,学生就深受其益;四是学会教育教学的真本领,现在学生思维活跃,见识广,教师具有真才实学,教的课,说的话,学生才能入耳入心。这其实就是我所追求的理想境界。

2. 理想的追求给予教师不断完善自我的动力

做一名合格教师的理想追求,促使我不断加强自我教育,努力做到德才兼备,往道德高尚、学识宽厚、业务精湛的方向奔驰。我在德、才、识、能四个方面努力要求自己,力求在教育教学实践中做到理论联系实际的学习,做到思想升华,感情净化,长善救失,多一点真才实学。比如,为了提高课堂教学效果,在正确理解与运用语言文字方面对学生起良好的示范作用,我下功夫锤炼自己的教学语言,我的奋斗目标是"出口成章,下笔成文"。我认真剖析自己教学语言的毛病,首先做到清楚明白,通俗易懂,不含糊其词,不佶屈聱牙;再进而锤炼,力求优美生动,不枯燥干瘪。我的教案写得极为详细,把所教之课的每句话都写下来,然后认真修改,用比较规范的书面语言改造不规范的口头语言,把多余的字词句,不符合逻辑的地方一一删改、纠正,然后背诵出来,再口语化。这样坚持了两年,语言水平提高了,我做到了讲话、交流,乃至作报告,只打腹稿,不打草稿;写文章,也着力于下笔成文。我之所以这样做,因为我是一名语文教师,因为教师是一种理想的追求。

这种职业理想还促使着我不断充实自己和提高自己。作为语文老师,除了教师的基本素质之外,我认为有三点特别重要。第一,要有一颗爱国心,要有炽热的心肠。因为你所教的这些佳作美文是人类智慧的结晶,是人类最高尚的情操和感情,是最深邃和精辟的思想。而这些精神财富都是热爱自己的民族和祖国的产物。世界上最有名的作家都是悲天悯人的,如雨果、巴尔扎克、托尔斯泰,我们中国的优秀传统文化,忧国忧民,以天下为己任,是最宝贵的财富。作为一名语文教师,须有赤子情怀,对国家和人民要有满腔热情,这样才会有激情,永远有一团燃烧的火焰在心中。第二,作为语文教师须有文化积淀。语文作为文化的载体,本身就体现文化。语文教师就是在跟文化打交道。要让学生沉浸在良好的文化氛围中,教师当然要有一个比较开阔的视野和相关的知识背景。我原来总是想改行不好,后来我觉得改行也很好,因为学科是相通的。比如,我教过历史,我就绝对不会在教先秦文学中出现"皇帝"这样的错误。比如,在"文革"期间,人们捧李白,贬杜甫,我就不会这么干,因为具备了文化判断力。再比如,我读《跨越百年的美丽》,就一定要了解居里夫人,为什么爱因斯坦会有这样的判断,再联系到中国的"居里夫人"吴健雄等。所以,作为语文教师,文化的积累很重要。第三,语文教师的教学语言要有文化含量。语言是思想的影子,各行各业对语言的要求不同。我们是语文教师,语言要能反映你的文化素养,反映你的思想情操,如果语言有吸引力,学生就愿意听。语文教师的词汇要很丰富,既要教学生规范的书面语言,又要让学生在特定场景下学习活的语言。所以我在课上有意识地扩大词汇量,多用成语,学生受到熏陶,在作文中常有反映。

在这种职业理想的激励下,几十年来,我坚持不懈地严格要求自己。人生活在社会中,总是要比的,可是比什么,和谁比,我觉得其中非常有讲究。我这一辈子有两把尺子,一把尺子量别人的长处,一把尺子量自己的不足。在这种"比"和"量"的过程中,我总能找到自己的不足,总能学到别人的长处。我横比竖比,量别人量自己,越比越觉得自己有向前奔跑的动力。在长期的教学实践中,我深深体会到教师的字典里永远不能有一个"满"字。因此,不断追求,自我超越,与时俱进,不断达到一个又一个新的境界。这种职业理想给了我不断前进的原动力,因为教师职业是崇高的理想事业。

3. 理想的追求要求教师不断进步与超越

做教师一定要有时代的活水。教育界有一个比喻"给学生一杯水,教师要有一桶水",我不太同意。因为你这桶水是不是陈旧了,是否有污染,恐怕很值得研究。我们学过的东西随着时代的发展有些已经束之高阁,大量新的信息、新的知识要掌握,因此教师学习必须如长流水,教师一定要有丰富的智力生活,不断学习。我很喜欢朱熹的诗:"问渠那得清如许,为有源头活水来。"自己不天天学习、月月学习,哪里来的源头活水?我教了一辈子,一辈子在反思。正如罗曼·罗兰所讲"这累累的创伤就标志着你生命前进的一步",我确实是伤痕累累,随便打开自己的文章、教案,可以讲出很多不足和缺陷,但正是这些缺陷和不足激励我向前奔跑。因为,在我心目中始终有一些人格高尚的榜样在鞭策着我,鲁迅、闻一多、陶行知、叶圣陶、苏步青、谢希德……他们学识渊博、人格高尚,是多少年来勤奋努力、自我修养的结果。我虽是一名普通教师,一个凡人,但我要一步一步穷毕生精力努力登攀……正是职业理想赋予了我强烈的进取意识,不断地完善自己。

这种职业理想促使着我不断地前进与创造,让我站在时代和民族发展的高视点上,树立了崇高的职业目标:教文育人。教师必须教会学生追求真善美,教师必须提升学生的精神境界。因为今天的学生质量,就是明天的国民素质,更是后天的民族竞争力。我深深热爱着我们的祖国,因而必然深爱我的事业和学生。我教学生学习,更教学生做人。培养祖国的有用之才、栋梁之材是我毕生的追求。

这种职业理想,使我在教学以外也勤于耕耘,我撰写的500万字著述是奉献给广大教师和中华教育事业的一份心意。近几年来,我年龄大了,身体状况不好,但对教育事业、对语文教学、对未成年人成长仍然高度关爱,对国家民族仍然怀着强烈的责任感和使命感。前不久,上海市教育工作会议召开,我呼吁我们的教育要"突围",要"减负",要"育人而不是育分""育人要树魂立根",得到市领导的充分肯定。我一生无求,只想成为一名"合格"的中学教师,因为我追求的是理想,我从事的是太阳底下最光辉的事业。乌申斯基讲得好:"在教育工作中一切都应以教师的人格为依据,因为,教育力量只能从人格的活的源泉中产生出来,任何规章制度,任何人为的机关,无论设想得如何巧妙,都不能代替教育事业中教师人格的作用。"我正是用毕生的时间,在不断的自我否定与自我超越中,建立起自己的教师人格。

4. 理想的追求使教师充满对学生的爱

教师必须充满爱心。漫长的半个多世纪,几十年的春风化雨,我教过的学生数以千计。尽管这些学生来自不同的年代,有过不同的社会背景,然而,我对他们的爱是始终如一的,我对每一个学生的尊重也都是同样真诚的。在我眼中,教育事业是爱的事业,师爱超越亲子之爱、友人之爱。作为教师,教育对象没有选择性,每个学生都是"变数",成长有先后,教师不能用一成不变的眼光看待学生。对他们要有满腔热情满腔爱。正是在这种目中有学生、一心为学生的思想指引下,我带过不少乱班乱年级。再乱,对教育学生的痴情不改。1973年,我带了全校一个最乱的年级,经过与年级组全体老师的共同努力,到1977年,年级组被评为上海市先进集体,参加"文革"后首届高考的两个快班学生,全都考进了大学。20世纪70年代初期,我带学生下农村劳动,一位女同学半夜里突然发高烧。由于医疗条件差,交通不便,我和另一位女同学顶着寒风,背着生病的同学步行十多里地到镇上医院治病。当时,我已人到中年,腹部刚动完手术不久,到医院时已汗透全身,两眼发黑。我发现,人有很大的忍受力,也有很大的潜能,只要真正把学生放在心上,就会超越自己,释放出巨大能量来。这"巨大能量"正是来源于我的职业理想,来源于我对学生无私的爱。

对学生的爱不是说在嘴上,写在纸上,而是要身体力行,用行动检验。我只有一个独生子,由于我先后患胃溃疡、肝炎等重病,孩子身体极坏,多次病危。我夜里陪床,白天照常上班。谁没有亲子之爱?看到孩子被病魔折磨得痛苦万分,我多次想请假,但我教的学生面临高三毕业,怎能耽误他们?我不是医生,不会治病,我的岗位在学校。于是,我咬咬牙,坚持上班,不动声色。几十年来,我没有为家庭私事脱过一节课,脱过一天班。这样做,我觉得心里很踏实,对得起学生。

从教60多年,正是在这种职业理想的导引下,我基本做到了一名中学教师、一名师范校长、一名不言退休的教育工作者应该做的一切。为此,党和国家给了我高度的评价与崇高的荣誉。2001年9月举行了"于漪老师从教50周年学术研讨会"。在研讨会上,来自各方面的领导、专家、同行及后学,对我50年的从教生涯作了一个总结。原国家总督学柳斌同志代表国家教委说:"50年来,由于于漪老师人格的力量、智慧的力量、忠诚于祖国教育事业的理想的力量,使她在人生道路上获得巨大成功,成就了一番光彩夺目事业。"并赞我"育人是一代师表,教改是一面旗帜"。上海市政协副主席、市教育委员会前党委书记王荣华同志在研讨会上还提到这样一件事:两年前,上海市曾开展过"今天怎样做教师"的大讨论,在讨论的基础上,又举行了"我心目中的老师"征文活动。在评比中,在"我心目中的好教师"这一位置上,"于漪"的名字出现次数是最多也是评价最高的。专家和同行给了我许多的赞誉和褒扬,称赞我既善为"经师",更善做"人师"。2011年11月在上海市社联第五届学术活动月中举办了"薪火相传话师魂"论坛,庆贺我从教60周年,对我终生从教给予充分肯定。所有这些评价与赞誉我当之有愧,我只能说,如果我为我们的教育事业做了一些力所能及的事,应该归功于党的教育,组织的培养,归功于同行和同学对我的鼓励,归功于职业理想和使命意识给我的生命的内驱动力。

人的生命是有限的,作为一名教师,能够把自己有限的生命融入常青的、伟大的、辉煌的教育事业之中,我觉得此生有幸。

三、学习的主人：我的学生观

学生在教学过程中处于怎样的地位？与教师是什么样的关系？这是我始终在思考的问题，也是中外教育史上一直争论不休的问题。远的且不说，就以近代而言，德国教育家赫尔巴特认为"学生必须对教师保持绝对的服从状态"，他主张的是"教师中心论"，学生成了教师的"奴仆"，成为学习中的被动接受者，一切都得听教师的。20 世纪初的美国教育家杜威针锋相对地主张"儿童是太阳，教师必须围绕着学生转"，这是"儿童中心主义"，教师仅仅是学生的"辅导员"。20 世纪 30 年代，以苏联教育家凯洛夫为代表的教育思想又全面强调教师的主导作用，对学生的能动性、自主性和创造性比较忽视，没有摆准学生在教学过程中的位置，没有彻底解决教师和学生的关系问题。

1949 年以后，先是受凯洛夫教育思想的影响，突出教师的主导作用；在"大跃进"和"文革"中又反其道而行之，以学生来否定教师，否定课堂教学和书本知识。粉碎"四人帮"以后，在"解放思想、实事求是"原则的指引下，才逐步明确教师的主导作用和学生主体精神相结合的指导思想。在改革开放的大潮中，又围绕"学生是否是教学过程中的主体"展开热烈的讨论。

1. 学生是学习的主人

我的全面育人观决定了我的学生观。我始终认为，学生是学习的主人，早在 1981 年出版的《中学语文教学探索》中我就明确提出："广大青少年学生是能思善想、具有主观能动作用的人，而我们有时却把他们当作'容器'，放在被动的承受'我讲'的位置，堂堂课从头包办到底，剥夺了他们课内练习、思考的权利。把学生当作被动的人，实质上还是目中无人。"1984 年我又在《语文教苑耕耘录》中提出："改革课堂教学，提高课堂教学的效果，让学生做学习的主人。""只要心中有学生，胸中有全局，锲而不舍，持之以恒，课是一定可以教好的。"我认为，"教"不是统治"学",代替"学",而是启发学生"学",引导学生"学",教学应该把立足点"从教出发转换到从学出发"。在学习过程中,学生是主人,教师的教是通过学生自身的学习积极性而发挥作用的。

但我并不主张"学生中心主义",而认为在教育教学过程中应该是两个积极性,而不是教师或者学生的一个积极性。在教育和教学过程中,教师和学生都应该充分发挥主观能动性,应该各得其所,相互促进,而不是突出强调一个,削弱或否定另一个。过去我们片面强调教师的主导作用,削弱和压抑学生的积极性固然不对;今天突出强调"学生主体",使"教师主导"等而下之,又何尝可取?所以,我主张"教师主导作用和学生主动积极性相结合"。这构成了我的学生观,其基本内容是:学生是学习的主人,是能思善想具有主观能动作用的人,而不是"容器";教师要把从教出发的立足点转换到从学出发,要目中有人;教师的"教"是通过学生的"学"而发挥作用的,因此教师要不断研究学生的新情况和新特点,要"和学生的心弦对准音调",要启发学生学,引导学生学,珍惜并激发他们的潜能,培养他们的创新意识和创新精神;只要心中有学生,胸中有全局,锲而不舍,持之以恒,我们一定能够实现我们的教育教学目标。因此,既要重视学生在教学过程中的作用和价值,又要做到教师和学生很好地结合,充分发挥"教"和"学"的两个积极性。

2. 平等对待,理解学生

这样一种学生观要求我们首先要站在平等的基础上,去真正理解学生,与学生进行心灵的沟通。苏联教育家苏霍姆林斯基曾说过这样一段精彩的话:"在每个孩子心中最隐秘的一角,都有一根独特的琴弦,拨动它就会发出特有的音响,要使孩子的心同我讲的话发生共鸣,我自身就需要同孩子的心弦对准音调。"确实如此,教师不和学生的心弦对准音调,说的话就不可能在学生心中引起共鸣。振幅极小,或者没有振幅,师生的思想感情得不到很好的沟通与交流,教师话语的感染力也就要大受影响,我们的教育就难以达到理想的境界。

要和学生"对准音调",首先要发现每个学生心中那根"独特的琴弦"。有些学生性格开放,容易发现他们内心的活动,更多的学生是心里的某一角藏着奥秘,教师没有精细的目光很难找到那根琴弦。"对准音调"的基础是师生有共同语言。对学生的喜爱、心情、愿望、语言、行为等,教师不能简单地以成年人的想法来框,认为是粗糙的、幼稚的、鲁莽的,甚至是可笑的。教师要多站在学生的位置上设身处地想想,就能增加理解,减少浮躁,少下"禁止令",少设"阻挡拦",而是积极引导,为他们"出谋划策"。

因此,教师要走近学生,进而走进学生,教师不能只站在学生世界的外面观察,还要站到学生世界之中用心去眼看耳听,摸准他们的脉搏。教师要有眼力,要巨细不漏,越是细微之处,越不让他在眼皮底下溜走。就拿课堂上来说,某个同学撇一撇嘴,某个同学脸上掠过一丝笑意,某个同学目光中突然出现某种异彩等,全是心弦弹奏的信号。尽管那些细微的表情或动作瞬息即逝,教师如果迅速捉住,和彼时彼地彼事联系起来思考分析,就可窥见学生心中的那"一角",可以窥见他们对某些问题的所思所想,大至社会、人生,小到一句话语。教师要深入学生的心灵世界。学生兴趣广泛,对影视、歌曲、球赛等方面如数家珍,教师少不得也要关心、熟悉,乃至培养兴趣。知心才能教心,师生之间共同语言多,那根"独特的琴弦"就会发出特有的音响。遗憾的是在教育教学中我们往往只注重实现预定的目标,而丢失了进入学生心灵世界的良机,从而,教育教学的针对性、有效性大打折扣。

学生的"音调"不是固定不变的,它始终处于动态之中。青少年学生在成长时期,知识日益增长,能力不断提高,智力不断开发,思想、性格、兴趣、爱好等都处于变化之中。有的顺着原来的方向发展、加深,并渐趋成熟;有的进步缓慢,似乎裹足不前;有的则变化较大,不是在原来的轨道上运行,而是拐了弯,形成了角度,比如,好动的变成好静的,学习态度马虎的认真起来,对事物、对人生、对社会的认识出现了飞跃,等等。因此,教师"识音"和"对音"的工作,了解和研究学生的工作不应是静止的,停留在某一点或某一阶段,而要有连贯性,作点简要记录,比较分析,从而摸索出有效的教育教学的好方法。

3. 尊重学生与对话意识

这样一种学生观要求我们在教育教学过程中做到尊重学生。学生虽然年龄不大,尚未成年,但他们是有着独立人格的个体,他们需要理解,需要尊重,也只有当他们感觉到了自己人格的尊严,感觉到自己受到了应有的尊重,才能充分激发起他们的自主成长意识,使他们产生积极向上的愿望并付之于行动。

这样一种学生观要求我们具有对话意识。我们传统灌输教育的主要特征是把教育对象当作"物",教育实施的是居高临下的单向影响,师生之间是权威与服从的关系。因此,灌输也就违反了人的本性,违反了教育的本来要求。现代教育要求充分尊重学生人格,满足其内在的成长需要,使学生充分认识到自我的人生意义和生存价值。因此,教育要由单向灌输走向双向对话,也就是由单向影响转向双向互动。对话体现了相互平等、相互尊重、相互关爱的新型师生关系,有助于做到师生心灵沟通。这样,教育者在尊重、理解、爱护被教育者的基础上,用自己的学识、言行、境界、风范来启发、引导、帮助受教育者,使美好的道德与情操在受教育者身上得到内化,而不是代替他们思考、理解、体验、选择与行动。这样,从灌输走向对话,由教育与被教育关系转向相互教育关系,由单向影响转向双向交流,教师与学生就能在教育中真正实现教学相长,共同提高。

理解和尊重学生的观念使我真正做到把学生放在平等的位置上。我鼓励学生对教师的传道授业提出怀疑和异议。学生的思维定式是信奉老师，师云亦云，容易重弹老师的老调，成为老师思考的代言人。这样不可能培养学生的自主意识，使他们具有创造精神。我在教学中注意鼓励他们解放思想，独立思考，敢于否定老师。例如，有一次教《卖油翁》，当讲到课文第2段时，我随口说："下面有段精彩的对话。"不料，马上就有一个学生不以为然地笑了一声。我从这一笑中，立刻察觉到自己可能有不妥之处，于是便和蔼地问道："你为什么笑啊？"学生回答："下面的话不精彩。"我欣然接受，说："你说得对，用'精彩'不妥，应改为'发人深思'的对话。"课堂上尊重学生的结果是师生的共同进步。

4. 关注差异，因材施教

这样一种学生观要求我们关注每一个学生，因为，教育对象是没有选择性的，成长有先后，进步有快慢，我们只有真诚地关心每一位学生，满腔热情地对待每一位学生，才能有效促使每一位学生健康成长。学生都是我们的后代，都要千方百计地把他们培育成才。我曾经教过不少调皮捣蛋的学生，其中有一个曾天真地对我说："我妈妈说，我这个捣蛋鬼能考取你们学校，是额头戳破天花板，说我是学不好的，要被老师赶出来的。"说真的，这位学生文化基础确实差，习惯也不好。可是，就是这样的学生身上同样会有很多优点。教师不可能代替学生成长，但必须有一双敏锐的眼睛，善于发现学生身上闪光的东西，长善救失。经过观察，我发现这位同学思维活跃，点子多，在有针对性的教育下，他成长了，通过努力学习，考取了大学。以后他来看我，说起成长中的一件件往事，师生同乐的情境难以言表。无数事实教育了我，使我深深懂得做教师的千万不能用一成不变的目光来看待学生，每个学生都是"变数"，在发展，在变化，教师加温到一定程度，他们会开窍，会飞快进步，茁壮成长。

教师要注意审视学生之间的差异，保护和调动各类学生的积极性。教育要面向全体学生，教师就不仅要认清学生的共性，认清他们对学习的认识、感情、兴趣、追求以及评价,还要审视学生之间的差异。教师每天面对着上百个学生,尽管同在一所学校,但由于遗传基因、家庭情况、周围环境等种种不同,他们的思想、性格、习惯、学习基础、接受能力也就有明显的差别。因此,教育要针对不同的学生采用不同的方式。早在两千多年前孔子就强调"因材施教",强调教学生要"观其所以",观察学生的日常言行;"观其所由",观察学生所走的道路;"察其所要",考查学生的意向;"退而省其私",观察学生私下的言行,目的在摸清学生的志趣、才能、特长。今日的教育重视学生有个性地发展,就是让性格不尽相同、志趣迥然有异的学生都能受到保护,都能健康发展。

因此,教师在教育教学过程中,胸中不仅要有班级的全局,而且要有一个个学生鲜活的个性。我们的教育教学长期以来善于"一刀切",用一个标准要求所有学生。其实,寸有所长,尺有所短。例如,在被视为语文水平差的同学中,经过仔细研究,他们的语文能力中也有强项。我教过的学生中,有些人字写得歪七斜八,文章前言不搭后语,但侃大山一项,口才好得很;有些人背诵默写总漏字、添字、张冠李戴,但在解答问题时常在语句不顺畅中透露出独特的看法。因此,人有多元智能,在一个人身上,有强势智能,有弱势智能,学生也是如此,有些语言智能强,有些逻辑思维强,有些音乐才能强,等等。但不管是弱势智能,还是强势智能,都应具体分析,强的同学中有弱点,弱的同学中有强项,发扬他们的长处,鼓励他们树立信心,他们的学习能力和整体素养就能获得较好的发展。因为教育的根本就在于把学生的潜能激发出来,使之成为发展的现实。

四、追求综合效应:我的基础教学观

基础教育的全面育人观,决定了教学必须注重整体效果。当今社会的发展,使得任何一门学科的教学,都不能仅仅局限于本学科的知识与技能，而必须着眼于学生的全面发展和终身成长，因此，追求综合效应，就成为我的基础教学观。早在20世纪80年代，针对语文学科的特点，我就提出了"融知识传授、能力培养、智力发展、思想情操陶冶于一炉"的教学观。我试图用一个"融"字，揭示语文教学培养目标的整体性与多元性，提出学科教学应实践"全面育人"的主张，从而使教学真正服务于我们的教育总目标。其实，这不是语文一门学科的教学目标，而是所有学科都应该实现的一种教学境界。

1. 三大支柱，"术""道"合一

追求综合效应首先要求各学科树立明确的综合素养观，不能停留在传统的知识观或能力观上，而必须做到"术""道"合一。这里的"术"与"道"，既可以指教师层面，也可以指学生层面。教师层面的"术"主要指教师的教学技能、技法等方法类的东西，"道"则是指教师的教育思想、教学理念等。可以说，一个不深入探究"道"而只注重"术"的教师是不可能成为一个优秀的教师的。学生层面的"术"主要指知识、能力之类的学科技能的东西，"道"则是指学生的思想形成、道德培养与人格锻造等。任何一个学科不能见术不见道，更不能见术不见人。"术""道"合一的核心是三大支柱——知识与能力、过程与方法、情感态度与价值观——的有机融合。这三大支柱构成了我们各学科的整体教学目标，从根本上说，他们都是建立在以人为本、以学生发展为本的全面育人观这一基础之上的。以语文学科为例，语文教学就要树立明确的语文综合素养观，语文教学不仅要教会学生理解和运用语言文字的能力，而且要形成并提高语文素养。语文素养是个多元概念，它是语文学科"术"和"道"的整合。

第一根支柱是知识与能力。但这里的知识，不同于传统教材和传统课堂教学中以知识为本而狠抓落实的那个知识体系，这里的能力也不仅是传统的技能与技法。这里的知识与能力，指的是建立在学生的

实际与时代的需要，建立在新的课程观基础上的。从某种意义上说，新的课程观是面向学生的课程观，学生就是课程，课程就是学生，要充分尊重学生的学习体验和生活经验，这是非常重要的。同时，新的课程观还面向着教师，从这个角度出发也可以说教师就是课程，课程就是教师，教师是教学的关键因素。新的课程观包含教材，还有环境，包括社会环境和人们的心理环境。所以，这里的知识和能力是在教学过程中，通过教师和学生的多元互动，依靠教师和学生的创造性劳动所获得的，是在传统基础上强主干、删枝叶，是经过重新整合留下来的最重要的东西，是整个教学内容的"核"，也是学生成长过程中终身有用的东西。

知识与能力属于"术"的范畴，但它必须是在"道"的统领下的"技"。离开了"道"的"技"，很容易成为琐碎和繁杂，成为失去情感和生命活力的纯粹的知识与方法序列。因而我们不能孤立地来谈培养学生的知识与能力，而必须把它放到整个学科教学目标中去认识与把握。同时，知识与能力必须是学生在教师的导引下自主获取的，知识与能力系统也只能是学生在个性化的构建过程中完成的。因此，这一教学目标的完成是一个内塑的过程，而不是外在灌输的过程。

学生所应掌握的知识与能力的"核"，具有无限丰富的外延和系统组合可能，学生可以在此基础上构建起自己的整个知识与能力系统。例如，我教《二六七号牢房》："从门到窗子是七步，从窗子到门是七步，这个，我很熟悉。""走过去是七步，走过来是七步，是的，这一切我很熟悉。"学生读这些似乎很普通的句子，往往体会不到其中的奥妙。于是我这样设疑："这里为什么要写这四个'七步'，两个'熟悉'？为什么用来回往复的句式？"学生最初只能看出是写牢房的狭小，这是只知其一。经过引导，他们明白了四个"七步"描写牢房的狭小，是控诉法西斯囚禁革命者的罪恶。两个"熟悉"呢？在老师的点拨下，学生悟出了伏契克当时是被德国法西斯关押的，过去他也被关过，是被捷克的资产阶级政权关过。两个"熟悉"，把捷克资产阶级反动派跟德国法西斯紧密联系在一起，使读者明白所有的反动派都是残害革命者的，这样，学生的理解就深了一层。语文课文中常有这样的情况：课文中的有些词句，学生读时一晃而过，不觉得有问题，而这些地方又往往是理解课文的关键所在。"不塞不流，不止不行"，用问题来堵一堵，塞一塞，学生思维就会活起来。教学只有教到学生不知的地方，把浅的地方教深了，在'无疑'之处生疑，学生跟随教师一起参与求知过程，才能尝到其中的甘甜。而通过这样的自主获取，他们从中获得的阅读、理解与感悟能力，往往会终身受益。

第二根支柱是过程与方法。当今的学科教学，不应该再是一个相对封闭的系统，就学科谈学科，就知识点谈落实，也不应再仅仅注重结论的获得，而应该在一个开放的学习环境中，高度重视过程与方法。综观东西方教育的差异，我们东方的教育相对比较重视结论，而西方教育则相对比较重视过程。实际上，教育就是一个过程，从大处说，我们的学生，从小学到中学，从高一到高三，就是一个培养的过程，他们在这个过程里长知识、长身体、长能力、长觉悟、长思想；往小里说，一堂课、一次活动，它也是一个过程，学生同样需要从中发展自我。我们以往对这个过程不太重视，现在必须高度重视起来。特别是从现代教育理念来看，学生通过学习最终获得了知识性的结论，这不是最重要的，重要的是他们在学习的过程中获得了哪些成长与提升。

这里的方法，也不再仅仅是传统意义上的掌握知识的方法，它既包含这一内容，又包含更加宏观层面的学习方法、思维方法、探究方法。其目的是让学生具有自我学习和终身学习的能力。这种方法的获得是教师与学生在教学中各自凭借自己的经验，用自己的表达方式，通过心灵的对接、意见的交换、思想的碰撞等，实现知识、能力的共同进步与个性的全面发展过程。这种重视过程与方法的理念，鼓励教师和学生在互动中即兴创造，超越预定目标，鼓励学生在"做中学"，将静态的知识结论变为动态的建构过程，让学生在探索中寻求未知，体验情感，在过程中学会方法，在过程中建构自己的综合素养。所以，过程与方法是学科教学的重要支柱之一。特别是在我们构建学习型社会的今天，学习型社会要求于人的四大支柱能力，其中第一大能力就是学会认知，学会学习。因此，任何一门学科的教学，都要注重学生的学习过程，指导学生学习方法。

第三根支柱是情感态度与价值观。任何一门学科的教学成效，不仅仅是看学科教学给了学生多少学科知识与能力，还要看在学科教学中是否实现了学生综合素质的提高。综合素质既包括这一学科的素养，更包括学生的思想道德情操等，或者说后者是更为重要的。我们今天强调在学科教学中渗透生命教育与民族精神教育，把社会主义核心价值追求融合于知识传授、能力培养之中，也正是基于这样一种认识。因此，学科教学必须传授学生以"道"，其核心内容之一就是情感态度与价值观，我们的教学一定要让孩子的情感丰富起来，树立正确的人生态度，正确的价值观。学生只有真正站在"道"的层面上，才能悟"道"而得"技"，成为拥有较高素养的"完整的人"，成为合格的接班人。

从语文学科讲，我们要培养学生成为具有丰富情感的人，先要培养他们热爱语文学科，热爱我们的民族文化。一个不热爱中华文化，不热爱祖国语言文字的人，不可能成为一个健全的人，成为一个合格的中国人。因此，首先要培养他们学习的兴趣，要使他们有比较高尚的品位、高尚的情操，要有丰富的情感。其次，要培养一种态度，一种认真学习的态度。要培养他们求实的科学态度，培养他们乐观的生活态度和宽容的处世态度，总之，要有完善的人生态度，包括学科学习，也包括整个人生。最后，是正确的价值观。价值观是人的综合素养的核心内容，这在当今时代尤为重要。我们任何一个学科都要在教学中渗透一种理念,要培养学生做到个人价值与社会价值的和谐统一,科学价值与人文价值的统一,培养正确健康的价值观同样是所有学科教学义不容辞的职责。

作为一名语文教师,当他对课文中思想内容的深刻理解和育人的崇高职责紧密相碰的时候,感情就会发生"井喷",课堂上就会闪烁火花,产生能量,并且势不可遏,使学生的思想感情发生共鸣而产生飞跃。我清晰地记得带领学生学习《周总理,你在哪里》一文时的情境。出于对开国总理的无限爱戴和怀念,课结束时我要求学生就课文内容和平日对总理的了解,谈谈自己对"周总理,我们的好总理"的"好"的新感受新体会,要求言简意赅,可引用名言。学生经过思索,有的激动地说:"我们的好总理,'好'在横眉冷对千夫指,俯首甘为孺子牛。"有的引用杜甫咏怀诸葛亮的诗句说:"'自古丞相擎天柱',而周总理是'万古云霄一羽毛'。"有的学生情不自禁地赞叹说:"总理文能治国,武能安邦,功高盖世,万古流芳。"从"好"这个词生发开去,学生不仅进一步理解这个极为普通的词所包含的极其丰富的内容,而且沉浸在赞颂总理伟大人格、高尚情操和不朽功绩的气氛之中,师生互受教育,实现了思想的升华与感情的净化。

因此,知识与能力、过程与方法、情感态度与价值观是当前学科教学中必须落实的三根支柱,我们要使它们相辅相成,互相交融,成为一体,落实到课堂上。解决了这个问题,就解决了课程改革的一个核心问题——以学生为本,也就体现了对新时期的教育方针的贯彻与落实。

2. 建立新型的课堂教学模式

追求综合效应要求建立新型的课堂教学模式。当今教育改革的核心之一是教育由"物化"转向"人化"。"人本教育"的真谛是"开发人"。教学过程应当是教师带领学生主动认知、探究问题的过程。在课堂教学过程中,学生是教师的探求伙伴。教师要做一个激励学生思考的人,为学生提供咨询的人,与学生平等交换意见的人,帮助学生发现问题而不只是提供现成结论的人,是点燃学生智慧火花的人。对于学生来说,课堂教学应该是在教师的指导下,既是对新知识学习和探究的过程,同时也是自身能力与素养的培养和提升的过程。因此,学科教学要在把握各学科个性特点的基础上,确立知识的系统性理念,改变传统知识传输的单一性、封闭性状态,注意知识的系统性、延伸性和发展性,从而激发学生拓展性学习和研究性学习的自觉要求,培养学生的主动参与意识,形成探究型学习和合作型学习,形成有利于学生自主学习的课堂教学模式,改被动式教学为主动性学习,变单纯接受性学习为接受创造并举的学习,由掌握型学习走向自主探究合作参与的知识、能力与素养的生成式学习。

建立新的课堂教学模式,确立好学生在学习中的主人地位和教师在教学中的主导地位,充分发挥两个群体的能动作用,才能使教学真正成为师生互动共同提高的自主学习过程。在课堂教学中,师生要进行知识、能力、思想等多方面的互动,而其核心是情感的互动,情感是心灵的发动机,离开了情感这个发动机,教师的情怀就难以驰骋,学生的心灵就难以飞翔,我们的教学就难以达到一个高的境界。因此,只有努力营造师生互尊互爱的浓郁氛围,充分激发师生教与学的激情,让教师的情怀纵情驰骋,让学生的心灵展翅飞翔,课堂教学的气氛才会活跃,师生的双方活动才能达到最佳状态。课堂教学过程中学生的情感参与,主要是在教师的引导和感染下进行,要使学生的情感充分投入主要取决于两点,即教师在课堂内对学生的情感感染和课外师生间的融洽相处。因此,建立一种有利于学生自主学习的课堂教学模式不仅要求教师在课堂内理解与尊重学生,还要求教师拥有良好的人格魅力。

建立新的课堂教学模式,还要求我们建立新型的课堂师生关系。新型的课堂师生关系有助于教师利用学科特点,培养学生对学科的直接兴趣和学习需求;有助于学校根据学生的生理和心理特点,开展多种形式的教育活动,培养学生的间接兴趣与需求。学生的兴趣影响课堂教学效果,而课堂教学效果的积淀又可能形成学生一种理性的观念,即自己的终身志向。当学生确定自己的志向以后,其对课堂教学的积极意义是一般学习兴趣所不可比拟的。因而,形成这种从培养学习兴趣和学习需求到确定终身志向的过程,是课堂教学改革的重要目标之一。只有这种在理性指导下形成的学习能力才是可持续发展的。

3. 多功能、立体化的课堂教学效果

追求综合效应还要求学科教学做到多功能、立体化课堂教学效果。教学目的要单一、明确,教学方法却要发挥综合作用,要把知识学习、能力训练、智力发展和思想情操陶冶有机地结合起来,一箭数雕,形成立体的、多功能的效应,而不是单打一式的就事论事的教学。课堂教学要树立综合培养的观念,要精心设计讲和练的内容,选择讲和练的方式。要紧扣能力训练辐射到智力因素的开发和非智力因素的培养,辐射到品质、情操的熏陶与感染,发挥教学的综合作用。比如,我教《事事关心》,先出示《燕山夜话》,让学生看书中作者照片,请学生讲述注释中对作者的简介,然后教师作一点补充,再引述《燕山夜话》自序里一段话要求学生听写。这样做,突出作者的精神面貌:"我们生在这样伟大的时代,活动在祖先血汗洒遍的燕山地区,我们一时一刻也不应该放松努力,要学得更好,做得更好,以期无愧于古人亦无愧于后人。"这样做,训练了学生的听写能力和口头表达能力,眼看,耳听,口说,手写,语文能力得到综合训练,而且学生的思想与情感得到有效激发,比之于单一的作者介绍,其作用和效果要"立体"得多,功能也明显不同。

这样一种多功能、立体化的教学,要求我们抓好学科的基础性、拓展性和研究性这三个层面教学的有机结合。作为一门学科的教学与学习来说,虽然它的基础性、拓展性和研究性所表现出来的学习方式、学

习要求和培养目的不同,但它们之间极难划分出一条明显的界限,往往是既相互独立又相互包容,既相互制约又相互促进,你中有我,我中有你,很难把它们截然区分。学科教学的知识、能力、素养等多元化多层次综合交叉的基本性质决定了它不能简单地划分基础性、拓展性、研究性等不同的教学层次,而必须使其成为有机的整体。同时,学生的综合素养本身就包含基础性、拓展性和研究性的要求。因此,我们现在的学科教学,其中往往既有基础性的学习要求,又有拓展性和研究性的学习要求,而学生综合素养的建构过程,也必须通过基础性学习、拓展性学习和研究性学习等多种学习过程才得以实现。这就需要我们将学科教学看成一个不可分割的整体,在基础性目标的落实中进行拓展性学习和研究性学习,又在拓展性学习和研究性学习中进一步强化基础性学习。培养学生综合素养的全面育人观又使这种一体化成为一种必然,它要求以基础型课程促进拓展性学习和研究性学习,从而自然生成拓展型课程和研究型课程,而拓展性学习和研究性学习再反过来促进基础性教学,从而构成立体多元的学科教学体系。

基础性学习、探究性学习和研究性学习,它们的最终培养目标是一致的,都是培养一种学习态度、学习方法和学习能力,培养学生的情感、态度和价值观。差异只在要求的层次上,而这层次的差异是因时因人而转化的。因而,基础型课程可以包含拓展性、研究性成分。反之,拓展性学习和研究性学习可以是一堂课,可以是一个专题,也可以作为一门校本课程,渗透在基础型课程里面,或者基础性、拓展性和研究性的互相渗透。但无论如何,它们都必须实现学习过程的整体性。因此,在学科教学中,实现基础性、拓展性和研究性学习的有机结合,是学科性质和学科内容的需要,也是学科特征所决定的。它更是学科教学与时俱进,培养时代所要求的综合型、创新型人才的需要。

五、追求高尚的教育境界：我的学校发展观

学校是人类文明的摇篮，过去是，现在是，将来仍然是。如果说，教师在某种意义上决定教育的成败，那么学校在另一个意义上，或者说在一个更为重要的层面上决定教育的面貌。一支再优秀的教师队伍，他们才华的施展仍然有赖于一个高效有序并且拥有丰厚文化背景的教育平台。事实上，只有当学校的发展目标与教师和学生个人的生命需要相结合，去创造出富有生机的教育行为与学习行为时，我们才可能拥有真正成功的教育；也只有当学校拥有一种极为良好的文化氛围与思想导引，能够有效激发起成员的奉献意识与创造精神，使全体成员在学校里生活和工作不仅是谋生的需要，更是对生命和生命价值的追求，成为一种超越物质和技术层面的高层次需要时，教育才可能达到一个很高的境界。追求高尚的教育境界，就成为我的学校发展观，这同样从属于全面育人的总目标。

1. 建设现代学习型组织

高尚的教育境界首先要求学校将自己建设成现代学习型组织。今天，学校已经不再是教育者和受教育者的简单组合，也不仅仅是提供一个教育者向受教育者单向地传授知识的平台。在这里，教师不仅仅是输出知识，学生也不仅仅是接受知识，学校的教育内容，更不仅仅是知识。今天的学校应该是一个让每个人都能够自由发展与成长的天地。在这里，学生和教师将相互影响和相互作用，并在这种相互影响和相互作用的过程中，分别实现各自的全面发展与成长，为他们各自的终身发展提供良好的条件。从这个意义上说，学校影响着教师的价值取向，导引着学生的人生方向，它决定着学生的发展，同时也决定着教师的发展，它甚至决定着当代教育的整体走向。因此，今天的学校必须努力成为一个现代的学习型组织，成为学生和教师健康发展的可靠保证。

作为现代的学习型组织，学校必须创设宽广的发展空间，让每一位

学生的个性得到发展,让每一位学生的潜能得到发挥,让每一位学生的生命追求成为现实的可能。在这样的学校状态中,学生将不再是简单的"容器",去装载学校与教师给予的东西,而是主动求取,自主发展,在教师的指导下全面提升自己;在这样的学校状态中,学生将不再是被动地接受着外在的塑造,而是作为学习的主人,充分发挥自身的自主精神;在这样的学校状态中,学生和教师将形成一种新型的师生关系,他们和谐地共处于一个共同体,他们是教育与被教育的关系,是指导与被指导的关系,是关怀与被关怀的关系,是相互教育、相互促进的关系;在这样的学校状态中,学生将真正成为自由发展与成长的主体。

作为现代的学习型组织,学校同样必须创设宽广的空间,让每一位教师的才能得到充分的发挥,让每一位教师的个性得到张扬,并且让每一位教师的教育追求得到全面的施展。在这样的学校状态中,教师不再是仅仅输出的主体,他们在输出的同时,也将不断地输入,他们将不断地提升自己和完善自己,他们也将成为发展的主体;在这样的学校状态中,教师将不再是年复一年地不断重复自己的"工匠",而是拥有科学精神和创新意识的学习型教师,他们不断探索,不断创造,拓展能力,把最新的人类文化成果交给学生,真正成为人类灵魂的工程师;在这样的学校状态中,教师不再仅仅在学生身上实现自己生命的价值,而是在发展学生的同时发展自己,在发展教育的同时使自身同步发展,这样,教育事业成为他们自身生命的需要,而不再仅仅是一种责任与义务;在这样的学校状态中,教师职业将不再是一种职业要求规范着他们的行为,而是将成为一种理想,一种生命和事业的崇高追求。

由上可见,现代学习型组织的目的不仅仅是培养拥有知识的人,而且是培养全面发展的人;不仅仅是给予学生就业必备的知识与能力,而且是给予学生终身发展的基础;不是压抑人的个性与个性化追求,而是让人的个性自由发展。当然,今天看来,这种现代学习型组织还处于理想阶段,我们的现实与之还有相当的距离。但作为一种目标追求,它代表着学校未来的发展方向。谁先明确地意识到这一点,并尽快向这个方向努力,谁就可能在未来社会的激烈竞争中占据有利的地位并取得可持续发展的先机。

2. 依法办学

追求高尚的教育境界,必须与依法办学紧密结合。没有规矩,不成方圆。法律,是具有强制性质的他律性制度,是一种刚性的惩戒条例。法制社会必须依法办事,教育同样必须依法治教。在当前阶段,学校发展需要法律支撑,学校发展中的问题也需要依据法律来解决。现代学校,需要道德规范来立校,需要有追求效能的思想,但这一切离不开法律的基本准则和约束,离不开法律的支持与保障。学校要保证正确的办学方向,建设现代学习型组织,实现自身的可持续发展,同样离不开法律的支持与保障。

我国历来重视教育立法,专门为我们的教育制定了一系列的条例与法规,如《中华人民共和国教育法》《中华人民共和国义务教育法》《中华人民共和国教师法》等,这些法律的制定,体现了国家对教育现状的深入认识和对教育发展的方向性导引。我们只有认真学习,作为办学的依据,依法治校,才能保证良好的教育教学秩序,才能保障学校正确的方向,才能促使学校实现健康发展。

《中华人民共和国教育法》(简称《教育法》)是我国教育工作的根本大法,对落实教育优先发展的战略地位,保障教育改革和发展的目标与任务的实现,维护教育主体的合法权益,提供了基本的法律保障。因此,办学者要学法、知法、守法。学校教育是培养学生健康成长的主渠道,它的质量的高低影响一代人的素质,影响21世纪人才的培养。以法律条文对学校教育的方方面面进行规范,必然有助于促进学校教育沿着正确的轨道健康发展。例如,《教育法》提出的我国的教育方针:

"教育必须为社会主义现代化建设服务,必须与生产劳动相结合,培养德、智、体等方面全面发展的社会主义事业的建设者和接班人。"其指向极其明确,学校应坚定不移地贯彻。又如,《教育法》第二十九条第二款规定学校应当履行的义务"贯彻国家的教育方针,执行国家教育教学标准,保证教育教学质量",就给办学者的指导思想、办学行为作了规范。

法律与道德密不可分,正确的法律往往源于良好的美德,绝大多数法律规范都是从道德规范中提炼出来的。例如,《教育法》中规定教师应当履行的义务中"关心、爱护全体学生,尊重学生人格,促进学生品德、智力、体质等方面全面发展"的条款,就是从众多优秀教师长期坚持的师德规范中提炼而出的,它得到了广大师生的全面认同而上升为法。如果不遵守,就是违法,就要受到指责乃至处罚。因此,遵守法律,在某种意义上也是维护我们的道德。法律如果不被信仰,就可能带来道德的沦丧。学校是育人的神圣殿堂,理应是一方净土,依法办学,有助于摒弃邪恶、污浊和庸俗,营造高尚的氛围,使育人工作生机勃勃。

3. 以德立校

高尚的教育境界,要求学校坚持以德立校,把全部智慧和教育艺术、教育理想和教育价值体现在对高尚的教育境界的追求上。法治的源头与基础是德治,依法办学的奏效,说到底根源于师生的内心认同。法律毕竟只能涉及人的外部行为,德治才能涉及人的内心世界。遵守道德,自愿自律,就能更自觉地守法。法律只能调整人的某些行为,而非全部行为,企图把人的一切行为都纳入法的规定范围之中,这是不可能的。而道德规范是一种导向,一种教育,一种警示,在一定的舆论氛围中,强调自制意识,强调公众压力,强调认识自己的责任与义务。由于道德规范重启发,重自律,因而是温性的,具有比较长效的作用。因此学校必须以德为本,以德来规范学校的各项教育教学工作。

教育的阶级性决定了不同社会制度国家不同的道德要求,决定了其根本性质上的差异性。中国教育的道德准则首先不能背离社会主义基本目标,必须有助于培养学生对我们的社会制度、对当今中国的价值观念的认同度,正如《中共中央国务院关于进一步加强和改进未成年人思想道德建设的若干意见》中所指出:"坚持以人为本,教育和引导未成年人树立中国特色社会主义的理想信念和正确的世界观、人生观、价值观,养成高尚的思想品质和良好的道德情操,努力培育有理想、有道德、有文化、有纪律的,德、智、体、美全面发展的中国特色社会主义事业建设者和接班人。"这是我们一贯的教育方针,也是今天的学校以德立校的基本原则。这种思想观念的形成,必须通过养成学生积极而健康的情感、态度、价值观,打造学生可持续发展的价值系统来完成。

随着中国改革的步子与开放的程度越来越大,现实和未来对学校管理的要求也越来越高。社会的变革带来的多元价值取向,使人们在思想文化领域中表现出的独立性、差异性、选择性和多变性也日趋强烈。这种现象是社会进步和充满活力的体现,但与此俱来的负面影响,尤其是价值取向上的模糊性和混乱性,也是我们不可小觑的。处理好,可以培养出国家需要的人才,民族、国家能得以健康的发展;处理不好,会动摇国家之本、民族之魂。所以学校教育面临着巨大的挑战。如果学校教育违背教育规律,那么学校培养出来的学生将难以担当发展国家的重任。所以,我们应当认清形势,在学校教育全过程中,大力培育和弘扬社会主义核心价值观,规范教师与学生在市场经济体制下的道德取向,培养能适应社会主义市场经济需要的高素质的公民。

学校的价值观决定学校的基本走向。我们整个社会处在转型时期,从计划经济转到社会主义市场经济,这是极大的变革。这样一个转型时期对我们的每一所学校都提出了严峻的挑战。我们现在的社会价值观和过去是不同的。我做学生和老师的时候,是重"义"轻"利",强调的是无私奉献;现在社会的价值观变了,利益放在一定的位置。因此学校要重构自身为全体师生所认同的价值观。今天的学校必须摆正"义"和"利"位置,我们既要讲"义",又要讲"利","义""利"相谐,方能构建和谐的学校氛围,形成健康的育人环境。如果见利忘义、唯利是图,将使学校背离社会主义方向。今日学校做到"义""利"结合,既要有制度的约束,更要重视思想的教化和道德人格的提升。

4. 学校文化建设

高尚的教育境界,要求搞好学校的文化建设。学校是育人的场所,从事的是文化的传承、积累和创新的工作。学校每时每刻都离不开文化,文化因学校的传播而长盛不衰,学校与文化有如胶似漆般解不开的情结。学校文化是学校的灵魂,是凝聚全校师生的黏合剂,是学校发展活力的源泉。如果小视或者弱化,学校大厦就缺了"顶梁柱",就难以昂首阔步地走向未来。

当今世界,文化与政治、文化与经济相互交融,相互渗透。文化的力量不仅深深熔铸在民族的生命力、创造力和凝聚力之中,而且越来越成为综合国力和国际竞争力的重要组成部分。国家的发展和强盛、民族的强大和进步、人民的尊严和幸福都离不开先进文化的支撑。文化是民族的灵魂,中国之所以有今天,有赖于几千年薪火相传的中华文化和由此锻造的中华民族伟大的民族精神。而学校文化是民族文化的具化,它映现的是民族文化的精髓。如果我们的学生对学校文化,乃至对本民族的文化失去兴趣,那将几乎使我们的教育陷入绝境。因此,加强学校文化建设,是教育一件重中之重的事情。

一所学校在社会上得到认可,享有经久的声誉,一定有某种精神文化的支撑。校长、教师可以更替。学生会一届届毕业,但某种精神文化的积淀仍然凝聚着在校师生和广大校友,它会不断地散发光芒。一所好学校,其校友提到母校,会有无限的眷念,并为此而感到自豪。这种眷念,这种感恩的心情,显然不是对校舍、对设备,而是对哺育他们成长的科学精神和人文精神,针对哺育他们的文化乳汁。而这种精神文化,是通过全校教职工撒播到他们心中的。学校文化建设中的精神支柱,不是空洞的口号,贵在落实到全校师生的心中,形成学校不朽的魂魄。它应该具有先进性、开放性,有震撼的力量,有感染的力量,能拨动师生心弦,使师生不断从中汲取力量,又以自己的思想言行丰富它的内涵。

对这个问题,当前认识上有不少误区,干扰着办学者的视线,干扰着学校的文化自觉,影响了文化建设在学校发展中的地位与作用。最常见的是重学校的有形成果,轻学校无形的文化氛围;重学校的量化数据,轻学校工作的文化构成、文化含量和文化质地。硬件看得见,摸得着;文化是软件,基本无形,是一种情操,一种精神,一种智慧。文化外显在"形"上,一般来说,学校容易做到。如校园环境布置,张贴科学家、艺术家画像,教室里、走廊里张贴名人名言,校园绿化等,稍加注意,就可做到,难就难在无形的精神文化的建设。这种具有学校个性的精神要经过较长时期的积累和锤炼,才能获得全校师生的认可。这种无形的文化建设是学校的精神支柱、精神动力、思想保证、智力支撑,有巨大的凝聚力、感染力和辐射力,能提升师生精神生活的质量,提高办学水平。一所学校如果见物不见人,见物质不见精神,队伍必然散沙一盘,育人质量堪忧。反之,必精神抖擞,积极进取,学校发展充满希望。

近些年来,西方有学者对学校的作用提出了一些新看法。美国社会学家伊凡·伊里奇出版的《非学校化社会》中认为,学校是现代社会人性的最大压抑机构,没有学校才有真正的人性解放。这一说法,针对当今学校教育所存在的弊端而言,有一定的合理之处。当然,整个观点不免偏颇,但它给我们提出了一个重要的命题,即我们的学校如何在教育中张扬学生的人格、完善学生的品格和提升学生的道德意识。因为教育不仅要传授知识,更要培养品德、陶冶人格,养成学生良好的情感态度与价值观。这就需要学校提供良好的氛围,来促进师生之间的思想沟通、情感交流和心灵的共振。品德只能用品德来培养,人格只能用人格来陶冶,在这交流、影响、共振的过程中,学校的风格、氛围以及文化的熏陶能力在某种意义上起着决定性的作用。

学校的文化建设,要紧扣传承、发展和创造。了解过去,继承过去,目的就在于创造未来。忽视传统,丢弃优秀传统,是悲哀;一切照传统办,亦步亦趋,是盲从。我们优良的文化传统必须和我们现代学校的实际生活紧密融合。不认识过去,也就无法了解现在,更无法创建未来。每个学校各有特点,但是都有优良的传统,各校有各校的优良传统,各校有各校的文化积淀、优良传统。对学校的传统,对学校的本土文化,要以科学的态度进行梳理,有的要继承,有的要扬弃,要根据时代发展的要求,对其中精要的丰富内涵,加以发展,加以创新。不同学校的精神支柱可以迥然有异,但都必须紧扣全面育人的宗旨,代表先进的文化。它应该是社会文化中最主流、最健康、最奋发向上,符合教育规律、符合师生身心发展的。要研究教育理想与教育现实之间的差距、问题和热点、焦点,要了解师生最需要怎样的精神世界,又最容易缺失怎样的精神支柱。从学校的实际情况出发,倡导有针对性的具有时代气息的精神支柱,在传承的基础上创新,使之成为全校师生追求的目标,思想言行的准绳,情感态度与价值观判断的标尺。学校要举起这样一面精神文化建设的旗帜,覆盖到教师队伍、职工队伍、学生队伍之中,覆盖到整个工作的方方面面。

学校的文化建设涉及方方面面,但不管是哪个方面、哪个层面的建设,都要扎根于自己学校的土壤,这一点非常重要。邓小平同志讲,我们建国的方略、指导思想就是实事求是,就是一切从实际出发。如果离开了自己脚踏的实地,讲得再好,也只是飘荡的。学校文化建设也是如此,因为这些理念都扎根于本土,所以有生命力。它是鲜花,鲜花是有生命的。既要放得开,有开放性,又要聚得拢,聚意点睛,聚集在提高师生的精神境界,提高学校生活的质量,促进学校的可持续发展上。全校师生有文化自觉意识,上上下下对文化建设形成共识和合力,文化气氛浓郁,学校的发展就能获得源源不断的内在动力。

5. 抓好校长的自身建设

要办好学校,追求高尚的教育境界,其中根本的前提之一是做好校长的自身建设。校长是学校的无字之书,校长要以人格的力量教育教师志存高远、敬岗爱业,教育学生健康成长。在某种意义上说,有什么样的校长,就会有什么样的学校,或者说,校长的教育追求,往往影响着学校的发展方向。

校长要有丰富的智力生活,要学而不厌,勇于创新。真正的学校应当是一个积极思考、勇于创新的王国。而积极思考、勇于创新来源于教师学而不厌的奋发进取,来源于教师的刻苦钻研的求索精神。苏联教育家苏霍姆林斯基曾这样说:"如果教师的智力生活是停滞的、贫乏的,在他身上就会明显地在教育教学工作中反映出来。教师不尊重'思想',学生也就不尊重教师。然而,更加危险的是,学生也像教师一样不愿意思考。"校长是师生的领路人,要把学校办得有时代气息,校长就必须用历史的眼光把握现在,着眼于未来;要思想敏锐,认识有前瞻性;要独立思考,从学校实际出发,不人云亦云,不随风,不浮躁;要审时度势,因时辨势,遵循教育规律,创造条件,办出特色。只有这样,办学才能办出自己的个性,自己的特色,形成自己独有的精神文化内涵。

校长必须使自己成为一名真正的教育家,应该站在时代的前沿,积极思考,深入探究,建立先进的教育理念。学校的发展必须有先进的教育思想和教育理念的支撑。虽然说"理论是灰色的,生命之树常青",然而,缺乏了理论的有力支撑,实践这棵"生命之树"就必将凋谢,而不可能永远保持"常青"。同样,学校的教育是育人的工程,它关系到无数青年学子生命之树的"常青",它更关系到祖国和民族乃至人类未来的"常青"。因此,学校的教育实践,就更加需要先进理论的引领与指导,更加需要理论与实践的结合,从而形成自己的理性大厦。对一名校长来说,要实现学校的可持续发展,必须和广大教师一起,确立并奠定拥有自身特色的教育理论体系,来导引学校的工作和实践。

校长要有不懈追求的精神,努力创造理想的教育境界。一切教育都是理想的教育,都是为了理想、追求理想。办学校不是百米冲刺,而是万米赛跑,要有勇气,有毅力,向着理想的目标奔跑。办21世纪的基础教育,面对全新的改革时代,校长须不懈追求,努力创造。"依法办学,以德立校",是科学,也是艺术。既抓好法律规范,又在师生精神世界中撒播做人的良种,更需要校长带领广大教师辛勤耕耘,执着追求,相互促进,寻求全方位的育人规律,不断推动学校工作跃上新台阶,创造理想的、高尚的教育境界。这实际上是作为校长的人生追求,既然在校长的岗位上,就应该把毕生的心血、智慧和忠诚奉献给事业,奉献给祖国的希望——我们的青少年学生。

校长要顶住学校一片天,要对师生有感染力、辐射力,必须注重自我人格的塑造。校长是学校工作的组织者、领导者,引领教师和学生前进的人,在人格方面更应具有魅力,闪闪发光。校长应做到身上有正气,身上有书卷气,是文化人,文明人,学者型的人。校长与时俱进,是教育改革的探索者、推进者,就能使学校出现高质量,就能泽被莘莘学子,学校教育就会出现蓬勃发展的新境界。

以教育自信创建自信的教育[①]

改革开放30多年来,我国教育取得了巨大的发展,成绩举世瞩目。且不说教育全景从学前教育到研究生教育、到终身教育量和质的跨越式变化,单是普及义务教育的成效就值得骄傲。那么宽广的地域,穷乡僻壤、高原平川全覆盖;那么多的学龄儿童都入学,一亿几千万的学生都接受义务教育,这是怎样庞大的数量啊。如此的教育成就在世界上应该是首屈一指、史无前例的,值得自豪。

教育成就是中国人创造出来的,实实在在地放在那里。快速发展中出现这样那样的问题,乃至深层次、十分棘手的问题,本不足怪。然而,熟视无睹者有之,不理解的有之,期盼毕其功于一役者有之,与此同时,非议、抨击,不绝于耳。许多教学第一线的教师常常感到茫然,这么说,那么说,简直不知道课该怎么上,教师该怎么当,越教越不会教了。毋庸讳言,教育现状的形成有众多原因,但喧嚣背后教育自信的缺失,应格外重视、深入思考。

我国的教育巨轮承载着50多万所学校、1亿多学生,承载着13亿

[①] 本文发表于《人民教育》2017年第2期。在作者的教育思想版图中,"教育自信"是一个不断发展、日益清晰的领地。早在20世纪90年代,作者就发出了"绝不做外国教育理论的论据"铿锵话语,本世纪初,她又表达了"建设中国本土教育学"的宏愿,2010年后,她多次撰文呼吁"语文教师必须有教学自信力"(2010)、"要建立自己的教育话语权"(2012),本文中作者则明确提出了"教育自信"。文章发表后,国家行政部门高度重视,专门请作者就此话题撰写文章作为内部参考。

人民的美好期望,要"直挂云帆济沧海",办好中国特色、世界一流的现代教育,教育自信必不可少。有自信才会有自觉,有自信才会有清醒,有自信才会有定力,始终维护和建设我们的教育家园。充满自信,能意气风发,潜力迸发;自信缺失,会犹疑摇摆,甚而随人乞讨。

教育自信的树立可从回顾走过的路说起。

历史不能割断

我国教育一说到传统,就是落后,就是保守,就是一无是处,甚至把科举制度的弊端也全栽赃到教育身上。五千年中华文明之所以一脉相承,从未断裂,不能不说教育在其中发挥了重要作用。

中国不是教育穷国,历来尊师重教。从孔子到蔡元培,留下了丰厚的教育遗产,其中精华仍光照人间。如:以人为本,追求思想与人格的完美;有教无类,因材施教;不愤不启,不悱不发,学思结合;务本求实,匡时济世;思想自由,兼容并包等教育核心价值、核心理念,千百年来无数仁人志士探讨、实践、批判、修正、提升,积累了极其丰富的正反两方面经验,昭示后人读书与做人须紧密结合,读书为明理,明做人之理,明报效天下之理,"在亲民,在止于至善",不断自我修养,达到"至善"的境界。北宋张载的"为天地立心,为生民立命,为往圣继绝学,为万世开太平",更是把育人的终极价值推到极致。

历史不能割断,历史装载着民魂。传统教育中有精华,有糟粕,采用辩证唯物主义和历史唯物主义的态度,作具体的、实事求是的分析,取其精华,去其糟粕。精华也要因时代需求而加以发展,使其更具丰富内涵,更显育人光彩。如若采取虚无主义态度,连我们教育的根在何处、魂在哪里都不知晓,那只能随风飘荡,听凭他人说短长了。

且不说数千年的历史,单是中华人民共和国成立以来办的教育,可圈可点之处就非常多。我们的教育方针、培养目标,我们的理想教育,引领着教育的方向;在一穷二白的地基上,用有限的教育经费,办规模极大的教育,彰显的是中国人的志气和艰苦奋斗的精神;自我认识,自我挑战,边干边行边改进,积蓄改革动力,渴望力争上游成为发展的现实。即使到基层学校,校园里有些美丽的风景至今让人怀念。主题班会上,十六七岁的高中生谈学习动机,谈人生梦想,交流、碰撞,那份热情,那份豪迈,令人欣喜。清晨,阳光还未露脸,操场上长跑的学生已熙熙攘攘,为祖国锻炼身体,强壮体魄。下午放学后,操场上龙腾虎跃,各种体育锻炼,跑的、跳的,各种球类竞赛,欢声笑语。文学讲座,科普讲座,学生社团活动,座无虚席。那种身心健康发展的美景,难道不是教育的宝贵财富吗?班级基本是学生自主管理,学生干部起核心作用,教师当参谋、作指导,学生自治自律能力在实践中获得锻炼,获得提高。这不也是很有价值的教育财富吗?

扎根中国大地办教育,既要回应现实关切,又要展望未来图景,也要认认真真回顾历史。历史是理智的启迪,它给追求理想的人新的起跑线,从中吮吸精华,能增强民族自信。

摆脱思想矮子心态

不知从何时起,我们的教育话语系统悄悄发生了变化。一系列教育政策、措施,都是具有中国特色的,从中国的国情、教情、学情出发,切实解决实际问题。但一进入教育专业,对传统教育就不屑一顾,铺天盖地是外来的教育概念、教育术语、教育做法,不仅"言必称希腊",而且"行也照希腊"。

当今时代办教育,必须放在国际大背景中思考,必须有开放的心态。社会迅速发展,急剧转型,人们对教育的期望值越来越高,家长们急切、焦虑地期望自己的孩子在日后的竞争中胜出,并能独占鳌头。教育从来没有遇到过如此复杂、如此严峻的挑战。在这样的状况下,进行教育改革，提升教育质量，需要有先进的教育理念、科学的教育思想作指导。欧美等西方国家有些教育思想确实比较先进，有些做法与经验也值得学习借鉴。教育本身就有很强的包容性，它承认不同教育之间需要相互了解、相互借鉴，看到人家好的就学。因此，中外教育进行比较，介绍与引进先进的教育理念与做法是必要的、无可非议的。树立自信，不是故步自封、拒绝学习外国，而是要深入、全面地研究学什么、怎么学，要根据我们的国情决定取舍、改造、创新，要以我为主。

打开视野，学别人之长，不是照抄照搬，不是移植、贩卖。任何教育理论的形成总有其特定的时代背景，特定的历史文化土壤，特定的地域特点，特定的社会需求、环境条件，其中有普适性价值的，但由于地域特色十分鲜明，并非放之四海而皆准。不深究这些理论、理念、经验、做法的来龙去脉，不深究它们的环境、条件，不深究它们在哲学高度、人文高度、科学高度上能经受怎样的检验，不深究它们在付诸实践中的利弊得失，只要是引进的，就是好的、先进的，以强势的语言连篇累牍地宣传，在教育教学实践、课题立项、论文评审、校绩教绩考核评价等方方面面推行，其广度深度前所未有，影响之大，几乎是全覆盖。讲话、写论文以引用外国的教育话语为有水平，为先进、前沿。更有甚者，常常将我们的教育实践、教育研究的进步与成效，作为论证这些理论、理念的证据。我们独立的精神、自主的思想何处去了？有些教师不无忧虑地说："我们在给西方教育打工，不仅话语改变，名词术语一大堆，就连思维方式也开始改变了。"

教育面向世界，以国外为借鉴本没有错，问题在于不能鄙薄自己的教育，历史的、现代的、当代的，都批判、否定、消解、解构。21世纪初，一位先生在报纸上发表的《最后的遮羞布》一文，对中国基础教育讨伐鞭挞，对美式教育向往仰慕，可谓是"外国的月亮比中国圆"的思维定式的倾心表露。一切以西方的教育观念为最后依据，仰视别人，甘愿做思想的矮子,这种心态令人可悲。教育不能光点洋烛,我们有独特的历史,独特的文化,独特的国情,中国教育必须有中国人自己的灯火,走中国人自己的路。就专业而言,也不是只能任人说短长。改革开放以来,我们的育人理念、课程改革、队伍建设、制度创新等随着时代的要求均有突破性发展,其中不乏具有中国教育特色、中国教育个性的符合学生成长规律的理性思考与实践经验,闪亮之处不少。这些饱含着中国精神的教育财富,是当代中国教育人群策群力奉献智慧的结晶,完全可以挺直腰杆充满自信地与国外平等交流。近年来,8 000所英国小学在数学课堂采用"中国模式"就是明证。学习外国,必须坚持中国立场,摆脱矮子心态,改变永远甘当学徒的身份。唯其如此,方能拿出眼光,自主选择,趋利避弊,真正以他山之石攻我教育之玉。

当下更须警醒

通常的情况是:从事教育的人,特别是从事教育实践的人,习惯于就教育论教育,兴奋点往往在教育的技能技巧,较少思考教育的战略意义和育人高度。教育从来是国家的、民族的事业,任何国家均如此,它的核心是价值塑造、价值追求。我们教育追求的价值观是培养我们的教育对象深刻领悟并身体力行中国人就是中国人,要热爱中国,为中国服务奉献是天职,是自己的责任担当。这个价值一旦丢失,教育就失魂落魄,丢了民族精神的根、爱国主义的魂,于国于民,都会发生危机。

精心价值塑造,坚守价值追求,确实极其不易,面对国内外环境的挑战,必须保持清醒。早在20世纪末美国国家安全委员会就这样说:"一个国家有计划地运用宣传和其他非战斗活动传播思想和信息,以影响其他国家人民的观点、态度、情绪和行动,使之有利于本国目标的实现。"他们的专家说得更直白:"让被宣传的对象沿着你所希望的方向行进,而他们却认为是自己在选择方向。"霸权主义如此宣传的目的是让第三世界人崇美忘本,其重要性"与空军一样不可或缺"①。他们不仅这样说,而且通过各种渠道,在以各种新名义、新手段扎实地做。我们培养的对象是独生子女的大群体,基本上是在宠爱与呵护中成长的,不懂世事几乎是常态。接受基础教育的学生还是未成年人,生活经历少,无厚实的文化积淀。文化识别力、文化判断力比较差,面对网络时代声、光、形大肆渲染的东西,很容易不加辨别照单全收,有时甚至错把腐朽当神奇。社会上多元价值的冲击,尤其是个人第一、金钱至上、享乐追求等迷雾的浸染,学生往往受害而不自知。学生成长中价值迷茫的问题不可小视,要积极疏导,花大力气以理想信念引领。为此,立德树人是我们应该自觉肩挑的刚性责任。

立德树人应认真落实到学科教学之中。任何学科的教学之中都蕴含着教学生做人的丰富资源。知识的创建饱含着人们追求理想的壮志、不懈奋斗的精神和为人民造福的情怀。人文学科里珍藏着的忧患意识、家国情怀、虽九死而不悔的责任担当,数理、生化等学科传授的数字、原理、公式、定理背后,蕴藏着丰富的敬畏自然、探索奥秘、寻求规律、追求真理的思想道德财富。然而,由于功利主义的喧嚣、工具理性的干扰,往往只见知识的工具性,只注重其实用性功能,而剥离或阉割其内在的精髓。马克思·韦伯曾把理性分为两种:价值理性与工具理性,理想主义就是一种价值理性。他指出,现代人采取了一种新的理性标准,用工具理性代替价值理性,终极目的、价值不重要,重要的是设定一个具体的、功利的目标,采用最合理有效的方式。其实,"工具"浸透"功利",还有什么理性可言。基础教育中存在的为考而教,为考而练,分分计较,为获取 1 分、2 分、3 分,没完没了地操练,就是这种理念、这种思潮的具体体现,导致学生不堪负担、厌学。为了"应试"的具体目

---

① 王岳川《当代西方最新文论教程》(复旦大学出版社 2008 年版)。

标,"没心没肺把我们的孩子撞倒了"。

什么叫教育？教天地人事,育生命自觉。办学者、执教者要铁肩担道义,负责地、深情地培育学生精神成长,以中华优秀传统文化与人类精神文明的精华滋养学生的心灵,引领他们在复杂的环境中能站稳脚跟,明辨是非美丑,积极向上,健康成长。课堂教学该施以怎样的教育影响学生精神的成长、生命的质量？其实任何学科教学都具有教育性,要使学生的核心素养落到实处,实现"学力形成"与"人格形成"的统一。其关键在于执教者须牢固树立教书育人意识,并切实身体力行,摆脱功利主义的裹挟,回归教育的本原。只有回归教育的初心,执教者才会有慧眼发现与挖掘学科中固有的、极有价值的育人资源,才会有巨大的热情与聪明才智把德智有机融合起来,既有知识传授、能力培养,又有情感态度与价值观的熏陶感染,营造积极向上的学习场,学生就能享受到求知的愉悦和精神获得滋养的快乐。教学领域在功利第一、工具理性上有大突破,方能真正提高质量,否则,难以真正改变重术轻人的状况,育人的概念在外围飘,深入不到根本之处。

在课堂教学中,师生之间、生生之间精神交流、思想碰撞的精彩纷呈状况很少涌现,相当程度是由于受到评价标准、评价内容、评价方式的制约。

评价是必要的,但怎样评价,怎样能真正促进教育公平、公正、高位均衡发展,是篇极其宏大的文章。要从中国的国情、教情、学情出发,制定相应的措施,其细致、复杂、艰巨的程度难以言表。评价牵着教育的"鼻子"走,以考定教中的许多无奈就是一例。众所周知,从英国18世纪60年代工业革命以来,世界上基本是"工业"说话,欧洲人说话,西方人说话,至今未根本改变。我们现在使用的概念体系、知识体系、话语体系都是西方的,而西方对这些概念的界定和我们不完全一样。比如对学校、对教育方方面面的评价,是否要如此繁复、琐细,致使被评价者专注于一个个枝枝节节,整体思维、精髓把握无形中被逐步消解。又比如过度强调量化,认为量化就是科学。其实定性、定量在评价中各有自己的功能,关键在于怎么运用。用测量学的办法评价、衡量人文学科成绩的优劣得失,实在难以"客观",用量化手段又怎样来衡量情感态度与价值观?拓宽视野,借鉴他人,引进无可厚非,但要从本国、本地区的教育特点出发,改造创新,具有中国的话语、中国的思维。

坚守中国立场,拥有世界视野,以教育自信创建自信的教育,走自己的路,我们的定力将更强大,我们的前途会更宽广。

德智融合　相得益彰[①]

根据上海市"大中小德育课程一体化建设研究"试点方案对基地层面的要求，2014年12月起，上海市语文学科德育实训基地开展了"中小学语文学科育人功能纵向衔接横向贯通的实践研究"。意在探究德育内容体系在中小学语文学科融入的基本规律，深入挖掘语文学科本身所蕴含的价值观念和道德内涵，促进中小学语文学科知识体系和价值体系的有机统一，力求德智融合，协调同步，相得益彰。也探索与相关学科的德育共通规律，体现课程德育合力。在实践研究中，教师提升育德意识与育德能力，增强在学科教学中"立德树人"的自觉。

研究在三个方面着力，聚焦在课堂教学实践的展示与探讨。

一是学习与把握德育内容体系的丰富内涵，在脑中形成清晰的框架和须在语文学科教学中要"落地生根"的价值观念与道德情操的辨识与熏染，在社会快速发展、价值多元、文化多样环境中成长的青少年学生，面对来自国内外的种种诱惑，必须坚定价值追求，明确人生走向，立民族精神之根，树爱国主义之魂，适时地对他们进行做人的教育，打下扎实的基础，能促进他们健康成长，长足发展。

二是梳理中小学语文教材，选取其中典型课文，将"政治认同""国家意识""文化自信"和"公民人格"四项一级指标和十六项二级指标的

[①] 本文发表于《上海教育》2017年第8期。

核心内容分解到各学段。先分学段进行典型课例研究,再各学段合起来探寻德智融合规律。解读文本时须回答几个问题:为什么确定德育内容的这个维度?文本蕴含怎样的教学价值?实施德育的关键载体是哪些?学生阅读这个文本会有哪些困惑?先行研究的典型案例反复推敲,不断修正,形成共识,再推广至每位学员教师独立研究,共同把握的是:"文本解读"重在整体把握,剖析文本中学科核心价值与德育元素的融合;"学生阅读困惑"是研究的现实起点,应整体把握各学段学生的认知特点和接受意趣的发展规律;"文本教学价值"既要体现语文能力培养的学科"独当之任",又要体现情感态度与价值观熏陶的所有学科共同承担的责任担当,还应不断追问这些教学价值对当下学生的意义;须坚持把文本中最能体现德智融合的关键词句、段落、结构、表现方法等作为"德育关键载体";研究时要瞻前顾后,注意同一学段教学内容前后之间的衔接,不同学段教学内容之间的衔接。

三是探讨学科育人教学方法,根据语文学科特点,德智融合教学方法有兴趣引导法、内外交互促进法、切问近思法。根据学生年龄差异,方法侧重点可不一样。小学阶段激趣法;找准学生兴趣点、动情点,着力外部促进;体察法(如游学等)。初中阶段由情入理法;外部激荡与内部唤醒;实验法(如调研等)。高中阶段由理促情法、情理互见法;内外互促法;推介法(如宣讲等)。

在三个着力的基础上,人人进行课堂教学实践,并按照德智融合要求开展教学评议,提升认识,修正不足。又与上海市洋泾中学的历史、地理、音乐、美术、英语等教研组开展跨学科育人研究,开设了语文+历史、语文+美术、语文+英语等展示课,与学生心灵形成共鸣,体现课程的德育合力。

经过两年的实践研究,教师的德育意识与德育能力明显增强。窥他们面对语文教学的三个变化可看到他们的专业成长、育人的责任担当。从关心学习成绩变化为关心心灵世界的滋养;从文本解读偏重文字形式变化为注重文字背后的内涵挖掘,彰显文本的教学价值所在;从笼统的概念化的以文育人变化为课文教学须明确文中德育关键载体,选择德智融合各学段最合适的路径与方法。

"价值取向的思辨与判断"主题活动是这项实践研究的阶段展示,以"国家意识"德育维度贯穿小学、初中、高中,呈现"课堂思考"与"学段实践"。

培养有一颗中国心的现代文明人[①]

2017年3月20日召开的"中小学课程与教学彰显中华优秀传统文化研究与实践"项目成果发布会的主题是"文化自信，知行合一"。这个主题非常明确，反映了主办方对彰显、弘扬中华优秀传统文化的意义和价值认识得非常深刻。

有了文化自信才会有文化自觉，有了文化自信才会有文化定力，有了文化自信我们才能在21世纪中华人民共和国的土地上开拓创新。

一谈到"文化"，我们往往第一个想到的就是"认知"。要知道世界上什么之间的距离最远？距离最远的不是天涯，也不是海角，"知"和"行"的距离是最远的。我们有时也能意识到某些事物、某些教育的重要性，但是真的要身体力行、变成自己的行动自觉，距离往往要超过天涯与海角。

---

① 本文发表于《上海课程教学研究》2017年第6期，是作者于2017年3月20日召开的"中小学课程与教学彰显中华优秀传统文化研究与实践"项目成果发布会上的讲话。作者一直坚持教育的"中国立场"和"世界视野"，重视中华优秀传统文化教育，早在20世纪50年代，便出版了《春秋战国故事》《明清的故事》等历史文化普及图书。进入新世纪后，在"两纲教育"探索与优秀师资培育过程中，更是自觉将弘扬中华优秀传统文化与"育人"价值追求紧密结合，不仅主编了《传承·撒播·弘扬——中学语文课堂教学与民族精神教育》《青青子衿传统文化书系》（共十二种）等书籍，而且在"名师基地"和"德育实训基地"培训与带教、教师培训课程建设与实施、学科德育课题研究与实践的过程中始终强调中华优秀传统文化对于滋养人精神元气、文化底气的重要性。在她的教育田园里，"中华优秀传统文化"就是育人的沃土，"培养有一颗中国心的现代文明人"就是她毕生的事业。

提出彰显、弘扬中华优秀传统文化的目的，就是要把"知"变成自觉的行动，要创新性地发展、创造性地转化。中国人之所以成为中国人的特性是什么？中华民族之所以成为中华民族的特性是什么？是文化，是精神。中华文化是中国人的特性，是中华民族的特性，没有中华文化，中华民族的精神何在？文化是一个民族的灵魂。传承、弘扬中华民族优秀文化，本身就是在传承我们民族的精神命脉。

这个项目的实践研究做得很扎实，有理有据且丰富多彩。项目重点研究分成三个板块：家国情怀、社会关爱、人格修养。这三个板块对中小学基础教育来讲是非常重要的。我们对"中华文化"要有总体的认识：中华文化是一个有机体，思想信念是它的骨骼，中华传统美德是它的经络，人文精神是它的血肉。

刚才孩子们表演的中华茶道，背后蕴含的就是能滋养他们心灵的中华文化。当孩子献茶，以茶表"敬"意时，潜移默化中就在教孩子怎样在人群中学做人，中华文化一个很大特点就是教人在人群中学做人。怎样处理好人与人之间的关系？首要的一点就是"敬"——对人敬重，敬畏生命的"敬"。沏茶时需要安详、静谧的心境，认真仔细，这是在教孩子做事情要静坐息心，一丝不苟，全身心地投入。孩子在成长过程中的心灵滋养，要丰富，要营造适合孩子成长的环境。

教师一定要培养孩子做一个有中国心的现代文明人。要有一颗中国心，必须在心中点上中国自己的灯火，不能只点洋蜡烛，这才是教师对学生最大的仁爱之心。而我们彰显、弘扬中华优秀传统文化，就是要点亮心中这一盏中国的明灯。

"三十载赫赫而无名，花甲年不弃使命"的中国潜水艇之父黄旭华，曾有这样的诗作："青丝化作白发，依旧铁马冰河，磊落生平无限爱，尽付无言高歌。"他为了国家的强盛、人民的幸福，一辈子隐姓埋名，甘心做沉默的砥柱。传统文化真的是进入了他的血脉，这样的人才是知识分子的理想追求,如北宋哲学家张载所说,"为天地立心,为生民立命,为往圣继绝学,为万世开太平"。

我们的教育要点点滴滴入心头,从低学龄孩子最容易接受的感性教育开始,逐步让他们理解、深化,成为他们的理性思考,继而化作他们的行动。弘扬中华优秀传统文化的价值观是最首要的,人一辈子都处在价值取向的选择之中。

该项目目前在四个显性学科中开展,我们还有大量的工作要做。项目的开展像一阵春风,充满了生命力,这是我们现时代建设中国特色社会主义的迫切需要。中国特色社会主义的"源"就在中华优秀传统文化里,中国特色社会主义核心价值就是中华文化长河的延续、发展、深化。世界也需要中华文化,彰显中华优秀传统文化的研究与实践,既是我们自己价值观的建设、中华美德的建设,也是世界如何治理、人类如何健康地生存发展的探索需要。

我们既肩挑着立德树人的刚性责任,又肩负着传承中华优秀文化的使命,我们从来不把中华文化封闭起来,它是开放的,永远有生命力的。从纵向来看,中华文化在传承中不断吸收当代的各种创造、各种思想加以发展;从横向来看,中华文化自古以来是海纳百川、多民族融合的。中华文化的凝聚力和生命力,太值得孩子们学习了。

人生是一张单程车票,没法走回头路。我们要从娃娃开始,用中华优秀传统文化滋养他们的心灵,对他们进行中华优秀文化的熏陶和感染,这对于孩子们的成长、发展是有着无穷价值的。希望这个项目的研究成果能够辐射到所有的学科,希望广大教师能研究如何传承、实践中华优秀传统文化。在成就学生的同时,也成就教师自身,打造一支"四有"的高素质、专业化的育人专业队伍。

我所亲历的现代中国教育[1]

口　述：于　漪
采访者：贾　彦　刘明兴
整理者：刘明兴　贾　彦
时　间：2016年2月3日下午
地　点：于漪家

"一切为民族"

我是一名教师，一直关注着中国教育的发展。近代以来，中国教育经历了好几次转型，我自己就亲身经历了民国和新中国不同时期的教育。1949年以前，我读到大学二年级，大学三四年级已经是新中国了。就是说基础教育我是在旧社会接受的，我很难全面地讲旧中国的教育，因为在1949年以前自己还是比较小的。小学就在家门口读的，卢沟桥事变发生后，我在小学二三年级的时候就辍学了，因为受日军侵略学校关门，大家都逃难了，我们逃到了乡下。我有一个亲戚在上海，父亲就把我们姐弟带到上海来，租了亲戚家的一间房子，我们就在上海生活。我上的小学就在附近，名叫崇实小学，现在没有了。后来考初中，稀里糊涂的，我也是不太用功的，不过当时好像考学校都比较容易。我那个

---

[1] 本文发表于《上海党史与党建》2017年第6期。

时候就考了一个民立女中(初中,1949年8月起吴若安任校长)。我初中毕业的时候,父亲生肺病我们回了老家,没多少时候父亲就过世了,留下了我们孤儿寡母,那个时候我妹妹还不到一岁,我则面临着失学。祖父祖母说女孩子根本就不要读书,我则哭着要读书。我母亲觉得我们没有伯伯叔叔,不读书将来无法生活。后来祖父说不要钱的话,你考到哪里就去读吧。当时江苏教育学院附属师范到镇江招生,我去考,就考取了。这样就到苏州师范读一年,一年以后抗日战争胜利了,我又回到家乡。

回到家乡,我还是想继续读书。我们家住在西门外,刚刚恢复的高中叫省立淮安中学,在东门坡,每天要走十几里路,穿过整个镇江市。那个时候学校的条件是非常差的,没有食堂,早上家里带点饭到学校泡点开水,带点咸菜。半年后学校要迁回淮安。这时,刚好省立镇江中学复校,我就再考。当时考试是公正的,录取名单贴在学校门口,按高分到低分排序。

我在那边读高二下和高三,睡的是地铺,没有床。学校是原日军的养马场,原来的学校被炸掉了。宿舍是一个小房间住10个人,女同学两排,每人就放一个席子。当时也没自来水,我们就打井水,点煤油灯,点一次蜡烛就是奢侈。没有凳子,吃饭都是站在那边,菜是没什么荤的。学校校风很好,学生学习非常刻苦。因为日军被赶走了,大家都希望国家强盛起来。我们学校第一任校长是词学家任二北,学校的校训就是"一切为民族"五个字。"一切为民族"对我们这些学生影响很深,激励我们再苦再累也要学出本事,不能受人欺负。"一切为民族"的校训真的是渗入到我们的血液里头。此前我们都目睹了民不聊生的惨状,天气寒冷的时候,早上去读书的路上,经常看到"路倒",都是冻死饿死的,还亲眼看到日军无故打中国人。这些都无形中教育了我们。当然,老师特别是文科老师的教育,对我们的影响也很大,告诉我们做人要像岳飞,要像文天祥。所以说,那个时候爱国主义思想教育还是很有效的。

说到师资,我觉得当时学校的师资状况比较好,比如说教我高中数学的毛振璘老师,用英语教课,那个时候教材是原版的,他一步一步推导,对我们进行逻辑思维的训练,我的逻辑思维能力应该说就是这位毛老师教出来的。1949年以后,毛老师就到大学教书了。教我语文的赵继武老师是国学大师黄侃的弟子。他上课就是两支粉笔,教科书都没有,一肚子学问。那时候教古文,他会一句一句地串讲。其实他当时教的是文化,也教我们做人。一件事情我记得非常清楚,他教李密的《陈情表》,讲到"茕茕孑立","茕"怎么写法呢? 就是光荣的荣一个头,下面就是鲁迅的迅去掉走之底,他边讲边写在黑板上,说这个字读"穷",下面是一竖,不是一撇,再穷脊梁骨要硬,他实际上就是教做人的道理。所以这些老师对我们很有影响。你为什么读书,读书就要懂做人的道理,懂报效国家的道理,就是要明白"天下兴亡,匹夫有责"。

为新中国服务

1949年以前,公立学校穷学生比较多,私立学校的学生家庭比较富裕,中学是这种情况,大学也差不多。有钱的孩子都喜欢读沪江大学、圣约翰大学、大夏大学、光华大学等教会和私立大学。国立大学穷学生多,师范教育方向就更多了。师范教育从旧中国开始培养了许多人才,特别是穷苦人家的孩子,使他们有机会改变自己的命运。民国时期的教育由于国内外原因虽然也取得一些成绩,终归烙上了半殖民的色彩。因此,新中国的教育必须与以前不一样。我觉得1949年以后的教育,应该说是功劳很大的。

首先,改造旧教育体系。改造旧教育是非常不容易的,因为当时公办的学校很少,大量是教会办的学校跟私人办的学校。旧学校的办学目标是为它的原来的国民党社会服务的,它有自己的一套管理体系,虽然管理严格,但是思想是完全另一个形式,完全是为它的价值观服务的。所以1949年以后改造旧教育,培养人才,要为新中国服务,这是一个根本性的改变。

其次,学习苏联经验,进行教育改革。我觉得当时没有办法就只好学苏联,因为过去的教育基本上是学英美的。我们要转向就只能从学英美转向学苏联了。实际上,当时苏联的教育还是非常不错的,教育文化很深厚,也培养出许多像小说家列夫·托尔斯泰这样的人才。我们现在反思教育学习苏联,不能说当时全部不对,在那个情况下,要逐步消除殖民影响但又不能全面封闭,所以学习苏联就有其必要性。看问题不能用现在眼光来看以前,因为当时就是那个条件。

当时的引进是怎么回事呢?从现在来看,苏联赞可夫的教育思想和苏霍姆林斯基的思想还是比较先进的。不过,我们引进的是凯洛夫的思想。我觉得,引进总比不引进好。我认为凯洛夫的教育思想主要就是三中心:一个就是课堂教学为中心,第二个就是教材为中心,第三个就是教师为中心。他认为学校的办学第一质量就是课堂教学要好,教材国家统一规定的即法定的,教师是传授知识的,所以有了这三个中心。而欧美的一些教育理念不大一样,杜威强调以儿童为中心。不过,课堂教学却是必须的,比如芬兰也是很强调课堂教学的。大面积培养人才必须要课堂教学。现在中国也是因为人口众多的情况,还是要进行课堂教学。现在很多人总是认为西方的教育好,殊不知中国有自己的特殊情况,我们希望国家在教育方面有自己的话语权。

凯洛夫的理论对我们教育改造迅速走上轨道起到了很大作用,学校建制、课程教学、教材编写、大纲设计都很快弄起来了,学校都有秩序了。原来光华大学是光华大学做法,大夏大学是大夏大学的做法,私立的小学都是自己的做法。不过凯洛夫的理论也有一些问题,特别是教学程序不灵活，比较死板。比如说上课就是五个步骤，第一是组织教学，一上课要把学生全部注意力集中，这是第一个环节。第二个环节是复习旧课。第三个环节是讲解新课。第四个环节是巩固，当时50分钟一节课，如果30分钟教的新课，那么新课就要当堂复习，当堂巩固。第五个环节是布置作业。什么叫好课呢？50分钟到了，铃一打，讲话正好最后一句讲完。必须是2分钟组织教学，不超过10分钟的复习旧课。虽然这一套是有连贯性，但是这样就比较机械了。

不过，我觉得当时能够把旧社会学校，公立的、私立的全部改造过来，有一个初步的规范已经贡献很大了。学习苏联凯洛夫教育有些做法比较僵化，不可能每堂课都是这个样子，上节课讲的学生不大掌握，多一点时间来复习或者补充原来的短板，应是可以的。我始终认为，所有的事情都要把它放在历史条件下，用历史唯物主义的观点来看。

教育的本质

"百年大计，教育为本"，教育关乎国家和民族的未来。我始终认为我们的教育方针是好的，是培养每个孩子德智体美全面发展。基础教育是国民素质的教育，国民素质要提高必须是要德智体美全面发展。所谓德，就是懂得做人的道理，品德要高尚。所谓智，就是得有一定的科学文化知识。所谓体，就是身体要健康。所谓美，就是要有高尚的审美观。

当时贯彻教育方针有很多做法也是值得借鉴的。比如说那个时候的高中学生要求劳动卫国，学生天天早上要早锻炼跑步的，锻炼体质培养吃苦精神。那个时候的学生也一样读书，但近视眼很少。还有就是劳动锻炼，那个时候的劳动是真劳动，到乡下去劳动。我教高中带学生下去劳动，割麦子，弄得麦芒浑身都是，哪里有什么洗澡呀，都是打地铺在农家的。还有秋天收稻子，收了之后种油菜。我那个时候身体不好，胃溃疡,也是和学生一样劳动的,跪在地上种,腰都直不起来了。自己劳动之后,学生们都晓得劳动果实来之不易。我觉得那个时候是育人,分数没有那么重要。我一直教高二、高三,没有被这个分数捆着。我从教那么多年,坚持不应考,以不变应万变,教学生真本领,告诉学生有真本领是不怕考试的。我教的学生参加高考,语文总分120分,他们有部分人都能考110多分,这是一个非常高的分数。

记得有一次开教育工作座谈会,要听听教师的意见。当时前面有几个人讲,讲了很多好的。领导说你们把问题讲出来,不要照着稿子念。我就不客气地讲教育一些问题要重视,不能说轰轰烈烈的素质教育,做扎扎实实的应试教育。素质教育讲得轰轰烈烈,但是实际上做的是应试教育。我们的教育的根本宗旨是育人,中国教育就是要培养有中国心的现代文明人,如果没有中国心,要我们教育干什么?我们为谁辛苦为谁忙?我们为谁服务是根本问题,培养人归根结底德是第一位,不能育分不育人。教育不是育分,是育人呀!我们的义务教育实际上是一个世界性的工程,有世界性的影响。最怕的是我们自己缺乏信心,看不到自己的成功。现在的教育经费已经达到4%了,原来一直都是2%。我们一直强调国际化,实际上国际化是双向的。外国好的东西我们要引进来,我们好的东西也要发扬出去,互相学习。

20世纪五六十年代对教师的要求就是"又红又专",我觉得"又红又专"没有错。用我们现在的话来说就是"德才兼备",我们现在也要讲信仰,一个人没有信仰没有信念,魂就没有了,就会失魂落魄。究竟为谁服务?这是根本性问题。服务要有真本事,不是说空话。

现在习近平总书记讲做好老师要"四有",其一,要有理想信念;其二,要有道德情操;其三,要有扎实学识;其四,要有仁爱之心。这对教师是很重要的。教师怎么样教可以各有千秋,但是"四有"是必需的。做教师如没有理想信念,把国家的未来交给你教育怎么得了?这是最重要的。我一直强调做教师一定要有民族精神的根,有爱国主义的魂。"左"是不对的,但是理想信念"红"是没错的。人不能连魂和根都没有!我是教语文的,很多单位请我去做的都是师德的报告,我觉得作为一个老师最根本的就是这一点。小孩子是国家的未来,国家交给你,老百姓交给你,你负什么责任?因此,你必须有师德,知道为谁服务。除此之外,还要有本领。如果课都上不好,你说师德好,这是不对的。你必须把课上好,把孩子教得有本领。

西方哲学将"人"界定为用理性思考,获取最大利益的动物,因此他可以扩张,可以侵略,可以殖民。我们中国人讲"人",是仁而爱人。什么叫"仁","人"字边旁一个"二",做人心中要有别人。我们"人"是一撇一捺,要互相支撑,倒掉一笔就不叫"人",不一样!所以我一直觉得"又红又专"是没错的,不一定用这个词,用现在的话讲就是必须有理想信念,也有本事。

我带过好多徒弟,好的都是有理想信念,对孩子有仁爱之心。我曾经跟学员讲,要发财就不要来做教师,你要发财还做教师干什么?什么叫教师?嘴巴说是不行的,要以身作则。要学生做到,你自己就要做到,率先垂范。一个老师做得好,最根本的就是内心的深度觉醒。什么叫内心的深度觉醒?就是把自己日常的平凡的工作和国家的千秋大业紧密联系在一起,和老百姓的幸福联系在一起,因为教师的工作是塑造人的灵魂。

拨乱反正的壮举[1]

40年前,国家恢复高等学校招生考试制度的消息传到学校,我们77届年级组老师那种兴奋雀跃的情景历历如在眼前,既奔走相告,又有点将信将疑:怎么可能呢?这么大的事怎么说恢复就恢复了呢?

将信将疑本不足怪。1966年高考前夕,我教高三,从高一年级教到高三年级,师生正兴冲冲地复习迎考时,一纸令下,停止高考,师生不解、无奈、茫然,紧接着是大混乱、大动荡,是非混淆,黑白颠倒,教育几乎遭受到灭顶之灾。此时,"文革"灾难刚结束,就传来如此喜讯,一下子有不能承受之重的感觉。很快,教师、家长进入状态,激动地认识到这是善举、壮举,是给学校、家庭、社会带来无限希望的战略之举。这项重大决策后面支撑的是决策者的胆量、魄力,是对国家前途命运、人民追求美好生活的挚爱深情,令人敬佩。

认识指导行动。我们77届30多位老师连续开会三天,研究如何迎接恢复高校招生考试的机遇,如何做到对学生真正负责,因材施教,各得其所,如何根据学生实际学业水平,把11个班级打乱,重新编班;研究开设哪些课程,强化哪些训练,弥补哪些短板,等等。开展讨论,摆出困难,思想交锋,最后取得共识。特别是达成两点共同的认识:一是放下不敢抓知识、抓科学文化学习的思想包袱,明确在一个文盲、半文

---

[1] 本文发表于《人民教育》2017年第11期。

盲充斥的国家是不可能建成社会主义强国的。如果真出问题,我这个年级组长担当。二是教程度不同的快、中、慢班,使不同学业层次的学生都有所提高,都是为落实恢复高考这一重大举措做贡献。由于老师们齐心协力,认认真真培养学生,两个快班学生百分之百考入高校,考取复旦大学数学系的就有 2 人,其中一个以 100 分满分被录取。上海计 14 万考生,录取 1 万;全国 570 多万考生,录取 21 万。从 66 届毕业的高中生到 77 届应届毕业生,年龄差距十多岁,同在高校学习,共创学习生涯,真是蔚为大观。那时,考取大专的分数有些不比本科低,因为有的学生父母问题尚无结论或尚未平反,在那个"极左"年代还来不及彻底平反时,给考生进大专以人生的希望,还是极不容易的。我就曾为一名学生专门写在校表现,考分很高,背残疾妹妹上学 5 年,单这一点就够优秀的。父母顶着一个罪名(是莫须有,后平反),他只得进大专。而今,回顾往事,有时有隔世之感,但当时就是那么艰难。恢复高考要顶着多大的压力,每前进一步都需要勇气和毅力。

  恢复高考招生的重大之举给当时带来了令人振奋的巨大影响。

  一是学校迅速恢复了正常的教学秩序。学制、课程设置等按照高考科目要求在较短时间内作了调整。"文革"中的初中、高中已取消学段区分,统称中学,物理、化学、生物等学科取消,改为工业基础知识和农业基础知识课,有一阶段语文课与政治课合并为政文课,或与音乐课合并为革命文艺课;学业考核、评价等制度也化为乌有,基础教育质量遭到极大破坏。高考制度一恢复,教育工作者蕴藏的对教育事业受到尊重、获得发展的期盼实现,因而,克服种种困难使高初中学段正常化,开设的基础教育学科正常化,使学校像学校,恢复成为读书育人的场所。

  二是弥漫了十年的"读书无用论"受到沉重打击,"知识就是力量"被越来越多的青年学生所信奉。"文革"期间,"知识越多越反动"的荒唐思想笼罩了学校十年之久,教师不敢谈文化、不敢教文化、不敢抓学生的学业。为了抓学生的文化学习,就得变着法子,避免挨批挨斗的危险。我做班主任也好,当年级组长也好,把学理论与学文化结合起来,学《共产党宣言》《青年团的任务》《实践论》,带领学生一节一节学,讲观点,讲文字运用,让学生双受益。因为我坚信,人的生存是需要与科学文化相伴的,作为教师应该为学生将来能否发展考虑。有老师规劝我:"你怎么斗不怕呢?还用那么大的劲抓文化。""读书无用论"蒙蔽了多少人,坑害了多少人,清除是极难的事。没想到高考恢复,能如此横扫阴霾,无论是学校、家庭、社会都很快形成了尊重知识、重视教育的风气。青少年必须求学读书,学习科学文化,学习做人本领的认识与行动达到了前所未有的高度,对教育价值的信赖与期望也随之攀升。

三是改变了众多普通人的命运,为社会主义建设的大发展、大进步打下了人力资源的基础。参加恢复高考的首届考生达570多万,除77届应届毕业生外,其他考生可以说是来自各行各业,尤以在农村、在边疆务农和种大田的数量最多。这些青年人经历过风霜雪雨,目睹了百姓的艰难疾苦,体悟到人生酸甜苦辣的况味,珍惜机遇,学习上顽强拼搏;有幸考入高校的,更是释放改变命运的能量,为医治社会的千疮百孔、为建设强盛的祖国刻苦攻读,如饥似渴地吮吸精神养料,自觉地把自己塑造成国家的有用之才。高校学习风气浓厚,精神振奋,积极向上,一片生机蓬勃景象。仅图书馆座无虚席、实验室夜晚灯火通明就是令人心醉的美丽风景线。劫后余生,新生力量,交织成早出人才、多出人才的动听交响曲。77届毕业生是当时高校里年龄最小的,17岁左右,对其中蕴含的深意只能体会一二,而今有的来看望我时,感慨万千地说:"真是改变命运啊!那时还稀里糊涂,不知老师为什么抓我们抓得那么紧。"对恢复高考的感恩之情溢于言表。

四是唤醒了沉睡多年的提高教学质量的内在动力,学科教学改革风起云涌，教师智慧喷发。教学秩序正常化已获保障，摆在面前亟待攻克的难题是学科建设，政府领导教学大纲的制定与教材的编写，广大教师在解放思想、实事求是的号召激励下，积极主动地进行教学改革，探索学科中教书育人的规律。那种积极向上、互相学习交流的做法遍及全国，蔚然成风。各学科不少教师从各自区域特点、学科状况、学生差异出发，在不同层面、不同角度开展教学改革，从教材编写到课堂教学改革，各具特色，形成了百花齐放的美景。尽管这些改革不一定都合乎科学、完美，但那种对学生的关爱，对学科教学的痴情，对提高教育质量的责任担当，那种破解所面临的难题的勇气与开拓精神，还是值得点赞、发扬的。那种改革之热情、思维之腾飞、精力之充沛、取得进步之欢乐，均留下不尽的怀念和美好的记忆。

高考恢复影响之巨大远不止上述这些，只不过是自己亲见亲历而已，由一斑可窥全貌。

而今，高考从恢复以来已经历了40个春秋，为国家培养人才、选拔人才的艰辛难以言表。家庭、社会、莘莘学子对教育的期望值都极高，如何发挥高考对立德树人的正能量，对青少年学生乃至全社会价值取向的选择与引领，是篇极其复杂的大文章。祝愿凝聚智慧、攻克难题，创造有中国特色的公平公正的高考选拔机制、选拔标准，为培育有用之才、优秀之才铸就辉煌。

于漪知行录

前　言

行是知之始,知是行之成。

教育是实践的事业,倾心投入教育实践,反思是非正误、利弊得失,进行梳理、思考,从中获得一些认识,悟得一点道理,记录下来备考。再实践时又以某些认识与经验为指导,验证其正确性与有效性。于是,根据实践中的学情、教情、校情,对认识与经验修正、改进、提升,乃至扬弃,力求"知"逐步接近学科教学规律,学生认知规律。实践,认识,再实践,再认识……在循环往复中,端正自己的人生态度,提高自己的专业素养。

个人的实践与认识,由于种种主客观条件的限制,必然是井底之蛙,视野狭窄,理性思考的深度、厚度远远不够,与教育事业对教师专业要求相距甚大,为此,必须潜心学习,向书本学习,向专家学习,向同行学习,向学生学习,向社会上各行各业有卓越贡献的人学习。学习一是照镜子,二是择善而从,力求身体力行。读书是自己精神成长、心灵优化的需要,不是装门面,不是对着书,疲劳双眼,而是真心实意从观点到材料认真阅读,反复思考,对照分析。经典、佳作,读到精彩、深邃之处,有醍醐灌顶之妙,在乐不可支、思想升腾的同时,又深感自己的无知、浅薄。此时此刻,记点心得,以励前行。

向人与事学习,更是要有眼光与胸怀。既学认识相同相似的,更学意见相左的,甚至对立的,而后者更能促进深入学习,促进积极思考,严密思考,更能接近认识事物的本质。学习时不能短视,不能一叶遮目。要看全局,看整体,看基本面,看长远;要善于发现,细于识别,勇于批判、扬弃、超越。一颗狭小的心有浩浩荡荡的学子,有多情的土地,伟大的祖国,胸怀就会无限宽广,无处不是学习的机会,无处没有智慧的闪光。当然,看到不合理的,污泥浊水的,会焦虑,会愤慨,会烧心。林林总总的看法、认识、体会,流于笔端,锲而不舍,竟然集成了一本小册子。有说的,有做的,知而行,行了又生新知,故而冠名为"知行录"。

许多"知"仍很肤浅,无甚高论;"行"就更不易。嘴上说说不费力,脚踏实地干,干出质量,干出效果,不仅要有持久的内驱动力,而且要有科学态度,奉献精神。有人说,世界上最远的距离,不是天涯,也不是海角,而是说和做的距离。正确的认识要付诸实践是要花大力气的。出版知行录,追求知行合一的境界,既是求教于同行,更是鞭策自己永不懈怠,奋然前行。

精神须成长

人的生命被赋予一种责任,就是精神的成长。
用精神的成长创造使命的精彩,铸就生命的辉煌。

人之所以为人,当然不能只停留在生物学的层面,人还要有精神层面的追求。物质生活是生存的基本保证,基本保证满足就能获得快乐。而精神上的追求则是人内在的需求。追求诗意的精神家园,让生命的清泉汩汩流淌,它体现了生命的意义、生命的价值、生命的丰厚与完满。语文教师是育人的人,须帮助学生实现精神上的充实、伸展和提升。

人一辈子都处于价值取向的选择当中,有所"取",一定要有所"舍"。"舍"的是个人微小私利,"取"的是民族复兴,国泰民安之大利。说说方便,做到不易,关键在修身养性,树立公心。

人的成长是一辈子的事。教育从来不是一个结果,而是一个生命展开的过程,它永远面向未来,不会结束。因此,教师要和学生一起展开生命,不断成长。一个不重视成长也不会成长的人,他的视野将越来越逼仄。

生命本来没有名字,没有职位、荣耀、金钱之累,但生命有一种责任，就是精神须成长。众所周知，人有了脊梁骨才能直立行走，人的精神不断成长，理想追求、道德光亮、文化憧憬才会紧密相守相伴，逐步成为一个心灵丰富、品德高尚、情操优美的人。社会欢迎，国家需要，百姓点赞。

我给自己立了个规矩，要独立思考，刻苦钻研，力求自己真懂。

生命的意义不是别人给予的，而是自己赋予自己的生命以意义。要想清楚人活着究竟为什么，自觉确立人生的态度，就要明白理想信念是生命存在与发展的核心。

教师不是先知先觉，但对所从事的教育事业、教学工作必须认真地"知"，清醒地"觉"，切不可"不知不觉"，局囿于混沌之中。教育究竟是什么？我到底要做什么？我应该做什么？我现在在做什么？想清楚，就会在正道上迈开步子，奋勇向前。

教学，教学，"教"要在学生身上起作用。

精神支柱看似无形，但能起灵魂作用，有强大的凝聚力。人要有精神支柱，否则，立不直，立不正。支柱的核心是人文精神。一个民族没有现代科学技术就会落后，落后就要挨打；一个民族没有人文关怀，精神就会迷失，民族就会异化。一个社会没有人文精神，就是一个病态的社会，难以和谐，难以发展。一个人没有人文精神，就是一个残缺的人，丧失理想、信念，丧失奋斗目标，在个人荣辱得失中浮沉。

中华民族具有五千年丰厚的文化积累，其中有宝贵的精神财富，对天地、人生、社会的基本问题,均有深入的探索与思考。如人生意义、历史与现实、传统与变革、物质与精神、个人与集体、道德与审美、光荣与耻辱、人生观、世界观、价值观等现在须认识与探讨的问题,皆可从中找到脉络。我们对此不仅要有清醒的认识,而且对正确的须传承并付之于行动。

事业要取得辉煌,首先要让心灵辉煌起来。在人生旅途中,能最终领略美妙风景的必然是有强烈渴望登临山峰而不辞跋涉艰辛的创业者。心灵若无登临的渴望,就不可能有充沛的热情;心灵若不飞翔,就不可能有广阔的视野;心灵若贫瘠,怎可能有奋进的步伐?心灵辉煌的原动力是理想信念,执着追求。

感人的教育教学境界的出现,是从教者倾注心血投入,努力攀登,坚韧不拔的结晶。这种攀登不只是在教育技能技巧上着力,而是人生态度的攀登,情感世界的攀登,是为师者一种风范的创立。攀登的基础是敬畏学生生命,敬畏教育专业,以心相许。

家是最小国,国是最大家。浓郁的家国情怀,激发你一辈子精神振奋,有用不完的劲;浇注你丰满的感情,享受人生的价值与幸福。

在当今社会,"富有"这个词对众多的人来说,具有很大吸引力。然而,人们想到的往往是物质财富,精神上怎样富有起来,想得很少。人要生存,要吃饭、穿衣,物质生活当然要考虑;但是,精神上贫乏,是个一无所有的乞丐,人的味道也就荡然无存了。

教师,作为人类精神文明的传播者,特别要讲究知识上的富有。生活上要逐步改善,这是无可厚非的,但如果作为追求的唯一目标,做人就会走样离谱,还怎么能为人之师呢?

人处在社会中,应该是互相关心,互相支持。"人"是一撇一捺,少了其中任何一笔,"人"就坍塌了。社会上人人为我,我为人人是对"人"的最好诠释,人与人之间必须互相支持,也绝对离不开别人对自己的支持。有的人总想"人人为我",而不想"我为人人",这是对"人"的误解与亵渎。

能与人为善的人,就是好人。遇到事情,总能换位思考,想到别人的处境,别人的利弊得失,就会作出正确的判断。心只有方寸之地,只容下自己,免不了成为小肚鸡肠,为私利斤斤计较;容得下别人,容得下集体,让狭小的心容得下伟大的宇宙,你就胸怀宽广,享受到人间挚爱深情的欢乐。

工作挑挑拣拣,钻入"利"眼,就目光短浅。教育不是立竿见影的事,十年树木,百年树人,应是超前意识和滞后效益的结合体,不能局限于近期效果,尤其须着眼于长远效益。

能从事如此有意义的工作,此生幸事;能与未成年人相处,教学互动,更是幸中之幸,因为每天能受到他们青春活力的感染,每天都充满了阳光与希望。

人的心里不能有"虫"。有"虫",心就染病,轻则好坏不分,是非不辨;重则"虫"对心吞噬,赤心、良心、善心日益削弱,一旦荡然无存,就成为蛇蝎心肠,害人、伤人、噬人,戕害社会安宁。"虫"要趁早捉,趁小捉,勤捉,使"心"永远健康,永远善良。

古往今来,不少仁人志士身上都有一种气象,这种精神上的万千气象,直接接触也好,通过文字材料接触也好,立刻会心灵感应,始而温暖,继而敬仰,终而增添生命的质量。气象是宏伟的,壮阔的,高大的,优美的,而气象的形成是靠家国情怀的持之以恒的修炼,才、学、识的锲而不舍的砥砺,在做人上下了大功夫。

为人要大气,要有胸怀。斤斤计较,锱铢也要计较,就会拒人于千里之外,丢失了与人和谐相处的基础。海之所以汪洋壮阔,是由于能吸纳百川;人有宽大胸怀,方能有视野,有友朋,有凝聚人的力量。精致的利己主义者看似聪明,实则愚蠢。

人总要有点精神,否则就如行路一样,连"北"都找不到。北极星、北斗星在哪儿不是找不到,而是视而不见,灵魂飘荡。

人如果太实际了,为物质生活所累,就没有超越职业训练的志向、旨趣和想象力,就很容易沉沦。

人是有肩膀的,双肩能挑重担。"为天地立心,为生民立命,为往圣继绝学,为万世开太平"这种对社会对国家的担当意识,是我们民族的骄傲,是我们仰慕并学习的榜样。

千万不能让自己的肩膀成为"美人肩",尖得往下垂,碰到事情,能推诿则推诿,能逃脱就逃脱。一个缺乏担当意识的人,可信度极差。

规律是事物发展过程中的本质联系和必然趋势。任何事物都有自己的发展规律。规律是客观存在的,是不以人的意志为转移的。人们不能创造规律,改变规律,更不可能消灭规律。青少年学生成长有其本身固有的规律,不能无视它的存在而为所欲为,最为重要的是认真探究规律,多一点敬畏之心,少一点功利之举。

在规律面前,人也不是毫无作为,而是能通过实践认识它,利用它,并且能发挥主动性、创造性,达到《中庸》中说的"赞天地之化育"的境界。学生成长,心理、生理、认知在每位个体身上均有其固有的规律,既不能视而不见,掉以轻心,更不能逆规律而动,造成对生命体的伤害。要精准地从他们的实际出发,因势利导。

带青年教师也是我教学实践的重要内容。一花独放不是春,万紫千红春满园。当自己付出的劳动对同行有些微作用时,觉得有天地之气凝聚在心中,心灵得到安慰,深感无穷的快乐和幸福。

事物的固有规律是反复起作用的,人的培养也毫不例外。揠苗助长,强求速成,不适时地灌输,加压,超负荷运转,其结果是事与愿违。南辕北辙的事例并不鲜见,甚至有令人痛心的悲剧发生。为了孩子健康成长的权利,务必尊重规律,慎之又慎。

与人相处,总要给人提供方便,切不可给人添加麻烦或制造困难。然而,在现实生活中,常常在不经意间就给别人带来不方便,带来困难,甚至有所伤害。究其原因,往往以自我为中心,不考虑所产生的影响。"自我中心"须破除,心中应有别人。遇事前前后后多想想,多给别人送方便,多做好事,才是做人的正道。

人总是往前走,这是习惯;鼓励往前走,这是要求。因而,前进是重要的。但有时后退更重要。工作矛盾、家庭矛盾、邻里矛盾激化之时，再也不能往前冲，而是要冷静下来往后退。退一步，海阔天空，风渐平，浪渐静。退，是一种理性，一种修养，一种解决问题的策略。

一件件具体的事情让我不断地照镜子，洗涤自己的灵魂。人总要有人的样子，在任何情况下，都要有颗善良的心，不能为自己为私利而加害别人。

尊师重教是仰望星空的事，不仅要看到眼前利益，更要看到民族的前景，国家的前途。前景、前途辉煌的关键靠什么？靠素质良好的建设者，靠大量的专门人才和卓越人才。因而，尊师重教不是漂亮的口号，不是广告词，不是因某种需要而炒作一时的新闻语，而是对社会发展进步中教育、教师不可替代作用的深刻认识，是遵循育人育才规律的必要实践。

幸福感是没有固定标准的，各人的幸福指数也大相径庭。金钱成堆、权势显赫往往构不成幸福感，反而是滋生祸患的温床。许多心平气和的人信奉的是"平平安安就是福"，有份较稳定的工作，认真勤奋，平安和睦，日子过得有滋有味，就充满幸福感。"知足常乐"，物质生活无太高要求，心里就宁静，幸福感就相随相伴。

妒忌是十分丑恶的感情，一旦染上了这个病，或背后叽叽喳喳，或当面指桑骂槐，或无端生事，翻江倒海，既伤害别人，自己也不轻松。不断怒火中烧，身心受损，岂不也是伤害自己？这种病的起因多半是心胸狭隘，看不得别人好，自己又不肯努力。两只眼睛不是全面看世界，而是专门用来找碴挑刺，活得很累。药方是：反而求诸己。

恭宽信敏惠,孔老夫子早就告诉我们了。

现在的人往往自己疼自己,为人处世目中无人,只顾自己性情。"疼",并未错,问题在于作为一名社会的人,处在各种关系之中,学习、工作、生活都要与别人打交道,都有个尊重别人、工作为重的问题,一味地"疼自己","疼"到不明事理,"疼"到影响工作、学习,乃至伤害别人,生命的价值又何在呢?珍惜的又是什么东西呢?

人总要有点兴趣爱好,或打球,或下棋,或唱歌,或哼戏,或阅读,或写字,或画画,或旅游,或发明,工作之余有精神依托,可自娱自乐,也可好友集聚共乐。无兴趣爱好的,则情感贫乏,审美缺失,生活也就味同嚼蜡。兴趣爱好要健康、高雅一点,与文学艺术、体育科技为伴,绝非打麻将赌输赢之类。兴趣爱好应从小培养。

有人对权力特别有兴趣,不管处在什么位置,担任什么角色,家庭也好,工作单位也好,总要自己说了算,最好能一呼百应。对权力的顶礼膜拜,往往是私欲膨胀,加上个性强势。权力为谁而用?用了要达到什么目的,起什么作用?须反反复复想清楚。在大多数情况下,恐怕不是用权的问题,而应平等商量。权欲越少,人越清醒。

性格决定命运,此话有一定道理。人各有性格特点,外向的,内敛的,自恋的,自卑的,沉稳的,冲动的,旁观者一清二楚,本人也基本知晓。奇怪的是开展工作、处理事情时性格在其中发挥的作用往往很少有人重视。性格产生的负面作用已显而易见,但当事人还一个劲儿往里钻,造成不应有的损失。敝帚自珍,把性格弱点当作宝贝拖住不放,真不明智。

勤劳与懒惰在人的身上同时存在。有些人以勤为主,有些人以懒为主;对不同事物,有的勤,有的懒。勤能成事,勤能补拙,好处几乎无人不知,但就是有不少人避勤趋懒,少做,少动,不做,不动,身上有根懒筋。要抽掉这根懒筋实在不易,它的形成虽不旷日持久,也有相当岁月,而核心又是图个人舒服,个人适意。为此,从小就要警惕坏习惯的养成。

《道德经》中说"知人者智,自知者明","知人"固然不易,"自知"似乎更难。希腊神庙有句"认识你自己",中国有句"人贵有自知之明",足可说明。一是许多人不注意"自知",从不思考自己是个怎样的人,须如何修身;二是"自知"的主观色彩很浓,优点放大看,浑身是宝。不恰当的评价常会带来种种问题、种种不愉快。"明",实事求是,多么不易!

学习也好,工作也好,起始阶段人与人之间差距仅是少许,经过时间的淘洗,效果、业绩竟然差了一大截。究其原因,水平是有高下,但态度更是关键。责任心强弱,认真与否,就差那么一点儿。粗看,难以辨别;细看,那一点儿中蕴含的是敬业精神、专业追求、习惯力量。人之间的差距有时就是那么一点儿。"一点儿"的正能量从小就要培养。

年轻人生命力旺盛,爱浮想联翩,编织生活的梦想,美丽的,宏伟的。只要目标明确,方向正确,就值得赞扬,而织梦者更应为它的实现而奋斗。梦毕竟是想象的产物,要把理想变为现实就须脚踏实地地努力,坚持不懈地奋斗。生命之歌就是一首高昂的奋进之歌,一首排除困难、勇往直前的歌。理想的实现靠行动,空想、空谈不可能取得任何成果。

中国有句俗话:大丈夫拎得起,放得下。遇事最怕黏糊,没完没了地缠在上面。人总是要向前看，不能因为摔了一跤，就趴在地上不起来，或者站起来在原地兜圈子不往前走了。正确的态度是爬起来，抖擞精神继续往前走。挫折、失败，是一种锻炼，一种考验，跨越过去，意志、性格就得到熔铸。

心想事成只是一种良好的祝愿，事实往往与愿望相悖。相悖，就必须具有承受力。人不是玻璃制品，不能一碰就碎，应积极磨炼意志，和娇气、脆弱斗争。钢是在高温中冶炼出来的，有志的人是在与困难的反复较量中成长、成熟的。

人生不是一支短短的蜡烛，燃烧瞬间就熄灭，而是一把高高的火炬，要用心把它燃得十分光明灿烂。灿烂在对生活的由衷热爱，对工作的尽心尽力，对社会的责任担当，对国家的无比忠诚。用生命的光亮增添社会的温暖，增添人间的绵长情意。

人在成长过程中，总是有意无意地和别人比，比什么，怎么比，比的目的何在，大有讲究。与思想深邃、道德高尚、才华出众的榜样比，就沐浴春风，明理敬业，攀登人生的价值与意义，有使不完的劲。反之，与大富大贵的比，与显赫一时的比，不仅心态不平衡，自寻烦恼，还可能从中受到私利迷心的传染。比，真得看看对象。

人总要振奋精神往前走。碰到一点突如其来的不愉快或者不幸的事就钻入忧郁的浓雾中，窒息得透不过气来，除了折磨自己、消磨生命外，有百害而无一利。人世间不如意事十之八九，幸运之神不可能总跟着你伴着你。重要的是面对现实，冷静分析原因，寻找妥善解决问题的途径与方法。在处理问题的过程中，锻炼坚强的意志，培养克服困难的毅力。

　　孤独感不是天生的，而是由于这样那样的原因，心理上、性格上受影响所致。有的自视甚高，看不惯别人；有的自怨自艾，悔恨失落；有的堕入冥想之中，寻找心灵的慰藉。他们共同的特点是自我封闭，用套子把自己裹紧。解开套子的办法是打开心灵的窗户，让清新的空气进入，认识到：改变还不理想的"现实"，自己也要尽一份力。

　　社会上与人相处，要努力培养自己的亲和力。板着面孔，冷若冰霜，别人只好退避三舍，噤若寒蝉，对工作对事业不利。和颜悦色，态度和顺，语气温和，是亲和力的标志，但更重要的是它支撑内心世界的美好。心地善良，与人为善；尊重生命，平等相待；有难相助，责任担当……有"我为人人"之心，则会笑口常开。

　　一个学生就是一本丰富的书，一个多彩的世界。几十年来我教过各种类型的学生，面对这些丰富的"书"，我一本一本认真读，一点一点学习、领悟，逐步懂得师爱的真谛，也品尝到亦师亦友的无穷乐趣。

倾听每个生命的呼唤

基础教育是大众教育，须面向全体学生。大众教育不排斥英才教育，但不能只当英才教育的配角。人是有多元智能的，各有所长，各有所短。基础教育着眼于全体学生，为全民族素质的提高奠基。还要清醒地看到，有时有些受教育者并非真"英才"，而是拔苗助长的对象，无后劲。要倾听每个生命的呼唤，施以阳光与雨露。

我国的基础教育面对数以万计的儿童、少年、青年，面广量大，属世界之最。充分认识基础教育乃本中之本的战略地位，从经费投资到物质装备到精神层面的关心、呵护，怎么重视都不为过。基础教育不能追求即时效应，而要定下心来切实提高质量。切实提高基础教育质量，对提高全民族素质，促进祖国繁荣富强会起到不可估量的作用。

知识传授，能力培养，在基础教育中占有重要位置。基础教育阶段传授的知识，许多是知识的"核"，不因时间推移而老化，因而，这个时期学生学到的知识、培养的能力往往陪伴终身。然而，这只是人的素养的一部分，不是人的全部。重"术"轻"人"，忽视心灵世界的滋养与提升，学生就会缺少精神支柱的支撑，落入"技术主义"的桎梏。

坚持走中国特色的教育发展道路，一是要贯通古今，梳理我国几千年来的教育史,特别是新中国成立以来教育成功的经验。二是要拓宽视野,"左顾右盼",结合中国国情学习国外的先进经验。在教育软实力的建设中攻坚克难,提炼出自己的理论,拥有中国教育泥土的芳香,在世界上发出声音。

历史预示未来,以虚无主义对待历史,恶果是消解了民族自信力。中华人民共和国成立60多年来,教育绝不是一无是处,可圈可点之处很多。仅一亿几千万学生接受义务教育,在世界上就首屈一指,史无前例,更何况所有学段的教育均获得了长足的发展。

"教育要面向现代化、面向世界、面向未来。"经过30多年波澜壮阔的教育实践,更显现邓小平同志1983年10月1日为景山学校这一题词的思想光芒。它是邓小平同志建设有中国特色社会主义理论的重要组成部分,是新的历史时期教育改革和发展的战略指导方针。首先是教育理念上的更新与革命。

"面向现代化",就是要求教育全面适应社会主义现代化建设的需要,从宏观到微观做系统思考,既思考如何为物质文明建设服务,又思考如何为精神文明建设服务,更要聚焦在人的培养上。这是对教育功能全方位思考的问题,而培养怎样的人,又是重中之重,是教育的核心价值所在。

办教育当然不能自我封闭,要面向世界。世界各国教育状况怎样,尤其是发达国家办教育的经验,要比较、对照,科学地分析利弊得失。有了国际视野,知己知彼,心中更有谱,更能认清前进的方向。我们培养的学生当然要有国际视野,立足本国,放眼世界,具有参与国际社会生活与竞争的能力。

"面向未来"打开了教育的新天地,凸显了教育的战略性,针砭了教育中鼠目寸光、极其短视的弊病。教育是面向未来的事业,要教在今天,想到明天,以明日建设者的要求来指导今日的教育教学工作。教育预测未来这一特点,经济学家成思危说得十分精辟,他说:"经济只能保证我们的今天,科技可以保证我们的明天,只有教育才能保证我们的后天。"此言极是!

未来社会更加开放,更加国际化。我们教育培养的人必须全面提高素质方能适应社会,方能立于不败之地。说得具体一点,就是须具有高尚的人格,宽厚的自然科学与人文科学的知识基础,自主求索、运用知识发展创新、服务社会的观念与能力。简言之,基础宽厚、勇于发展、敢于创新、人格完善、造福社会,也就是人格、知识、能力全面培养全面提高。

教育现代化聚焦在人的现代化的培养上。一个人的现代化程度如何,不仅取决于这个人成年后的社会经历,还取决于他早年的家庭生活、教育经历。教育对于一个人的价值观念、行为方式等人格因素十分重要,而学校教育是构成个人现代化的重要基础。

学习外国,以他山之石,攻我教育之玉,绝对没错。但必须清楚:教育从来就是国家的、民族的事业。任何国家的教育必须传承本民族的优秀文化传统,弘扬民族精神,培养为本民族、本国家、本地区建设服务的人才。办教育眼睛要向外,开阔视野,但更要朝内,树立自信,走中国特色的道路。

教育现代化包括三个层面,一是教育在数量、规模上的发展,二是办学条件的先进程度,三是教育价值、教育思想、教育理念等方面的现代化。教育现代化的核心是教育思想的现代化,教育思想的转变,而绝不仅是增加计算机、外语等课程或改善校园校舍的环境。

建立我们自己的教育话语权是对我们国家民族的尊重,是对我们自己教育的敬畏与自信,是对从事教育工作的人,特别是第一线的教师点燃心中希望之火,用温暖支持他们挺直腰杆做培养学生成长、成才的大事。这样才能摆脱思想上矮人一等的困境。

教育改革发展是庞大的综合工程、系统工程、复杂工程,对教育的战略地位、战略主题、教育本质、育人规律等须有相当的共识。不仅从事教育事业的人应具有高度共识,还应在家庭、社会层面进行广泛的宣传教育,树立正确的育人观,坚决不做违背教育规律之事。

教育,不能让盲目崇拜的矮人思想作怪。面向世界,不是照抄、移植,更不是贩卖。任何教育理论的形成总有其特定的时代背景、历史文化土壤、社会需求、环境条件,其中有普适性价值,但地域特色往往十分鲜明,并非放之四海而皆准。不深究这些理论、经验、做法的来龙去脉,不深究它们在哲学、人文、科学高度上经受怎样的检验,盲目搬运的后果令人担忧。

对中国教育鄙薄是不对的,不管是传统的,还是现代的、当代的。中国教育有深厚的资源,积累了极其丰富的经验。但因不了解、不研究、不珍惜,一谈改革,一谈发展,它总是处于被批判、被否定、被消解、被解构的无奈境地。无形之中,我们就成了思想的矮子,丢失了教育自主的话语权。

建立自己的教育话语权并非争语言上的长短,更不是说大话、空话、不着边际的话。我们的教育话语权有大量的教育实践作支撑,有教育硕果。如有普及义务教育的奇迹作支撑,有丹心与智慧浇铸而成的许许多多教书育人的经验作支撑等等。教师对学生的至诚至爱,克服困难的坚强意志、创业精神,就值得大说特说。

我们进行了很多富有实效的教育实践,但依然缺少自己的教育思想提炼和教育理论研究。从教育内涵到学生培养到课程改革,从理念到做法,大部分都是从国外进口的。我们绝不排斥借鉴国外的经验,科学的先进的更应认真学习,消化吸收,但今天的中国教育理应树立自信,拥有自己的话语权和理论体系。

学校教育、家庭教育、社会教育三者最好要形成合力,但现在很多是形成分力。比如学校要减轻负担,实施素质教育。学校减作业,家庭加作业,社会机构忙着赚钱。

现在几乎每个家长都期盼孩子成龙成凤,而不顾及孩子本身的具体状况。家庭教育本应着重于教育孩子的品德、习惯,这是做人最重要、最基础也是最核心的,但现在这部分缺失得厉害,力气用在打造孩子机械训练的技能技巧上了。追求高分、满分,这种错位,实在得不偿失。

要依法治教。修订的义务教育法进一步明确了义务教育的公益性、统一性和义务性。这三者是义务教育的基本性质。义务教育法的灵魂是"二进",推进教育公平,促进教育均衡。受教育、受良好教育是每个受教育者的权利,为此,须大力改变东、西部地区和城乡地区的教育发展不平衡状态。这不是权宜之计,是提升全民素质的法律保障。

有些办学者脑子里总是缺法律这根准绳,从急功近利的政绩出发,学生入校设置种种关卡,考、考、考,弄得家长晕头转向,孩子疲于奔命。教育均衡发展,硬件固然重要,软件难度更大,特别是师资队伍的提升。按需培养,有序流动,乃应有之义。但现实状况是有些人总想拉大差距,把人分成三六九等,想方设法让自己独占鳌头。"法"要执行才有生命力,治教必须依法。

依法治教,按法律、法规办事,既是政府部门的事,也是办学者、从教者的事,都要自觉遵守。在法律面前校校平等。这所学校特殊,那所学校特殊,教育法可以违背?不表态就是默认,默认造成有恃无恐,无法无天,乱象丛生。法治观念加强,以法律法规约束,许多乱象可以受到抑制。

在改革开放条件下,要牢牢抓住以德兴校的理念,去功利,去包装,去虚假,去炒作,切切实实把社会主义核心价值观落实到教育全过程,落实到学生心中。让学校回归育人的本原,让学校成为比较洁净的地方,显示社会主义精神文明的引领力量。

依法治校,依法办学,依法行事,口说无用,须落到实处,教育才有新提升,新气象。而要落到实处,就须建立一整套的督导制度,督政,督学,显示法律的威严,纠正违法的错误,追究法律的责任。数以亿计的学生,数以千万计的教师,偌大的教育体量,有法而不严格执行,教育质量必七折八扣，问题不断。教育监督，责任重大。

教育要放在战略地位上考虑，世界上的发达国家早就把教育放在战略地位。现在大家越来越体会到世纪之争实际上就是教育之争。有人说，现在在打一场无硝烟的世界大战，战争在本国进行，内容就是教育。各国都在抓教育，抓人才的培养，抓观念的更新、体制的改革、内容的创新。大战在本国进行，胜负则在世界竞争中见分晓。此言可深思。

每个学生都是活泼的生命体，都有全面发展的潜质，都是国家的宝贝，家庭的宝贝。如果由于培养目标偏离准星，做法错位，青少年学生在成长过程中付出了不应付出的代价，成人是有责任的，学校、家庭、社会都有责任。

我们的教育工作，最贴切的说法应该是"培养"。这个字眼实在好。这在英语中叫 cultivation，解释为"耕耘土地以期收成"。教师就是教苑的耕耘者，应该像农民和园林工人满腔热情地种植五谷、养育花草树木那样，精心地把学生培养成祖国有用之材。

什么是教育？教育就是培养人。什么是中国教育？就是培养有中国心的现代文明人。我们要培养的绝对不是那些只给外国人打工的人，而是要培养有中国自信、中国自尊的，能放眼世界的，为世界和平做贡献的人，也就是能真正屹立于世界民族之林的中国人。如果只重技能技巧，忽视大目标，就会贻误我们的未来。

什么是教育？教育就是教化，是在不知不觉中潜移默化，"随风潜入夜，润物细无声"，不可能靠教师、校长、书记做几个大报告，就把学生成长当中的需求、问题都解决了。班主任带一个班级三年,学生身上都会有班主任的影子。教育是细水长流,点点滴滴在心头。

有一种误解,认为基础教育不过是传授一般性的文化,没有惊人的发明创造,没有众所周知的灿烂辉煌,有什么战略可言?殊不知我们基础教育的对象是浩浩荡荡的大军,他们的素质如何关系到能不能形成人才资源的巨大优势,关系到今后经济发展后劲的大小,关系到国力的强弱,其战略地位、战略意义还能小视或熟视无睹吗?眼光千万不能短浅!

教书育人,"育人"是大目标,"教书"应该为"育人"服务。在"教书"的同时"育人",教师才有可能成为塑造学生生命、塑造学生灵魂的人。寓教育于教学之中,是每个任课教师须精心探讨与研究的课题。

"育"有极其丰富的内容。培养一个学生,对他的思想素质、道德情操、知识的广度与深度、能力的强弱、智力的高低、体质的情况等等要有总体的设想,是对学生进行全面培养,不能以偏概全,以局部代替整体。

教育要面向全体,不是面向一部分或小部分,这是提高全民素质的问题,具有战略意义,所有学生都有权利受到良好的教育。从树立观念到落实措施,还有很长的路要走。不以国家为重,不以人为重,办学措施就会变味,再动听也无用。

说的是促进学生全面发展,行的却相去万里。由于教育思想的偏差,急功近利的作祟,施教时人为地突出某一方面,削弱某些方面,在不经意中造成了受教育者成长中的某些不足与缺陷,严重的甚至出现做人基本准则的残缺，这是不能容忍的。

教育是真善美的事业，离开了真，善就是伪善，美就是假美。因此，陶行知先生说："千教万教，教人求真；千学万学，学做真人。"一个社会文明的程度是跟它诚信的程度、真实的程度成正比的。

社会是各种关系的总和。学校就是小社会，有各种各样的关系，如师生关系、生生关系、学校领导和教师的关系、教师之间的关系、教师与员工之间的关系等等，这各种各样的关系如何和谐相处是一门大学问。尊重、宽容、利他、各得其所，必不可少。各有各的美丽，善于聚集，才能奏响生命的和谐乐章。

我们贯彻教育方针，培养学生要抓住一个核心，两个重点：以德育为核心，以实践能力、创新精神为重点。提出这样的要求是教育改革的现实需要，为社会发展培养人才的需要。从青少年学生开始，就要培养他们的创新意识、创新精神，学生具备了这种意识与精神，将来在合适的条件下，就能迸发出创造的火花，结出创造的果实。

教育的最终目的不是传授已有的东西，而是要把人的创造力量诱导出来。创新能力是一个人能力的最高表现形式，是能力的最高境界。富有创新能力的人总是把世界上一切事物看作是一种运动的过程，而不是静止不变的；不拘守过去，总是规划当今，展望未来。这种能力不是与生俱来，要靠引导、培养、激发。

创新意识、创新精神的培育、激发，必须让学生发挥学习主体的作用，在学习生活中有思考、探究、发展的空间。办教育的要着力于把受教育者的心灵唤醒、价值感唤醒,而不是用各种各样的训练把学生学习时间塞满,更不是用"一刀切"的办法画地为牢,把生动、活泼、多样的学生圈入其中,把同一性发挥到极致。创造意识不能抑制,创造精神要开发。

"真正的教育"是引导人的精神达到高处的真实之境,是人生境界的提升;知识、技能是帮助精神攀升的阶梯。实施全面发展是人自身发展的需要。人的生命体本身蕴含着多方面发展的潜能,教育的任务就是把学生的潜能变成发展的现实。在教育过程中,片面的教育质量观干扰很大,育人异化为育分,发展常呈跛脚。这不能容忍,必须改变。

课程改革的核心教育理念是以学生为本,以促进学生发展为本。从以知识为本、以知识体系为本转换到以学生为本,这是对人的尊重,对学生的尊重,是教育本质的回归。应努力改变有意无意地重技能技巧,轻人的总体素质的培养,切实改变把"人性"置于"技性""物性"之下的种种做法,还学生全面发展的权利。

教育就是"仁而爱人"。办教育的、实施教育的都要"仁而爱人"。什么是"仁而爱人"?就是心中有别人,有浩浩荡荡的学生队伍,有队伍中独特的每一个人。"仁"是人字旁有个"二",心中没有别人还怎么爱人?

一个社会是不是尊师重教,不仅反映了这个社会的文明程度,也反映了这个社会有没有持续发展的潜力。这不仅是现实问题,更是战略问题。要可持续发展,必然需要人才辈出,而人不可能自然成才,需要学校教育、家庭教育、社会教育的合力培养。

学校教育经常碰到的苦恼事是与社会教育、家庭教育的不协调乃至冲撞。学校教育的权威性常受到光怪陆离的某些社会现象的冲击，在学生身上，负面影响超过正面教育的效果。做深入细致的工作当然势在必行，但在合适的情况下，可运用法律武器，保障教育的有效性。教育法以法律的形式对社会环境做规范，对儿童青少年健康成长能起极大的保护作用。

办教育，要坚持把社会主义核心价值体系融入全过程，要把德育贯穿到育人的各个环节。要真正做到，既有牢固树立理念的问题，又有结合教育教学实际探寻各具特色的规律问题，在理论和实践结合上提高育人效果。要充分利用多种德育资源，如各学科教学力量、社会实践基地力量、家长力量等，形成合力，引导学生树立正确的价值观、人生观、世界观。

教育要有大量的实践活动，只有在社会实践中才能学会做社会人。中小学教育是公民教育，要把自然人培养成为社会的人，懂得人与人、人与物、人与自然的关系。人的经验是了不起的，要实践，要磨炼，单靠书本是教不出来的。

教育不仅是教育工作者的责任，而且是全社会、全民的责任。《国家中长期教育改革和发展规划纲要》序言说得好："国家兴衰，系于教育；教育振兴，全民有责。"

校外教育对孩子的个性发展，兴趣爱好，特长培育具有重要作用。校外教育涵盖了教育的广阔空间，不但具有基础教育的内容，而且也有科技、艺术、体育等专门化教育的训练，同时更是社会道德、文化传承的主要途径。可以说,校外教育对学生成长的影响是全方位的。

校外教育无论如何不能再有应试、应考的痕迹。要让孩子全身心放松,展现他们的童心,发展他们的潜能。应创造适合学生的教育,提供适合学生的内容与方法,供他们选择,而不是去选择适合教育的学生。只有重视学生个性并彰显其本色,教育才富有活力,学生才会富有创造激情,快乐地成长。

作为基础教育的领军人物,应该有一种气象,有一种境界,是时代的良知,智能的火把,教育精神的代表。在多元经济并存、多样文化碰撞的十分复杂的情况下,教育要坚持正确的育人方向,拒绝急功近利的诱惑,远离陈腐文化,维护社会公正。这种气象,这种境界,要有辐射作用,让更多从事基础教育的人对此不懈追求。

一切教育成果的精髓在于"真"。办教育,要敢于高举求真的崇尚科学的旗帜,去除耀眼的包装,挤去教育质量的泡沫。不为假象所迷惑,不带主观偏见,不把偶然性当必然性,不把局部当作全部,不把在一定条件下的结论无限扩充、夸大,没有经过实践条件下的反复论证,不轻易相信,更不贸然下结论。"真",是办教育的灵魂所在。

我觉得桃李满天下只是一种形容,真正的快乐是看学生成长,并不是培养一个怎样职务的人,而在于一种民族的优秀精神能够在学生身上延续。

良心的活儿

教师的活儿是良心的活儿,手里捧的是学生鲜活的生命,一个个需要精神养料成长的鲜活的生命,要尽心尽力,一丝不苟,把他们培养成为国家的有用之材。工作不是做给别人看的,想获得什么犒赏,最为重要的是对得起每个鲜活的生命,对得起国家托付的千钧重担,对得起自己的良心。

教师肩负的千钧重担须聚焦在对学生滴灌生命之魂。德行与智性是生命之魂。教其德行,懂得做人之理,报效国家之理;教其智性,掌握扎实的科学文化知识,有生存、发展、为人民服务的本领。这是人的素质培养。分数不等于人的素质,任何一张考卷无法考出人的综合素质。

每名志存高远的教师,都甘愿把自己的生命化成一架通向蓝天的云梯,让一届一届学生踩在自己的肩上,去摘取科学、技术、文化、艺术的明珠。

教育事业是爱的事业,没有爱就没有教育。师爱超越亲子之爱。教师与学生没有血缘关系,教师教育学生成长、成人、成才,肩负着国家的期望,人民的嘱托,是一种大爱,一种仁爱,是把阳光、雨露播撒到每个学生心中的无私的爱。

教师从事的是塑造学生生命的工作。一个肩膀挑着学生的现在，一个肩膀挑着国家的未来。今日的教育质量，就是明日的国民素质。挑这副千钧重担，要的是才、学、识，要的是无限忠诚。

对学生的爱不是说在嘴上，写在纸上，而是体现在一言一行之中。哪怕是一个手势，一个眼神，一个难以察觉的微笑，只要传递的是由衷的爱意、呵护，学生就会感受到阳光照射的温暖。

学生最讨厌教师的势利眼光，尤其对班主任。根据家长从事的行业、担任的职务等不经意中对学生分出了伯仲。须知：未成年人都有一颗敏感的心，都希冀能得到重视和尊重。"有教无类"，在当今权力、利益炽热之时，牢记万世师表孔子的祖训会有几分清凉。

选择教师，就选择了高尚。因为教育是以人育人的事业，要把学生培育成人，成为有中国心的现代文明人，教师首先自己要做人，做一个品德高尚的有真才实学的堂堂正正的中国人。

与其说我做了一辈子教师，不如说我一辈子学做教师。

竭尽全力，学做人师，是我终生追求的目标。

教师内心深度觉醒，才真正体会到日常大量的平凡的乃至琐细的工作，不仅关系到今日学生的健康成长，而且关系到国家的千秋大业，老百姓的幸福生活。培养什么人，具有怎样的思想道德与科学文化，有怎样的坚实基础，不是空洞的概念，而是实实在在、一点一滴干出来的。

要使自己的教育教学永远生机勃勃，就必须找到自身最强烈的刺激，那就是四个字——自我教育。

学历水平不等于岗位水平。学历水平只说明职前受教育的程度，要想成才，还需在岗位上千锤百炼。学历水平高，为成才奠定了扎实的基础，不等于就是人才了。成才一定在"岗位"，在岗位熔炉里锤打、修炼，锻造思想，锻造才能，书写人生的真谛。

身教重于言教，榜样力量无穷。

教师要以自己高尚的人格引导学生形成完美的人格，以自己的真才实学激发学生旺盛的求知欲，以自己高雅的情操熏陶感染学生，引导他们形成健康的审美情趣。

育人的力量从何而来？最为关键的是育人的人须有品、有德、有魂，在阑风伏雨面前，头脑清醒，认准方向，执着追求。

感情的事来不得半点虚假，对学生是全心全意、真心实意、半心半意、三心二意、虚情假意，学生都很清楚，心中都有一笔账，哪怕是年龄小的小学生也不例外。学生渴望老师的爱，"老师喜欢他，不喜欢我"，是小学生最伤心的事。教师要锤炼感情，去除杂质，在真心真情上下功夫。

教育事业是爱的事业，它没有选择性，只要生长在我们这多情土地上的孩子，都要对他们满腔热情满腔爱，切不可按照自己的好恶标准，挑挑拣拣。因为你是教师，必须有仁爱之心。

教师要练就敏锐的目光,发现学生身上的优点、特点,哪怕是思想言行有较多毛病的学生,身上也蕴藏着闪光的东西。教育的任务就是长善救失,要充分肯定和发扬他们的长处,在成长过程中逐步弥补自己的不足。任何教师无法代替学生成长。

责骂、挖苦学生是教师最无能的表现。教师教育的本领在晓之以理,动之以情,导之以行,春风化雨,润物无声。切不可由着自己的性子,情绪失控。学生是人,是要尊重的。

教师的人格力量是素质教育的重要保证。教育力量只能从教师人格力量活的源泉中产生出来。离开了言传身教、春风化雨,教育功能就被消解。

不管你自觉或不自觉,教师对学生的作用都不可能是"零"。不是正面作用,就是负面作用。因而,教师"正身"尤为重要。

一身正气,为人师表,不为物质所累,保持心境的纯正与安宁;抗诱惑,拒腐蚀,守护社会正义,守护社会道德,守护历史使命,守护教育者的尊严,为培养学生成长、成人、成才做出无私的奉献,才是教师人生价值的真正所在。

行动就是命令。老师说到做到,身体力行,率先垂范,学生就会跟着做,跟着养成一种习惯。这比写在纸上、挂在嘴上管用得多。反之,老师只说不做,学生当面不讲,背后嗤之以鼻,更糟糕的是为学生做了坏榜样。

岁月如歌，往事依依，留下的痕迹有浓有淡，有深有浅，有伤痕有欢乐，有失落有收获……

教育事业真正是遗憾的事业，教师责任大如天，追求永无止境。

基础教育做的是给未成年人奠基的工作，奠什么基，根子正不正，发展全不全面，影响到他们走怎样的生活道路。须牢记：基础教育陪伴人的一生，容不得半点马虎与懈怠。

心，生命的主宰，人格的凝聚，指挥着思想言行。心，虽仅方寸之地，但装载着什么，却关系到人格的完善与残缺、品德的高尚与低下。对教师而言，尤其对青年教师来说，心要装国运，装教育，装学生，装责任，装追求。

中外古今对教师都有很高的要求，概括起来就两个字，"德"与"才"，要德才兼备，做人中的模范。人之模范，首先要道德高尚，人格高尚；人之模范，那就要"智如泉涌"，有真才实学。这是一辈子自我修炼的事。

教师专业发展第一条应是树根立魂。树民族精神之根，立爱国主义之魂。没有热爱祖国、勇于追求的精神，哪会有过硬的业务？有了业务又为谁服务？许多有志办好教育的校长与教师，不仅心里明白，而且努力践行。因为，我们生长在这块土地上，这是我们的精神家园。

教师专业发展十分重要的是拒绝平庸，树立自信，不被外力左右。不少教师信教学参考书，信一课一练，信教育时尚，信"专家"评课，信网上下载，满足于做搬运工、二传手，就是不信自己。失掉自信力，也就失掉了自己。应我读,我思,我钻研,我是教学的主人,专业发展一定建立在自信心的基础上。

教育是面向未来的事业,是实现理想的事业,没有理想就没有教育。李白唱神曲,天马行空;杜甫唱人歌,关注人民的苦难。教师既要仰天唱神曲,又要立地唱人歌。志存高远与脚踏实地有机结合,才能创造出教书育人的精彩。

庸医杀人不用刀,一名不合格的教师误人子弟也就是伤害生命。二三十年以后,学生身上还会留下你教过的某些痕迹。努力提升自己,力求做好每项工作,是教师义不容辞的责任。

教师思维具有双重性,一是自向性,二是他向性,二者须紧密结合。自向性指教师作为一个自我主体,他的思维必须用来思考和处理自身所面临的问题,大到对宇宙人生的看法,小到备一节课,提一个问题,都要认真思考,分析判断,不仅要运用逻辑思维能力,而且要有运用直觉思维、综合思维的本领。

教师思维的他向性,是指教师运用自己的思维引导学生如何运用他自己的思维去认识世界,理解和掌握知识和能力,去发现、分析与解决学习过程中遇到的各种问题。也就是指导学生、激励学生学会正确的思维方式。学生学会思考是学会学习的关键,因而教师思维他向性的水平与质量就显得十分重要。

回顾与反思是教师必做的功课之一。教育生涯是一个充满思考、不断反思的过程。反思走过的路,不是自我陶醉,而是认识以往的模糊、迷茫乃至迷失,认识某些教学举措的走调、错位以及形成的后果,寻觅更适合学生内心需求的教育内容、教学方法。不断自我否定,不断自我超越,才会持续发展,永远向前。

教师工作是日复一日、年复一年的上课、批改作业、与学生谈话、组织学生活动,确实十分平凡,无任何惊人之举。但是,当这名教师尽心尽力,把自己的一切奉献给培养新一代人的伟大事业时,他的生命又是不朽的。个体生命是有限的,教育事业是常青的,无限的。教师的生命在学生身上延续,教师的忠诚在一代代青年人身上延伸。

当教师最怕成为"教油子",五年一贯,十年一贯,年年如是,没有长进。求知要日新,教学也要求日新,不能墨守成规,裹足不前。所谓新,不是变戏法,走捷径,而是除旧布新的"新",年年有新的认识、新的进步,越来越接近和掌握学科教学规律,越来越有效提高教学质量。

在教学过程中,学生学习积极性高涨时,常有神来之笔使全场震惊,急需教师迅速应对。回避、蒙混、错答,均为下策,正确的态度是知之为知之,不知为不知,实事求是,与学生讨论,取得学生谅解。教师不是万能博士,可以查阅有关书籍,向别人请教,再予学生解答,但深刻的启示是:教师字典里没有"够"字,须不断学习,充实自己。

教师要做到四个学会。一学会热爱。对国家、对教育、对学生情真、情浓、情深。二学会敬业。学生的现在与祖国的未来,是教师工作的整个世界,要敬畏,要兢兢业业。三学会正确的价值判断。能透过光怪陆离的现象看清事物的本质,方向明,路子正。四学会教育教学的真本领。在教育实践中自觉锻炼,努力攀登。

教师工作不是百米冲刺,而是万米赛跑,乃至是马拉松赛跑。教语文也是如此,集中精力,动用各种辅助工具,上几节出彩的课并不难,难的是学生有持久的学习语文的积极性,每堂课都能有切切实实的收获,在学习中品尝到求知的快乐。要有耐力、韧性、永不满足,铸就教学生涯的质量。

文科教师要认真学习文化。这里所说的文化,不是指识字的 ABC,是指文化素养的"文化"。有学历不等于有文化,是不是能成为文化人,靠自身的努力。中华优秀传统文化是中华民族的伟大创造,虽历经时代变迁,人间沧桑,但仍以其博大精深、辉煌灿烂的魅力,影响着一代代人的思想和行为。用心攻读几本文化经典,能长志气,长智慧,长见识。

教师要学会"借脑袋",博采众长。能不能、会不会博采众长,关键在自己有没有自知之明,有没有谦虚的品质。自以为是,井底之蛙,就必然闭目塞听,看不到别人的长处和精彩。一个人再聪明,哪怕是聪明绝顶,也抵不过众人的脑袋。

要教学生一杯水,教师须有一桶水。但这桶水是不是"陈旧"了?有没有受到污染?在知识爆炸、科技迅猛发展的今天,只有知识长流水,源源不断地学习、反思、判断,才能引领学生在未知航程中努力前进。问渠哪得清如许?为有源头活水来。

读书要在"恒"上下功夫,难也难在一个"恒"字。不积跬步,无以至千里,要坚持不懈,锲而不舍。积累需要时日,绝非一蹴而就。一日不多,十日许多,长此以往,学的东西就很可观。恒,是意志的锤炼,毅力的锤炼。岁月为砧恒为锤,锻炼出教师对教育事业的忠诚。

博采,除博览群书,还要广泛地向同行学习,择善而从。有两点须注意。一是不能有排他性、孤芳自赏,而应谦虚,有包容性。个人才智毕竟有限,善于学习就能拿来为我所用。二是独立思考,不盲目崇拜。学习别人不是被别人牵着鼻子走,而是要认真思考,谨慎筛选,特别是虚张声势、蛊惑人心的,更要审视一番。要独立思考,自己去拿。

教师与学生的关系亦师亦友,在学生面前,应做到师风可学,学风可师,学习方面也应是学生的榜样。与学生交往,学生耳濡目染,不仅增长对教师的依赖与尊敬,而且学习态度、学习习惯、学习方法会受到良好的熏陶。

学习要从自己的实际出发,有主攻方向,比较系统地学习某些知识,扎扎实实读点书。教师最可悲或最可怕的就是思想停滞,思想贫乏,对事业无兴趣,对新鲜事业不敏感,对学生缺少感情。要使自己的生命之树常绿,思想活泼如汩汩清泉,只有永不停步地去认真学习,认真实践。

以两把尺子伴随教学人生:一把尺子量别人的长处,拜众人为师,不断地"照镜子",寻找自己的不是。一把尺子量自己的不足。每节课以后写总结,反思课的不足、缺陷,乃至错误,思考如何改进。越"量"越有内驱动力,越"量"越心平气和。

要让学习支撑我们教师的生命,须树立终身学习的意识。教师是知识的重要传播者和创造者,连接着文明进步的历史、现在和未来,更应该与时俱进,不断以新的知识充实自己,成为热爱学习、学会学习和终身学习的楷模。

哲学讲的是对根本问题的根本思考,哲学使人深刻。不懂得一点哲学、不思考的教师是盲目的教师。哲学的思考让人想得深一些、远一些,让人从世界观、人生观、价值观的高度思考和理解问题。从事教育的人忽略和回避了对教育的根本问题的根本思考,就会造成极大的教育祸害。

语文教师要建立自己的文化坐标。坐标有纵轴和横轴。纵轴,要了解中国几千年文化,并有一点钻研,不数典忘祖;横轴,打开门窗看世界,不妄自菲薄,也不自我陶醉。在纵与横的交叉中找到一个点——时代的要求。教师身上要有时代的年轮,学会把握时代特征,使自己思考问题具有时代气息。课堂上有时代活水流淌,学生就感奋不已。

什么叫未来?未来就在自己的脚下。一个对当前工作不全力以赴的人,是没有资格讲未来的。

教育要取得良好的效果,须对新时代学生的状况做一番认真的调查研究,生理的、心理的;智力的、非智力的;知识基础、能力水平等。既要了解时代赋予他们的共性特征,又要把握他们的个性特点。学生的追求、向往、视野、兴趣、爱好等有年龄段特征,但时代色彩更为明显。认清特点,从实际出发,方能有的放矢。

我想,人的视觉有两种功能。向外,拓展世界;向内,发现内心。内心丰富、纯正,拓展世界就能认识正确,受益甚多。我用两根支柱支撑自我教育,一是勤于学习,二是勇于实践,二者的聚焦是反思。

生命的涌动

教课,就是全身心投入,用生命歌唱。

每节课都有你的信念、情操、学识、仁爱之心在闪光;每节课都有亮点,都有耐人咀嚼、耐人寻味的东西,经得起听,不同层面学生都能受益,都会升腾起满足感和上进心。

教课,全身心投入,用生命歌唱,是一种境界,一种诲人不倦,乐育英才的境界。这种教学境界的出现是要努力攀登的。这种攀登不只是技能技巧上着力,更是理想信念的攀登,学术专业的攀登,对专业对学生"沧海自浅情自深"。

施教的语文教师更应具有炽热的感情和创新的智慧,扎实的文字功夫和文化积淀,努力追求在黑板上书写的是真理,抹掉的是功利,举起的是别人,奉献的是自己。

教学不是简单的知识传授,能力训练,而是师生互动、思想碰撞、心灵交流、生命涌动、共同成长的历程。

课堂气氛宽松、和谐,学生身心解放,无拘无束,无心理负担,就能勇于求知,寻根究底,对文本的阅读与学习就不会浮在表面,而会纵向深入、横向扩展，形成发自内心的独特体验与感受。

学生获得知识、提高能力不是全靠教师的"外塑"，主要靠学生自己的"内建"。学生是在一定情境下，如在社会文化背景、学校文化背景、课堂环境气氛下，借助其他人的帮助、协作，获得知识与能力。教师传递的只是知识信息，学生积极参与、主动参与，才能内化为自己的所得。因而，学生在课堂上动口、动手、动脑，生命涌动至为重要。

每个学生的心灵深处，都有求知的需要，希望自己能成为一个发现者、研究者、探索者，当寻觅、探求获得预期效果时，那种愉悦往往难以言表。但不少教师无视这一点，常将自己扮演成知识的传授者，一味往学生的大脑器皿里"灌"。学生学习主动性受到侵害，就会厌倦，产生消极情绪，学习质量也就可想而知。

教学过程应该是师生共同参与的一个协同的脑力劳动过程。教师的脑力劳动应与学生的脑力劳动相结合，而最终目的是学生积极地开展脑力劳动。从这个意义上说，教师应努力引领，善于指导。要学生积极开展脑力劳动，十分重要的是抓住"疑"字做文章。学始于疑，有疑才有问，才有思。阅读时脑海里问题涌动，学习就进入良好境界。

要点燃学生心中求知的主动性这盆火是多么的艰难。一个学生一个样，特别是内向的学生。课堂教学时必须有敏锐的目光，关注每个学生的表情、动作、神态，哪怕是细小的变化、些微的进步，都不能有丝毫疏忽，要及时添柴加温。

教课不能想当然，认为要求不高，学生"吃得下"，多"压"一点，学生就"吃得饱一点"。殊不知学生毕竟是娃娃,我们常把他们当作成人,脑子里似乎同时可装好些东西,于是就不恰当地扩容,再扩容,超越现有的学习能力。轻则学生叫苦不迭,重则厌学,事与愿违。

要从学生实际出发,准确把握学习的分量。

我们上一辈子课,很难让学生都记牢,但是应该也必须上一些让学生一辈子都难以忘怀的课。一想到这些课,学生就会感情激荡,精神振奋;就会情景再现,声音在耳边回响;就会冷静思考,作出正确的判断。在不知不觉中,进行生活道路的导航。

课不能只教在课堂上。教在课堂上就随着你声波的消逝而销声匿迹了。课要教到学生身上,教到学生心中,思想、情感微波荡漾,成为他们良好素质的基因。

课堂教学是教师的安身立命之本。三尺讲台紧连着学生生命的成长,教什么,怎么教,怎样才能引领学生主动积极地发挥学习主体作用,是科学,也是艺术。不深入钻研业务,不认真研究学生,专注贴教育时尚的标签,这种课轻则是空中楼阁,重则是不着边际,浪费精力,浪费学生生命。

任何一种教学手段的运用都要有"度",有分寸,为实现特定的教学目的服务。只有需要,只有恰当,才是最佳的。否则,就有赘疣之累。

学习语文,带领学生辨别语言文字使用的利弊得失,赏析语言文字的淡雅绚烂,既让学生感受语言文字的实用价值,又使他们在潜意识状态中发展了思维的能力,优化了思维的品质;在阅读、思考、吟唱的过程中,拨动心弦,激昂情感。这种以语言文字为中心的认知教育,与情感教育、审美教育、人格教育高度整合,可为学生的发展打下"精神的底子"。

要做到"三个维度"的融合,就要对所教学科的个性特征深入研究,准确把握,然后对某个章节、某个内容反复推敲,找到知识传承与思想情操熏陶感染的最佳结合点,进行"无缝焊接"。知识教育与思想情操熏陶,你中有我,我中有你,融合在一起,密不可分。

课程改革有三个维度支撑:知识与能力、过程与方法、情感态度与价值观。有的教师认为既然是三个维度,那知识与能力的重要性就冲淡了。课程改革绝不是淡化知识与能力,而是进行整合、筛选,"强主干,删枝叶",去旧、去偏、去繁、去难,该教的基础知识必须教,不该教的冗枝杂叶,要忍痛割爱。

学生学习的兴趣,自主学习的意识和习惯,不可能自然生成,也不可能一蹴而就,要靠不断激发,要靠持续培养,要靠努力唤醒。对此,教师责无旁贷,要有所作为。付出的是久盛不衰的热情,持之以恒的耐心和锲而不舍的韧劲。

课的有效性讲了千千万,不讲似乎还有点明白,越讲反而越糊涂了。能不能化繁为简呢?课有没有效果,就看学生是否身在其中,心入其中,是否学有兴趣,学有所得,学有追求,学有方向。

课教得一清如水是必须坚持的教学底线,真正做到并不容易。然而,它毕竟只是从文本出发,从教师的教出发,学生观念还是淡薄,更别说个性化施教。学生反馈值得深思：课很好听，好像很清楚，可惜我不会。为此，还应认真了解和研究学情，加强教学的适应性。

语文教学的弊病之一是太强调求同，趋同已成为一种习惯，就好像标准化试题、标准答案一样。语文若是太信奉标准答案，语文教师就可以废除，让机器代劳就行。课文是静态的，阅读是动态的，如果阅读者完全对作者唯命是从，那还有什么独特的看法，独特的见解？求异，有点不同看法，是追求真知的表现。

钻研教材时有个司空见惯的状态，就是一心为作者。总是千方百计找优点，找特色，从内容到语言，从构思到结构到表现方法，一套一套，自圆其说，常有理，总有理。课上，有勇者提出疑义，进行挑剔，教者往往不费吹灰之力就加以抑制。抑制的不只是知识，而是掐掉了机遇，让创造意识的萌芽轻易地流失。

备课，钻研教材，应该也必须有自己的独特体会。教学中该不该与学生交流，放在什么场合交流，以什么方式交流，也须深思熟虑，而不是靠一时热情，一厢情愿。不管交流什么看法，或贯彻怎样的教学意图，都必须尊重文本，与文本内容有机结合。

教学中易犯零打碎敲的毛病，就词解词，就句解句，枝枝节节，学生脑子里碎片充斥，不易真懂，更易忘记。插讲一些规律性的知识，引导学生自己理解，判别，虽然多花一点时间，但因是学生思维所得，印象深刻。规律性的知识掌握，自学能力增强，阅读能力也就切实提高。

学有所得是一堂课的基本要求，也是一堂课成功与否的底线。学生的青春是在一堂堂课中度过的。每堂课学什么,怎么学,直接关系到他们学习的质量、能力的提高、素养的形成。学生的青春耽误不起。课前课后我总要拷问自己:你教给学生些什么?学生能学到什么?经过教学实践检验,学生究竟有多少收获?与预先设计的有何距离?教学是不能任性的。

学习古代作品,是否只是停留在复制文本的层面?传统的阐释学尽信书,总以为能一丝不变地领会作者的意愿,而忽视人的理解的历史性。历史记载只是人生道路上留下的"迹",通过生命的表现,才能获得真正的理解。理解就是文本作者的过去视界与阅读者主体现在视界的融合,不是消极地复制文本,而是一种创造性活动。认识发展就是在创新。

语文课就是要和语言文字亲近、亲密、亲爱,而不是把它冷落在一旁,让学生"看电影";也不是把课文甩在一旁,凭空讨论所谓的"问题",言不及义,胡扯乱说。语文是什么?语文课教什么?学什么?真要想想清楚!

语文课就其本质而言,就是要让学生看到、悟到、感受到自己个体阅读时看不到、悟不到、感受不到的东西,包括文与质两个方面。如果教师的"教"和学生个体的"学"在一个平面上移动,课必然让学生感到索然无味,课上与不上没有什么区别。为此,教师备课要善于发现,善于分析综合,有解读和挖掘文本的真本领。

语文教学千万不能只局囿于课内,要以课内促进课外,尤其是引导学生广泛阅读,培养他们读书的嗜好,做到精读、博览相辅相成。嗜书的感情与习惯不是天生的,要靠引导,靠现身说法。培养他们的阅读嗜好,就等于帮助他们抓到源远流长的知识泉眼,让他们在人类、社会、人生的层面上学习语文,追寻真善美,构建起自己的精神家园。

教学上要有高标准,要追求卓越。年轻人要脱颖而出,这个"颖"就是锋芒,要有光彩。标准一定要高,这不是从个人获取渺小的名利出发,死乞白赖地维护个人的得失,实现个人的欲望。标准高,定位高,是语文教育事业的需要。创一流教育最为重要的是要有一流教师,青年语文教师就要有锐气,一心钻研教学。

有人把教课看得十分容易,认为一堂课 40 分钟,只要有教材都能上。那是看人挑担不吃力,没有入门的缘故。课堂教学不仅是科学,而且是艺术,不同的教师在等同的教学时间内创造的质量可以大相径庭。即使这个人能上课,平铺直叙与多维角度的塑造,学生得益必定很不相同。且不说业务水平高低,单是态度也值得研究。

如历其境和身历其境是两个不同的概念。我们的课堂教学经常是让学生如历其境,好像进到这个境界中去了,实际上还是旁观者。一定要让学生身历其境,自己进去了,去读去写去想,让课堂成为他实践的场所,成为他学习文本、理解和运用语言文字的场所。

教学原本就是创作,精心设计,用心取舍,既有感情的激荡,又有思辨的活跃。每位教师都是创造者,心中怀着培养学生成长成人成才的大目标,孜孜不倦地追求,必能用激情与生命铸就美丽的育人乐章。

教师板着面孔上课,满口严肃的话,学生就会如芒在背,学习效果大打折扣。笑是感情激流的浪花,课堂里有笑的细流在潜动,师生就感情融洽,气氛活跃。要善于营造这种和谐、愉悦的气氛,即使遇到不愉快的事,教师也要冷静思考,用温情的语言加以开导,让学生在无思想压力下受到温馨的教育。

幽默的语言不是无聊的乱侃、逗笑,不是庸俗低级趣味,而是寓教于乐,寓庄于谐,有情趣、理趣和谐趣。幽默的语言多运用妙语警句、双关语,描述生动有趣,想象夸张。旧语换新义,特别须注意具体的场景,听者的心理状态。

当崇高的使命感和对教材的深刻理解紧密相连,在学生心中弹奏的时刻,教学艺术的明灯就在课堂里高高升起。

朗读从来都是学好语文的一种有效方法,课堂教学中适当地安排朗读,无可厚非。然而,不是每一篇文章都要朗读的,有的经典著作也不一定适合朗读。任何教学手段、教学方法都有其积极作用,但也都有其局限性。不顾时间、条件,不顾文本的个性和学生的认知特点、实际水平,生搬硬套,没有不事与愿违的。

"拓展"本无错,开阔学生视野,增添一点广度深度,本是学习应有之义。然而,文本三言两语学一学,然后抓住某一点或某几点,一拓三千里,课的内容杂而乱,貌似博古通今,实则有点卖弄,这就值得警惕了。课要扎扎实实让学生学有所得,这是教学的基本原则。课内要准确定位,有些材料可印发给学生,供课外阅读。

习惯贵慎始。教师教学的兴奋点常集中在知识传授,能力培养,如何把课上得精彩,未把学生学习语文良好习惯的培养放在应有的位置上。不良习惯冲淡乃至冲走了教学的痕迹,事倍功半。须知:习惯有巨大的惯性,一旦养成,就成为人的自然而然的心理与行为状态;习惯可以改变,"养成"与"改变"的条件都是时间——久。为此,要坚持不懈地努力。

课的起始阶段就要精心设计,亮闪闪,吸引学生的注意力。"凡起句当如爆竹,骤响易彻。"亮点的设计要从学生实际出发,浅表、艰深、偏僻,效果适得其反。起点的亮,关键在妙言妙语、妙人妙事,聚焦在点燃学生心中的火焰。如果拖拖沓沓,絮絮叨叨,占用较多教学时间,亮点就成了黑点。

师生平等对话须坚持教学目的和要求的落实,正误判别不可马虎,尤其不能在是是非非面前和稀泥。对的就是对的,错的就是错的,坚持科学性,切不可把"不对"说成"对",说"都好""都好",离了教学的"谱"。不能认为跟着学生转就是"平等"。

"导入语"不是静态的,一与学生接触就流动起来,活跃起来,因而,"导入"也要学会在各种情况下的"导",使它充分发挥应有的积极作用。

至于那种低俗的、卖弄噱头的、花里胡哨的、追求轰动效应的所谓"导入",对课堂教学是一种亵渎,不能仿效。

有些课,学生激情被点燃,气氛热烈。教师突然来一段知识讲授,温度下降。今日看来,这不是教学内容、教学环境处理不当的技巧问题,而是这类植根于现实生活土壤,作者用激情和生命歌唱的诗文,究竟拿什么来指向学生的心？语文知识当然要传授，并要在与内容的"融合"上下功夫，但直指人心的应该是感情的激荡。"感人心者，莫先乎情。"

文学作品是生活的教科书，学生阅读各种类型的小说，情节、人物、环境各有特色，单凭感情上产生激荡，难以深入底里，需要培养理性思考的能力，分析、比照、综合、判断、概括、提炼均不能忽略。

教师在教学中拥有话语权，不该用时滥用，当然会抑制学生学习的主动性、积极性，影响他们表达自己独特的体会，独特的见解。教学从来不能一味求同，要鼓励学生求异思维、创新思维。但教学毕竟不能杂乱无章、各行其是，正误、是非、深浅等要辨别清楚。就这一点来说，教师的话语权须牢牢掌握，发挥画龙点睛的作用。

运用现代信息技术时，千万不要冷落文字，语文学习的主要凭据是课本，课本中一篇篇课文由语言文字组合而成。作者织锦成文，学习者感知、感受、感悟，应着力于对语言文字表情达意的表现力、生命力的推敲咀嚼，从而体验母语传承文明、传承中华优秀文化的魅力，提高对母语理解和应用的敏感性，全面提高语文素养。

语文教学培养学生思维能力、思维习惯有其独特的优势。语言是思维的外壳，思维是语言的内核，思维的存在凭借语言，而语言又是思维的工具。语言表达的过程实际上就是把思维的结果静态表现出来的过程。语言不是单纯的载体，思想、情感、语言同时发生。教学过程应把思维的培养及发展与语言文字的学习品味放在同等重要的位置。

带领学生解读文本,易犯重内容与表达、轻思维训练的毛病,思维的准确度、广度、深度常被忽略,未放到应有的位置上。有时将嚼烂的知识喂给学生,有时在散装的词句上兜来兜去,要学生圈一圈、画一画、记一记,把思维方面应有的训练"转嫁"或埋没于琐碎之中。这种学习常有口无心,收效甚少甚微。

怎样让学生脑中常有问题涌动?一是反复强调学习中生疑、质疑、析疑的重要,懂得"心之官则思,不思则不得""为学患无疑,疑则有进";二是鼓励和指导学生生疑,并常在学生不易产生疑问处设疑,启发学生思考;三是尊重学生思维的火花,分清主、次、轻、重,引导学生相互启发,寻找答案,形成探究氛围。

教学中不能企求学生的发现与认识都是正确的,无懈可击的。只要言之成理、持之有据,均可以鼓励。不完美的、片面的,乃至有差错的,都要认真对待,满怀热情地积极引导,千万不能挫伤。点燃求知之火十分不易,熄灭它一句冷言冷语就足够。学生的求知欲望要千百倍地爱护。

在教学过程中,教师要根据教学目的要求善于运用恰当的钥匙,不断拧紧学生思维的"发条",使它转动起来。"为什么?""怎么样?""是何缘故?""有何根据?"引导学生对课文的内容、形式、语言等思考、辨别、分析、归纳,懂得形成结论的过程,以及怎样去掌握结论。

学生学习积极性高涨之时,会出现各种各样的疑问,提出各种各样的问题。面对众多问题,教师于喜悦的同时,须头脑清醒,立即分清主次、轻重,围绕教学目的与重点难点进行筛选,择最需要的加以解答。

否则,枝枝节节,围着大大小小的问题转,碎不成章。答疑是教学中的重要环节,解答什么须慎选,不能"全面出击"。

"问",是学生学习的基本权利,为此,教师就要在专业素养、文化积淀上下功夫,经得起问。教师不是万能博士,不可能解答出学生提出的所有问题。知之为知之,不知为不知,不能糊弄学生。但是,无论如何要注意学习,多读点书,增加自己的文化底蕴。厚实的民族文化是教师文化底蕴的基石。

人是有情感世界的。语文教师对语言文字浇灌而成的美文佳作充满热爱之情,就会进入作品深处了解精髓,深入作者内心触摸、感悟其深邃的思想、缜密的思维、生命的诉求、人生的探索,就会思维碰撞,进行真正意义上的"对话",肝胆相照,心心相印。也只有对作家作品心醉神迷,才真正懂得作品的价值意义所在,教时真心袒露,真情流淌,给学生以感染。

强调课堂上"能者为师",不是放弃教师的责任,让学生随意讨论、随口说说,远离文本,不沾语言文字的边。语文课就是语文课,教师是教学的组织者、参与者,启发、引导、点拨学生学习的指导者。如果自主与自流、讨论与"放羊"不严格加以区别,学生又怎能学有所得,深受其益?

教师不能充当学生学习资料的广播员,喋喋不休地讲啊讲。求知,"知"要自己去"求",而不是坐在那儿听现成的。被动接受和主动学习,效果往往迥然不同。

预先告知学习的目标,有时会影响学生思维的发展。先高悬一个结论,然后要求学生沿着这个轨迹去寻找例子来验证,远不及引导学生真正进入作者所写文中,从整体到局部,再从局部到整体,体会作者的思想情感及语言运用奥妙的真切。学生把点点滴滴体会归纳、概括、提升,具体而不空泛,能切实提高阅读能力。

学生提出多种多样的问题,教师不应急于解答,越俎代庖,丧失启迪学生思维的良机,也不能放任自流,说到哪里是哪里。任何问题,即使可多元解答,也总有个"谱"。一时下不了结论的,可存疑,挂在那儿,继续探讨。教育是有计划有目的的活动,学生在探究的过程中须收到实实在在的学习效果。

要鼓励学生求异思维,有自己独特的看法。求异思维能冲破习惯定式,经常有推测、假说、联想、想象等活动参与,创造出新颖的、不寻常的、耐人寻味的种种看法,有利于创造意识的培养。

板书要精心设计,书写端正、美观。板书助学生学课文,理头绪,抓要点,品精彩,思维能力也伴随着对语言文字的理解与运用得到锻炼与发展。好的板书往往给学生留下深刻印象,想到它,课文就如在眼前,甚至一二十年后还如数家珍。

教学环节组织得恰当与否,看似教学方法问题,实质是教育理念问题。尽管平时常把"面向"挂在嘴上,但心中究竟有多少学生?是几个学习尖子,十几个学习积极分子,还是全体学生?课堂教学几乎形成一种定式思维,只要有一些"学习台柱"支撑,教学过程就能顺妥地推进。教学环节设计为"学"还是为"教"?

教学中培养尖子当然责无旁贷,但这与教好每一个学生、大面积提高成绩并不矛盾。关键在承认学生的独特性、多样性,一视同仁地尊重与爱护,每个常人身上都蕴含着有待开发的巨大潜能,教师的责任就是把每个学生身上蕴含着的潜能变成发展的现实。千万不能因自己的粗疏,抑制乃至挫伤一些学生的求知欲和创造意识。

"我是认真的,很认真的。"要懂得自己所从事的工作的意义与价值,要尽心尽力。

语言的魅力

教学语言犹如万能钥匙,功能齐全。只要执教者珍视它,有效地使用它,言之有物、言之有理、言之有序、言之有情、言之有文,学生就会聚精会神、思维活跃,听到精辟精妙处,会情不自禁地欢呼雀跃。这种求知的气氛,求知的欢乐,单凭无生命的信息工具是无法创造的。

正确规范是教师教学语言的底线,不能把社会上失范的语言随意拿来,以求博得轰动效应。如语言的膨胀症,说大话,夸大其词,小事用大词,平常事用高端词;如夹杂最时尚的外语、某些不堪入耳的网络语,会给学生学习语言带来负面影响。课堂不是嘉年华,不是娱乐场,是学生求知、成长的场所,切不可忘。

教学语言清晰动听应是教师进行课堂教学的基本要求。要做到清晰并非易事,语音、语速、语调,均要推敲。话一说出来就是最终形式,不可能像书面语反复修改,因而更要精心。语音的高低、强弱,语速的快慢、节奏,语调的高扬低抑、平直曲折,均须视教学内容、教学情境而选择,力求学生听得清楚,听得愉悦,入耳入心。

优质的教学语言是多功能的,能创造教育性价值、情感性价值、审美性价值、和谐性价值、启发性价值等。视不同教学环境、不同学段学生采用,就会出现某一价值凸显,或某几个价值凸显,收语言魅力之效。

教师的教学语言大多数收到的是教学的即时效应,但不少言简意赅、言简意深的精辟语言常常会影响学生的人生走向、处世准则和对常识的追求,产生长期效应,乃至影响终身。为此,对教学语言的教育性价值不可小视。

施教之功在于启发引导,点拨开窍。启发引导直接影响教学质量的高低,如何启发引导,相当程度取决于教师的教学语言。有教育家指出:"教师的语言素养在极大程度上决定着学生在课堂上的脑力劳动效率。"优质的教学语言经常能显现对听者的启发性价值。

指导学生阅读或写作,谈某一个问题,三次五次,总是同样的话,学生听腻了,味同嚼蜡。应语汇丰富,在同义词、近义词中用心选择,再加上角度的转换,效果就很不一样。谈同一个问题,在不同场合又有些微变化,不重复同一句或同一词语,学生有新鲜感,乐于接受。

声情并茂不是提高嗓子、矫揉造作,而是要有发自肺腑的真情。教师为文本中高尚人物所感动,自己动情,才可能对学生动之以情。教师动情,语言就会有感情的冲击波,这种感情的冲击波是心声的吐露,能叩开学生的心扉,使学生受到感染。强调"情",不等于语言不考究,"言之无文,行而不远"。

教学中也要善于娓娓而谈。娓娓而谈,就是敞开自己的心扉,或叙述,或评论,目中有人,语调平和,字字句句轻叩学生的心弦,犹如小河流水,淙淙潺潺,悦耳动听;犹如春风化雨,吹拂学生的心田。

教师的教学,相对来说,用文字的比较少,大量是用口语,因此,口语是教师从事教育教学的基础。教师口语是否规范、生动、娴熟、有趣,是否有说服力和感染力,关系到教育质量的高低,丝毫不能掉以轻心。

情是教育的根,"感人心者,莫先乎情"。教师的语言要能拨动学生的心弦,就要以声传情,注情于声,声情并茂。教师带着感情教,满怀深情说,所教的课,所讲的道理就能在学生心中引起共鸣,从而使师生心心相印。

教师要善于用风趣的语言开导学生,讲究幽默,把情趣和理趣结合起来,使课堂充满笑声,充满和谐、愉悦的气氛。风趣、幽默,是语言艺术。对词义的褒贬、色彩、应用范围等创造性地运用,就能收到非比寻常的功效。风趣、幽默,特别能启迪智慧,因而,对学生很有吸引力。

教学语言中叠音词的恰当运用,可增加语言的音乐美。如灵活的句式、长句短句、整句散句,与一定的修辞手法,如比喻、对偶、排比等结合起来运用,就更增添教学的趣味性。哪怕是课的起始阶段,对文章概貌进行简介时,也要斟酌语言,挥洒色彩。

学点演讲的本领也是让教学语言闪现光彩的必由之路。演讲不同于讲课,讲课是按照学科本身内在的逻辑体系,循序渐进地传授知识,讲解问题;演讲则是按某些问题本身的逻辑,深入浅出地讲解其中的某些道理。讲课如适时适度地运用演讲技巧,可增强感染力,提升教学效果。

讲课中的演讲绝不是长篇大论,而是在关键之处插入,醒学生耳目,在思想深处留痕。要语言鲜明,不晦涩;采用有生命的词汇,不干瘪,不枯燥;语势通畅,有情有味。根据内容与学情,选用不同的语言风格来表达。只要内容翔实,语脉清晰,感情饱满,重点突出,就会富于吸引力,收满堂生辉之良效。

有些教师认为课程改革中学生是学习的主体,讨论、交流为主,教师讲授已"退位";真要讲问题,制作演示文稿即可,何必还要探讨教师的教学语言。殊不知教师语言应是一种教学艺术,"教育人是艺术中的艺术,因为人是一切生物之中最复杂、最神秘的"(夸美纽斯语)。教学语言是实施教学工作最基本最直接的手段,理应讲究质量,讲究品位,讲究艺术。

教学语言是一种专业语言。它既不是纯粹的书面语言,也不是日常的大白话,它须有文化含量。浅显中有内涵,通俗中有端庄,是科学性、教育性、艺术性的融合,具有独特的传递信息、开启心智、交流情感的巨大魅力。

优秀的教学语言总带有磁性,像磁石吸铁一样,对学生有吸引力、感染力,能辐射到每个学生的心中,激发他们的求知欲望,佐助他们提升求知质量。为此,教师须注意语言艺术的研究,加强自身的语言修养,教学语言的基本功更是不可忽视。

语言贫乏,干瘪无味,是教师口语的大忌。翻来覆去用那几个词,说来说去那几个句式,总觉得意思没能充分表达,但又苦于找不到恰当的言辞。这种情况貌似语言问题,实则受到学识和文化的制约。可能对要讲述的事物有某些认识某些了解，但往往局囿于表层，既无深度，更谈不上旁征博引。因此，表现在语言上就干枯无趣。

如果就语言训练语言，只是治标，难以收到理想的效果；如果探究语言毛病的内在因素，标本兼治，效果就大不相同。

口头解说能力在课堂教学中占十分重要的地位。口头解说须有很强的针对性，总是针对特定文本中的某些人、事、景、物，某些概念、事理进行阐释与说明。最为重要的是准确、科学地反映内容、形式与规律。只有对文本的钻研深入底里，对概念、事理有真切的了解，把握学情，才可能正确确定讲述的重点，解说得条分缕析，明白无误。

教师口语是否规范、生动、娴熟，是否有说服力和感染力，不仅是技能技巧问题，更与内在素质密切相关。应抓内在素质的提高，促口头语言的表达；抓口头语言的表达，促内在素质的提高。言为心声，言为表、心为里，二者双锤炼，二者双提高。

三尺讲台方寸地，教师语言发挥的作用往往能超越时空，在学生心中弹奏经久不衰的乐曲。能否达到这个境地，关键在语言里是否有"魂"，是否有人的精神的光彩。

有些经验丰富的教师讲课要言不烦，一语中的，特别是数理化教师，逻辑推理，一环扣一环，滴水不漏。究其原因，这些教师思路清晰，思维合乎逻辑。语言的轨迹也就是思路的轨迹，思路轨迹清晰不乱，语言也就有条不紊。

语言重复啰唆,是因为思维赶不上趟,来不及反应,或者是思维出现这样那样的缝隙,一时找不到合适的东西补。须积极锻炼思维的敏捷性与严密性。经常训练思维的速度,反应灵敏度就提高;经常开展多向思维、多角度多方位思维,有助于弥补不足,使思维日趋缜密。

要有意识地清除自己语言中的杂质。要讲普通话,力戒羼杂方言土语,羼杂网络语言,羼杂几句外语。语言上的混杂、不纯净,不仅影响听的清晰度,而且影响学生运用规范化语言思考的能力,影响他们语言的健康发展。

教学中常有"这个""那个""然后""后来"等口头禅,必然影响语言的清楚明白。语言芜杂,拖泥带水,就会大大降低表达的效果。清除杂质,克服口头禅,净化语言,努力做到吐字准确,语言精练,"丰而不余一言,约而不失一词",学生听起来就愉快,接受起来就方便。

语言有温度,字词知温暖。在教学中,尤其在处理教学重点、教学难点时,教师语言要有形象性、情感性、制约性和调控性,要从学生求知的内心需求出发,让学生感到关心、体贴、尊重、信任、友好、诚恳。学习环境温馨,学生学习主动性大增,重点就易理解,难点就勇于攻克。

语言是心灵的镜子,一个人只要说话,就映照出他的心灵。教师在教学中语言情真意切,令学生感动不已时,一定是由于他在钻研教材时,身心沉浸其中,心灵受到震撼,受到洗礼,对教材中蕴含的正气、精神、力量,要赞美、要歌颂。情动于中而言表于外,胸中真情激荡,语言才有感人魅力。

口头语言和书面语言有区别，前者作用于人的听觉，瞬息即逝；后者作用于人的视觉，读的人遇有艰深之处，可反复阅读，仔细咀嚼，思索理解。因而，口头语言较之书面语言来说，通俗易懂更为重要。教师讲述概念、定理、定律，剖析教学重点、难点、关键，要力求通俗易懂，千万不能佶屈聱牙。

语言是否通俗易懂，除对所教内容是否透彻理解外，还有赖于遣词造句的功力。要善于从同义词、近义词、反义词中选用最恰当、最鲜明、最常见、最易听懂的有关词语表达情意。深者浅之，难者易之，生僻的、容易误解的少用或不用。要注意长句化短，繁句化简，多用短句，少用复句，意思比较复杂的可用几个短句剖开来说，不搞修饰语、限制语的堆砌。

教学语言的大忌是对学生缺情少意，那些挑拨式的、预言式的、挖苦式的语言对学生心灵是很大的伤害。台湾作家三毛中学时代受数学老师奚落伤害之事，可说是饮恨终身。学生的心灵是稚嫩的、柔弱的，教师在教学中有意或"无意"说出来的一句恶语，很可能刺伤那颗稚嫩的心，损伤他的自尊与自信，严重的甚至会影响一生。

语言暴力最伤害的是学生的自尊心，尤其是儿童受害更深。自尊与儿童的心理、行为、学业、对环境适应能力都有关系，自尊心受到损伤，儿童的心理会出现种种不健康状态，如焦虑、不安、自卑、封闭，影响正常发展。一个丧失自尊的孩子，是不可能成人成才的。教师要像保护自己眼睛一样，保护学生的自尊心。

语言暴力形式多样，破口大骂式的往往发生在低学年段的场合。

一点小事不顺心，就口无遮拦，由着性子信口雌黄，还以为学生小，不懂事，可以骂"服帖"。殊不知为学生做了极坏的榜样，丢失了为师者的尊严。究其原因，信奉的是专制式的家长统治，忘却了甚至不理解教育的春风化雨的育人本质。

学生勇于发表意见时，如果与教师的看法相左，甚至否定教师看法，有的教师就控制不住自己的情绪，冷言冷语，说反话，弄得学生下不了台。学生如再申辩几句，教师就会突然由冷转热，暴跳如雷。语言暴力、教态反常的背后不仅对学生缺乏尊重，而且缺乏对真知的探讨与追求。维护的是虚假的面子，丢失的是教师的自尊。

语言暴力不都是一大堆、一大串的，在恶语体系中冷箭最可怕。不动声色，短句，判断句，结论式，高度概括，直刺学生的心灵，那种痛楚锥心，难以排除。出恶语时唯恐不狠、戳不到痛处，以为只有如此才能获得成效，殊不知是对心灵的摧残。恨铁不成钢，也是可以好言劝导，循循善诱的。关键还在于修炼一颗仁爱之心。

做老师，要包容各种各样的学生。而这个包容，不是居高临下的，而是走入学生的心里头，去跟他平起平坐，体会他的情感，体会他的想法，这样才有共同的语言。

文化地质层

民族的语言文字是本民族的文化地质层,它无声地记载着这个民族的物质和精神的历史。爱自己的民族就应该热爱母语,它是民族文化的根。

母语的盛衰,意味着一个民族生命力的盛衰;母语被粗暴对待,实质上是对一个民族心灵的直接挫伤。

语言文字是民族文化的灵魂。翻开用汉字写成的一页页纸,你会惊喜地发现自己已步入画廊。在对书的内容尚无知晓的情况下,一个个汉字就好像是画廊壁上的一幅幅画,争先恐后地向你诉说它的喜怒哀乐,它的喧嚣宁静,它的幽默沉思……此时此刻,你的感官、你的想象、你的情绪、你的思维,会跟随着文字的内容迅速进入状态,不由自主,心甘情愿。

语言是人类用来表情达意的声音符号系统,文字可称为表情达意的形象符号系统。前者使用较快,且能以自己的无穷变化应对人类的繁复情意;后者的优点在于能传远方,传后世,有相当的存续性。中国浩如烟海的古籍记载了中国社会的发展变化、中国文化的源远流长、中国一代代人的精神与智慧。学习母语,热爱母语,能真正感受到与民族文化的血脉相连、骨肉亲情。

人类发明了文字,才彻底摆脱野蛮人的生活方式,启动人类的文明创造,传承思想、情感、智慧。汉语言是中华文化之根,语文教师不仅对它要满腔热情满腔爱,而且要心存敬畏、精心传播。

语言文字有巨大的魅力,它蕴含着人类独有的情和意,蕴含着浓郁的民族情结,丰富、深邃、色彩斑斓。以最大的审美敏感尊重它、爱护它、亲近它、探究它,它就会真诚地向你敞开心扉,无私地向你奉献无数的珍奇异宝。

汉字特别具有灵性,是具象的、灵活的、富有弹性的,创造的空间大。汉字是民族的灵魂,是民族生命的百科全书。一个方块字,就是一片天地,就是一部历史,就是祖先的回忆与希望寄托之所在。

语言的背后是一种文化的深层编码,是一个民族的集体意识。一个个汉字的故事中无不蕴含着中华文化的基因,哲学智慧、伦理道德、风俗习惯、审美意识,稍加触摸,就会感受到它的博大精深,无穷魅力。热爱语文,在习得语文能力的同时,孜孜不倦地把蕴藏的优秀文化基因植入自己的血脉,可促进心灵发育,精神成长。

识字真正不容易。一个字的读音就有许多学问,通常的情况是只知其一,不知其二。形声字误读也屡见不鲜,再加上方言的干扰,走音走调的也不少。释义也是如此,不是大而化之、欠精确,就是缺这少那、不完备。与文章分析比较,显然是教学中的软肋。识字是硬功夫,须有小学(汉代指称文字学)底子,自己含糊,实在愧对学生。

语言是人整个学养的基础,它的重要性常被忽视。人生活在语言中,生命开始,意识刚产生,语言就像空气一样围绕在身旁。语言使人有了世界意识,有了文化意识,有了历史意识,而人生活在文化、历史的世界之中,不能离开语言而存在。从教育的角度说,教育是培养人、塑造人、提升人的精神世界,思维、情感离不开语言,因而,没有语言就没有教育。

汉字的构成犹如人一样,有外形和骨架,思想和神韵,情感和精神。因而,书写汉字,不仅用手,更要用心,想清楚再下笔,端端正正,一丝不苟。汉字包蕴了东方思维——具象、隐喻和会意,这也是中华民族重要的精神资源。辨认有些字,稍加想象,先民们的生活便栩栩如生展现在眼前。探究某些字的意义,会发现中华文化的"基因"藏寓其中,大大增长智慧。

多元经济并存、西方文化渗入,对缺乏文化判断力的学生而言,常会错把腐朽当神奇。更为可怕的是"一切都是国外的好"的论调的传播,搅乱了学生的思想。思想上的殖民对学生学习母语形成了巨大的冲击力,不少学生对语文漠然、无所谓,乃至厌倦。母语教学面临前所未有的严峻挑战。

一个文明的有素养的民族对自己的语言文字是视若珍宝的。语言文字对外是屏障,对内是黏合剂,它蕴含着民族的思维方式,民族的智慧。我们的语言文字形美以悦目、音美以悦耳、意美以悦心,其中有无限的宝藏,陪伴人的终身。青少年学生真正进入了这个宝库,能长知识、长能力、长智慧,吮吸中华优秀文化与人类进步文化的滋养,一辈子受益不尽。

语言文字是民族之根基,对传播民族情感、滋润学生心灵具有不可替代的重要作用。母语伴随人的终身。如果孩童时代就因功利思维的泛滥,人为地制造与母语的疏离,让他们对自己祖国的语言文字无敬畏之心、无热爱之情,又疏于学习、训练,弄得不好,是会数典忘祖的。

语言是思想的直接体现。各民族的语言都不仅是一个符号体系,而且是该民族认识世界、阐释世界的意义体系和价值体系。符号因意义而存在,离开意义,符号就不成其为符号。这就是说,语言不但有自然代码性质,而且有文化代码的性质;不但有鲜明的工具属性,而且有鲜明的人文属性。

语言是工具,然而又不是一般的工具。语言和人(身体、大脑)是俱在的。语言不是独立于人而存在的一种工具,而是人类自身才能拥有的工具。语言这一工具是和其装载的文化、思想不可分割的。也就是说,语言不能凭空存在。我们常说"语言是思维的外壳",这"外壳"与"内核"是不可分离的一个整体。

离开了数字,谈数学就失去意义,离开了语言文字,还谈什么语文学科或语文教学呢?中学语文是一门基础学科,是学习文化的基础,非常实用而且内容丰富多彩,属于人文学科范畴,而且语言文字本身装载着文化。民族的文化是民族的根,语言是文化的根,所以,语言是一个民族的根之根。

语文教育有多种属性,因从事的是语言文字的学习与训练,故而本质属性是工具性与人文性的统一。汉语文教育有优秀的人文传统,培育出一代代道德文章彪炳千秋的文人学子、爱国爱民的志士仁人,哺育出千千万万的美诗佳文,传播中华优秀文化。抽掉人文内涵,语言文字之魂何在?

不承认语文的人文性，必然只注重语文形式，忽视语文内涵。文化内涵本是语文的固有根基，教材中的任何课文都是思想内容和语言形式的统一体，不可分割。只讲形式，就会架空内容，语言形式也就随之失去灵气，丢失光泽，变成缺乏生命力的僵死的符号。

教学是一种个体意识很强的工作，由于认识的差异，对课程标准领悟的正误、深浅，实践中会产生各种各样的问题。如有的脱离文本、脱离语言文字对某个观点、某个问题大加生发，无限延伸，貌似表达人文，实则是扭曲。语文就是语文，不能丢掉了语言文字，随心所欲地曲解。执教者应总结经验教训，加以改进。倘若以此作为否定人文性的根据，未免有失公允。

语文的性别一定要搞清楚，它是语文，是文科。培根讲过，物质是以它的诗意的光辉向着整个人类微笑。语言文字也是如此。它应该以诗意的光辉向着学生微笑，来感染、影响学生。而今，为了"应试"这个"伟大的事业"，"没心没肝地把孩子撞倒了"。

为考而教，违背语文学习规律，后患无穷。语文不是教学生读书，学课文，而是刷题竞赛。将许多文质兼美的文章"肢解"成若干习题，抠这个字眼，抠那个层次，文章的整体就没有了，文章的灵魂也不见了。脑子里如马蹄杂沓，堆砌了许多字、词、句的零部件，许多零部件之间又缺乏逻辑联系，散物一堆，这算是学语文吗？

为考而教，着力机械操练、反复操练，实质上是将文章的语言和内容严重地割裂开来。语文中的字词，都是一定语言环境中的字词，脱离了语言环境，寻词摘段，抠字眼，说这个词用得好，那个词用得不行，能正确判断吗?把原先浑然天成、有血有肉的佳作,变成鸡零狗碎、毫无生气的东西,学生又怎能从中提高真正的语文能力?诸多学生不得已,只好"猜""猜""猜"。

考试本是手段,通常功能有二:一是检测,以考试检测教与学的情况,看到成绩与存在的问题,便于总结经验与提出改进措施;二是选拔,根据学校招生需要或单位用人需要按一定标准选拔考生。教育本质是培养人,是"人之完成",学校教育的目标是按照国家教育方针培养德智体美全面发展的建设者和接班人。以考定教,错把手段当目标,必然乱象丛生。

崇尚机械训练,在题海中翻腾,育分不育人,把活生生的人变为解题的"机器人",学生的思维能力、想象能力、创造意识被抑制,个性、灵气也被消解。教师成了"操作工",主要精力不是研究教材、研究学生,而是研究考题、研究解答的捷径。教育素养、学科素养的整体提升受到抑制,难以涌现特别优秀的教师,教育质量的全面提高深受影响。

语言文字是工具,不练难以深刻理解,不练难以体会其中的微妙,不练不能熟练地掌握。练,在语文教学中占有重要的位置。练什么,怎么练,其中大有学问。不能一提到练,就是书面作业。字、词、句、篇、语法、修辞等语文知识的理解与掌握,可通过书面进行训练,也可通过口头进行训练,还可把二者结合起来。练的天地十分广阔。

安排学生进行语文练习,课内也好,课外也好,不管是简单的、复杂的、单一的、综合的,不管是个别的、集体的,零碎的、系统的,一定要讲求实效,来不得半点虚浮。那种罚抄多少遍,在一个层面重复做许多道题的做法,不仅不能收到提高的效果,而且让学生心生厌倦,对语言文字的敏感度大大降低,实在得不偿失。

教学生学语文,要让学生对语言文字有敬畏之心、热爱之情,而不是无情无义地操练。汉字是文化的象征,中华文化能传承几千年,汉字是功不可没的。与拼音文字相比,汉字的艺术性很强。汉字是平面的、方块的,非常有画意。打开外文书籍,看上去像是砖头砌的墙,密密麻麻的。打开小学生的课本,犹如进入一个画廊,这些字向你诉说自己的神韵。

汉字的书写是平面的,同时,它又是多角度的。比如,有的字笔画是平行的,有的是横竖交叉的,每个笔画都有自己的特点。错综复杂的笔画组合起来又很优美,有的雍容华贵,有的挺拔俊秀,本身能给人以很多美感。带领学生从小接触优美的汉字,认真地学习,品味其中的韵味,不仅学得技能,情操也获得陶冶,能收获一颗宁静的心。

语文教育要致力于拥有自己的话语权。从 19 世纪末以来,西方的话语权随着它的军事扩张、经济扩张,覆盖到世界每一个角落。而今,文化上的渗透可说是无处不在,对母语教育带来极大的挑战。而我们内部的有些人对自己的民族语言的意义与价值,缺乏深刻的理解,甚至认为学生不喜欢古文,不喜欢中国文章,就不要学。荒唐!

教师要有拼命学习知识的素质与本领,犹如树木,把根须伸展到泥土中,吸取氮、磷、钾,直至微量元素。只有自己知识富有,言传身教,才能不断激发学生求知的欲望。

善读可医愚

读书是人类特有的神圣权利。人有文字,禽兽没有文字,禽兽当然无此权利。读书可跨越时空和圣者相遇,聆听教诲,与智者交流,吮吸精神养料,与同时代的人沟通交流,扩展视野,开启智慧。

人的成长需要心灵的发育,书是心灵发育的珍贵养料。阅读史就是人的心灵发育史,阅读应成为人生的伴侣。

1972年联合国教科文组织大会上提出了"阅读社会"的概念,倡导全社会人人读书。"读书人口"在这个国家人口总量中的比例,将成为该国综合国力的重要标志。这一倡导提醒我们:国力不仅是经济、军事的实力,人的文化实力也至为重要。让人口不成为负担,成为人力资源,就要有文化素养;要具有文化素养,必须与书籍为友。

在当今时代,科技迅速发展,信息如潮涌,阅读更是必不可少。阅读对个人、对民族有无可替代的重要性。有位孤傲的诗人曾这样沉重地说:"鄙视书,不读书,是深重的罪过。由于这一罪过,一个人将终身受到惩罚;如果这个罪过是由整个民族犯下的话,这一民族就因此受到自己历史的惩罚。"此言值得深味,联系历史与现状思考,更能有诸多感悟。

善读可医愚

读书是一种美德。正确的阅读动机闪耀着理想的光彩。阅读为了心灵的滋养、精神的成长、思想的充实,为了成为国家建设者的责任担当。这种阅读动机有持久的求知动力,这种动力须付诸实践,须培养勤奋的态度。勤奋与理想结伴,阅读就成为一种美德,认真持久地读书,日积月累,成效就会显现。

"书犹药也,善读之可以医愚。"西汉目录学家刘向这句话催人警醒。一个人要脱离愚昧状态,少做愚蠢事,就要服"书"这种"药"。不仅要服用这种药,而且要"善读",要知情达理。读懂书中所言所思,从中明做人之理,明报效社会国家之理。人之所以成为人,要不断医愚治愚,书是脱愚的宝物。

读书要树立宝藏意识,饶有兴趣地寻觅人类精神文明的宝库。兴趣是最好的老师,有兴趣,就有一股劲儿去追求、探索。兴趣来源于好奇,来源于憧憬的目标。《庄子·列御寇》中说:"夫千金之珠,必在九重之渊而骊龙颔下。"有探宝、寻宝、珍爱宝藏的意识,就会点燃阅读热情,精神振奋地寻找佳作美文阅读,一卷在手,趣味无穷。

阅读是一种心智锻炼,要动脑筋思考,遇到障碍、遇到内容较为艰深之处,更要磨磨脑子,方能从中获得启迪。那种一目十行,心不在焉,让书中字句在眼前飞速跃过,看似在读书,实质在神游,眼睛、面孔对着书,未与书中的人与事、情与理进行交流,除了浪费时间,效果极微,甚至毫无效果。切记:读书要锻炼心智,尤其要读经典作品。

心之官则思。有眼无心,阅读就会浮光掠影,不得要领。用心阅读,就要学会"层层剥笋",步步深入,由语言文字进入到作品内容的表层、深层，体味其中精髓，把握其价值与意义。古人说"作诗如食胡桃宣栗，剥三层皮，方见佳味"。胡桃、宣栗去除外果皮、中果皮、内果皮，方可食到肉质的美味。读书用心咀嚼，意即在此。

有人说，读书犹如面临战场，与书对垒，须有必胜信念。要读懂它，掌握其内涵，吸收其中精神养料，滋润自己成长；不能不分青红皂白，为它所役使。食而不化，不懂装懂，均为读书之忌。打仗失败是武力的失败，而读书的失败，则是精神的失败。打仗要克敌制胜，读书同样需要精神，要克书制胜。

兴趣是阅读的动力。"知之者不如好之者，好之者不如乐之者"，读书不仅喜好，而且以此为乐，是一种人生的享受。达到这样一种境界，书与人已经融为一体，是生活的必需，人生的组成部分。此时此刻的读书，已不是外在的要求，更不是屈于种种外力的"被读书"。这种美妙境界的出现是钻进书中浸润、吮吸的回报。

阅读要学会"照镜子"，把自己放进去。"书"写的是彼时彼地彼人彼事，阅读它，你接触的是你的"第二生活"。身入其中，观察、体验、交流、思索，寻找自己的角色，寻找情感的依托，在事理、情理错综复杂的关系中寻找自己思想的答案。

闪光的东西不都是金子。而今，包装盛行，炒作乱人耳目，面对鱼龙混杂、良莠并存的海量书籍，须拿出慧眼来辨识。要选择真金，阅读有价值的读物，不被外表光鲜的野草、毒草所蒙蔽。误选后者，沉溺其中，犹如服毒品，精神上慢性自杀。阅读之前，必须谨记一个原则——绝不滥读。青少年学生尤应如此。

人的心灵怎样发育成长与阅读什么书,阅读到怎样的水平息息相关。阅读最影响人的基本素质,人的价值观。你对社会的价值判断、个人的价值判断,你对当今世界、当今社会的文化的价值判断,很多时候是从阅读经典而来的。阅读优秀作品,高尚的审美情趣就获得了培养,逐步远离低俗。须牢记:阅读影响你的审美观、道德观、价值观的形成。

今天不是书少而是书太多,泥沙俱下,鱼龙混杂,垃圾不少。如果今天我们读书不加选择,泛滥地读,不仅一无所得,浪费生命,有时甚至受其毒害。

必须扎扎实实读几本经典。经典是能够产生特殊影响的书籍,它带着长长的文化遗迹走向我们,经过时间的淘洗,依旧巍然屹立在世界上。在这些著作中,有深邃的思想、精辟的见解、优美的文字,是文质兼备的瑰宝。读了往往心弦颤动,心灵震撼,在心中打下印记,一辈子难以忘却。其中蕴含的丰富宝藏,取之不尽,用之不竭。

读,就要放出眼光来挑选。一个人暮年之时,读点消遣的书还可理解。青春年少之时,读什么书却大有讲究。描写祖国锦绣山川、颂扬中华民族灿烂文化、剖析世界风云变幻、展示科学技术成就、道破千古人生哲理的名著佳作,能使人生智慧、长觉悟、添修养、增才干,要多读,要读好。武打、言情之类的,可涉猎,有所了解,但不能沉湎于其中。

书,就是一面镜子,常常照镜子,可以正衣冠,除灰尘,提升人的品位与形象。读书,学会照镜子,不是简单地做检讨,批判一下自己的毛病,而是要明是非,辨正误,见贤思齐学做人,增长见识学本领。书是人类进步的阶梯,一本本读,一本本思,逐步攀登,一丝不苟,就会读出真善美的精神境界,沉浸在成长的喜悦之中。

理想的书籍是青年人不可分离的生命伴侣。读书使人明智,使人快乐,使人心旷神怡。书籍浩瀚如海洋,怎么读呢?有的翻翻即可;有的浏览一下,捕捉信息;有的观赏一下,满足审美需要;有的要吞下,咀嚼消化。读书不能平均用力,有的要读全文,有的只需挑着读,拣着读。既要精读,又要博览,目的不一,方法各异。

经典作品的阅读要充分发挥自主性,不是靠别人灌输,而是要虚心自己汲取。汲取,就要努力发现,努力提出问题。《礼记·学记》中以撞钟比喻"学"和"问"的关系:"叩之以小者则小鸣,叩之以大者则大鸣。"经典好像是学富五车、教学经验十分丰富的老师,敞开胸怀等待读者叩问,得益多少全视你"小叩"还是"大叩",用怎样的心力去叩。

有些诗文是需要记诵的,尤其是古诗词,背诵、积累,终身有益。一讲到记诵,就认为是死记硬背,有些人就反对。优秀诗篇蕴含着深厚的中华文化,可说是智慧的源泉;优秀诗篇是语言的精华,生动、形象、凝练、精辟、言简意赅,熟读、背诵,能收丰富语言、积淀文化之良效。

阅读要善于联想、想象。读书的过程非常微妙,读到高山大川,脑中会浮现巍巍高山、江水奔腾的图景;读到小说或人物传记,主人公的音容笑貌似乎就在眼前。这是由于想象、联想在发挥作用。它们使抽象的文字形象化,使读者能思接千载,视通万里,那种遨游、造访的快乐难以言表。它们作用发挥的大小是以读者的学习积累、生活经历所决定的。

读书贵在有所发现。发现不限于寻求人类尚未知晓的事物。在阅读别人经过实践、经过研究后写下的人生启示、社会蓝图、历史轨迹等书籍时，切问而近思，能有自己特有的认识。在遣词造句、文章脉络、写作主旨、言外之意等诸多方面均可探究。不是机械储存书中的各种信息，而是经过头脑思考，识别、筛选、评价、重组、整合，见人之所未见。

倡导读书有所发现，旨在培养探索精神。阅读要真正有收获，必依靠阅读者自身强烈的兴趣，探究的精神。读书最怕提不出问题，在书的浅层飘来飘去；提不出问题在于发现不了问题，未用心思考，缺乏探究寻根问底的眼光。"读书无疑者须教有疑，有疑者却要无疑，到这里方是长进。"读书有疑、生疑，进而析疑、解疑是取得成效的基本条件。

读书，贵在读出味儿。读出味儿，海阔天空尽收眼底，就能心领神会。阅读者的内心与作品中的外物产生感应，思想会空前活跃，智慧能迸发火花，对语言文字表现力的感悟会有突破性的进展。有的文章看起来平淡如水，深入咀嚼，方能捉摸到其中的奥妙。看似平常实则高妙，往往是在构思上独具匠心。构思是"驭文之首术"，探索其特色，能品尝其中运笔的高妙。

真正的读书能增加人生的分量。教师应是读书人。读书，表明一种身份，一种文明，一种境界。以书为师，以书为友，是终生奉行不二的信条。教师必须是读书人。传道、授业、解惑，须臾离不开书。道不明，业不精，又如何"解惑"？自己有源头活水流淌，才能恩泽学子一二。

任何一篇佳作，都有其特定的背景及特定背景下产生的思想感情，都有明确的写作意图，以及表达意图的种种写法，这就构成了文章的个性。精读,就要读出文章的个性;只有读出文章的个性,才能真正体味到文章的佳妙。读出文章的个性,文章就不是平面的文字,而是活的、流动的、立体的,文中珍奇佳妙之处就会印入脑中,增进知识,形成能力,融为学养。

任何好的作品,都是作者有强烈写作冲动的产物。胸中热情似火,有非写不可、非写好不可的迫切愿望,就会思绪纷呈,妙语连珠。这种强烈的感情,大而言之,针对国家社稷、黎民百姓;小而言之,事关家事、亲情、友情。阅读时,切不可停留在文字表面,要"披文以入情",通过对文字的咀嚼、剖析、体味,遨游于情感的海洋,领略文章的真性情。

文学创作是复杂的精神劳动,文学家在创作实践中不断探索,就形成自身作品的风格。或奇伟,或险壮,或瑰丽,或温润,"各师其心,其异如面"。风格的土壤是生活,不同的环境不同的经历,铸就了作品不同的风格。阅读不同作家的不同作品时,要把握每一滴露水在太阳的照耀下闪耀着的特异色彩,不能要求玫瑰花和紫罗兰发出同样的芳香。

有些佳作名文,抒情浓烈,议论精辟,笔锋深入之处,有震撼心灵、唤醒世人的作用。阅读这类文章,要学会抓准石破天惊之笔。石破天惊之笔的出现,绝非空穴来风,因而要善于梳理作者的思路,善于梳理感情的脉络。这类文章往往将浓郁愤慨之情寄寓于叙事之中,议论层层深入。

阅读有两端,或者叫两极,一端是作品,一端是读者。作品有其原意,读者阅读又离不开自己的主观意识。文本解读第一层是作者的原意;第二层是文本的意义,是作者在写作时未曾想到,而在历史的进程中产生的丰富的意义；第三层是读者，有一定的主体阅读的意识。解读文本，几乎不可能和作者的原意完全复合，只是尽量接近作者的原意。

由于时间与空间的差距，解读有差异，就不必大惊小怪。从理论层面说，解读可复合阅读，可生成阅读，可创造性阅读，也有颠覆性的阅读。文本已被解读过，照原来的理解读，是复合阅读；在原有的意思上多了自己的体会，此时的意义是叠加的，有了新的生成，是生成阅读；创造性阅读要有深厚的文化积淀，否则就易产生差错。至于颠覆性，往往是逆反心理在作怪。

文本阅读，语言是核心。语言是通达作者文本意义的桥梁和中介。离开了语言，无法走进作者的原意来理解文本。语言和文本的意义紧密相连，不可分割。解读的根本目的就是要理解。理解，是人类活动的基本形式，是文本解读的根本方法。跨越时空，通过语言形成整体感悟，达到和作者视界的交融。浅读、误读，都是在理解上出了毛病。

阅读要有动笔的习惯。善读书者，书不离笔。笔记是记忆的贮存器，人不可能过目不忘，精彩之处记下来，方能常阅常新。笔记又是思维的助推器，读到精到之处停一停，记几笔，思维就转动。笔记还助创造力的发挥。精妙、精准的精神资源多了，打开视野，加工整理，会有新的发现、新的感悟。眉批、摘录、提纲、心得是常用的做笔记的方法。

有支灵动的笔

　　把心交给文字,是一种境界,是一种人生的快乐。写作是人的生命活力在文字上的展现,生命活力最重要的是"心"。出于真心、诚心、善心、慧心的写作,把心灵受到震撼的人、事、景、物诉之于笔端,或叙述,或议论,或抒情,皆如清泉一般汩汩流淌而出,创造织锦成文的精彩,实乃人间快事!

　　语文教师手中要有一支灵动的笔。写,应是语文教师必备的基本功,是语文素养中一项极其重要的能力。语文教育并不奢望语文老师进行文学创作,成为文学家,也不奢望成为理论家,然而,正确而熟练地运用祖国语言文字表达自己真挚的感情,表达对自然、社会、人生、教育的独特感受与体验,却是情理之中的事。自己提笔千钧重,又怎能有效指导学生?

　　语文教师的"写",不仅是基本功的表现,更是学生提高写作能力的有力保障。学生要把写作原理、写作方法内化为自己的本领,离不开教师的具体指点。教师进行写作实践,亲自品尝语言文字表达情意的奥妙,深切感受调遣语言文字倾吐心声的甘苦,对学生的指导、点拨就实在、精要,不凌空,不僵硬。点拨鲜活,带着智慧露水,学生就会兴趣盎然。

中学生为什么要写作文？为的是培养与提高正确运用祖国语言文字以表情达意的能力。不管科学技术怎样发达，电脑使用范围多么广泛，作为一名中国人，用中华民族自己的语言文字表达情意、交流思想，是必要的，不可改变的。语言文字是民族文化的根，掌握它，正确使用它，是一代代中国人义不容辞的责任。

文章是客观事物的反映，写作的人要反映大千世界中纷繁的客观事物，必然在观察、感受、思考的基础上，有自己鲜明的态度，或悲、或喜、或爱、或恨、或赞扬、或批判、或同情、或厌恶……把这些用文字真实地表达出来，就是有真情实感的文章。"情"是文章的根本，情真，是写文章的基本要求。

热爱是培育写作热情、激发写作冲动的基础。热爱生活，对生活中美好的事物爱慕、敬佩，主动接受教育，以高尚的人文美、雄伟粗犷或雅致灵秀的自然美陶冶自己的心灵，知识增长，心灵丰富，就会有绵绵思绪往外倾吐。热爱生活，对生活中假、恶、丑的东西充满憎恨、厌恶，同样有要说、要写的感情冲动。教师对之要指导、要培养。

作文教学不能只见文，不见人。只见文，就会以"文"论高低，见到不顺眼的，就会埋怨、责备，甚至不屑一顾，放置不管。见到"人"，就会有爱惜之心、责任之心，就会有千方百计教好他们的智慧与耐心。少一点功利，多一点师生之间的真情，作文教学就不会是枯燥无味的条条框框，而是灵动的、有趣的、充满生活气息和生命活力的。

学生学习写文章有困难，这是常态。如果一学就会，轻而易举，要我们教师干什么？运用语言文字表达情意，牵涉认识能力、生活积累、学习经历、文化积淀诸多方面，讲几个写作模式不可能真正提高写作水平。对学生作文说一百个"不行"也不会"行"，关键要精心指导他们怎样才会"行"，把写作的规律和学生认知规律有机结合起来指导。

作文是综合性很强的语文实践，不经过一定数量的训练，写作的要点、关键、窍门何在，确实难以把握，甚至一无所知，用两三篇作文应考打天下，是荒谬的。数量不等于质量，但没有一定的训练量，又怎出得了质量？写文章手熟十分重要。手熟，文字就顺畅流出，否则，疙疙瘩瘩，满纸障碍，别说文章的质量，就是写作兴趣也荡然无存了。

写作文须思想、文字双锤炼。文章是思想的载体，如果言之无物、人云亦云，即使文字通顺，甚而辞藻华丽，也难以站得起来。意，是文章的灵魂，文章的主帅，是统率结构与语言的。意，要靠文字来表达。再好的思想，再精辟深刻的见解，缺乏驾驭文字的技巧，文不达意，文章也味同嚼蜡。文章的表现力相当程度在于词句锤炼的功夫。

有一种误解，认为文章写得好不好，主要是语言文字功底深浅的问题，其实不然。语言不是单纯的载体，它与思想情感同时发生。一个人的语言水平与他的智力发展水平紧密相关，与思维方式、情感因素紧密相关。

教师写文章常题材相同，做法相仿，毛病大抵出在教学实践往往停留在事物的表层，浅尝辄止。因而，写的都是大家说过的话，或者引述几条某某教育家的语录，缺少鲜明的个性色彩，缺少"我"独有的想法与做法。做得深入，想得深入，文章就会亮起来。语言的力量来自思想的闪光，思想的闪光来自实践的精彩。

文章的"意"要正确,要激发人们奋发向上,追求美好的理想;要新颖,能开启人们的未见未闻未思;要有一定的深度,能接触到事物的本质。脍炙人口的千古佳作,除文字上匠心独运外,思想上往往高人一筹。思想要锤炼,发现有价值的材料后要深思,在脑子里来一番去粗取精、去伪存真、由此及彼、由表及里的制作功夫,接触事物的本质,认识生活的深层。

　　锤炼思想不是故作惊人之笔,说大话,唱高调,而是要学会用两只眼睛看世界,看全面,看发展,看本质,看主流,正确地反映事物的真实情况和内在规律。生活中有些现象与本质吻合,有些并不完全反映,甚至与本质背离,认真思考,善于分析,有真切体会,就能形成独到的见解,见之于文章,就会有个性,有新意,不一般化。

　　运用语言不单纯是语言问题,"言为心声",语言是思想的直接表现,思想为里,语言为表,思想是语言的内核,语言是思想的外衣。"辞从意生",思想十分明确,十分清晰,语言也就清楚明白。因此,语言训练时不能只停留在如何遣词造句方面,须同时进行思想的磨炼。想得清楚,才能说得清楚,写得清楚;想得正确、周到,才能写得准确、周密。

　　思想与语言的锤炼可以双促进。思想模糊,语言就含糊不清。要使思想清晰起来,除对事物再认识、再仔细思考之外,可以用语言说出来、用文字写出来后再琢磨、推敲,促进思想清晰起来。写文章实际上是一个使思想逐步成熟、逐步完善的过程,是整理思想和经验,使之明确化、条理化的过程。语言的深刻来源于思想的深刻,对事物精髓能一眼见底,语言表达就能入木三分。

俄国诗人纳德松说:"世上没有比语言的痛苦更强烈的痛苦。"如何消除呢?要锻炼自己的认识能力、体验能力,对语言的感受力、鉴赏力。对事物的真相认识得越清楚、越透彻,越有独特的感受,遣词造句就越准确,越生动。"一句话,百样说",怎样说最恰如其分,最有效果?多思考,多比较,对语言的敏感程度就会不断增强。"百炼为字,千炼为句",抓住一个"炼"字,快乐就会相随。

乐于追求是写好作文的主心骨。文章不是无情物,它是生命的倾诉,心灵的表述。文章质地的高下与心灵追求的程度紧密相连。崇尚真、善、美,摒弃假、恶、丑,文章就能站立起来,给人以启迪、以惊喜、以感染、以鼓舞。如果只是辞藻的堆砌,名家名言的组装,写作主旨不明,无心灵美好的追求,文章就没有力量,浮游,飘忽,无益于写作能力的提高。

敏于思辨是写好作文的支撑。要阐述对客观事物的观点,发表自己的主张和见解,就要说理论辩,以理服人。为此,要敏于思辨。对所要阐述的事物,要思考再思考,深入思考,多角度思考;辨别再辨别,纵向辨,横向辨,同类辨,异类辨,弄清事物真面目,把握实质与要领。这样,论辩时就能探幽析微,见解正确、深刻,逻辑性强。

敏于思辨,靠的是敏锐的目光、阅读的积累和对生活深厚的兴趣。思辨能力的形成,非一日之功,要注意培养,不断锻炼,逐步形成敏于观察、敏于思考、敏于辨别的良好习惯。这种能力的形成、习惯的培养不能局囿于写作教学之中,要与阅读教学结合,与课外学习与生活结合。经常明是非、辨曲直、比异同、发主张、阐道理,下笔说理就容易水到渠成。

要写出好作文，须认真学习语言，锤炼语言。清朝著名诗人袁枚说："一切诗文总须字立纸上，不可字卧纸上。人活则立，人死则卧，用笔亦然。"文章的语言"立"在纸上，就有活泼的生命力。怎样才能"立"起来呢？平时要注意语言的积累，阅读中积累，生活中积累。库存充实，使用时选择最恰当的表达，就清楚明白，生动形象，准确无误，文章质地也因之而提高。

要把写好作文的愿望变成写好作文的现实，十分重要的是炼就慧眼与灵心。

古人说："厚积而薄发。"平时积累得丰厚，拿起笔就无脑子里一片"空白"之窘与搜索枯肠之苦。阅读积累、生活积累不可缺少。阅读与生活都是写作的源泉，一给予你丰富的间接生活经验，一给予你直接的生活经验，用眼看，用心思考，久而久之，新鲜的、生动的、大量的写作材料就会涌到你的笔下，供你调遣。

心之官则思。心的功能是思考。要练就敏锐的眼力，须用心看，用心听，用心思考。人在生活之中，心一定要随之进入，才会耳聪目明，将一个个接触到的生动的形象印在脑海里。这些形象不是照相机中机械的留影，而是经过头脑加工的有灵性有个性的鲜活形象。每天用心观察一些事物，日积月累，坚持去做，必有成效。

写作材料就在我们身边，如空气一般无处不在。学生对此常缺乏认识与体会，动笔时有搜索枯肠之苦。要指导学生从五光十色的生活中学会捕捉材料。用心捕捉，进入事物里层，带着感情摄取，挖掘寻找，就能从极其平凡极其普通的事物中发现一般人所看不到的生动、新鲜的东西,就能在平凡之中见深意。

学生的写作兴趣、写作热情、写作态度,绝不是靠教师的几次动员和苍白无力的说教就能形成,而是要用具体、生动的事例,精湛、睿智的语言,深入浅出的文章,细水长流地对学生进行点拨、指导,唤醒他们的写作意识,让语言文字表情达意的美妙,点点滴滴渗入他们的心头。

指导学生写作要抓好三思,即思想、思维、思路。文章的光彩在于思想的发光。"意"是文章的主心骨,下笔之前要深思熟虑,不可看到生活中一点现象就拿起笔来涂涂抹抹。要指导学生在观察和研究生活现象的基础上独辟蹊径,鼓励他们有所发现,有所创造。思想靠平时的锤炼,在听说读写各项训练中,"意"的锤炼贯穿其间,临渴而掘井难以奏效。

写作最忌脑子僵硬,思维不活,因而写作教学全过程都要注意对学生思维进行训练,借助语言进行多角度、多侧面、多层次、多类型的思维训练。低年级尤要注意联想与想象力的培养,高年级侧重分析、综合和推理的能力。训练要善于把握学生思维的"触发点","触发点"犹如一团线的头,头拉得好,就会思绪绵绵,让思想插上翅膀。

写作思路的指导得法,脑中积累的写作材料就会如海水激荡,涌起波澜,蓄倾泻之势;如指导不得法,则会框住学生的脑子,使他们犹如步入窄胡同,步履维艰。思路指导宜"放"不宜"收",但又要在"放"中理出头绪,思而有序。文章无定法,首先是打开思路,鼓励学生进行扩散性的思维。

语言是事实和思想的外衣。"言之无文,行而不远",文章的表现力相当程度在于词句锤炼的功夫。语言文字可贵在表现得恰到好处,谨严而生动,朴素而不干枯,华丽而不浮杂。要指导学生平时多积累,多辨别。广采,精选,提炼,把锤字炼句和表情达意结合起来,把听和写、读和写结合起来,锲而不舍地进行训练,学生笔下会生花,出现意想不到的精彩。

学生作文是学生读、视、听、思、写的成果,如何展现这些成果的优点与不足,激励他们写作的上进心,调动他们练笔的积极性,讲评是一种很有效的方法。作文讲评在活跃学生思维,培养和提高学生分析能力、鉴赏能力和运用语言文字表情达意的能力方面发挥着独特的作用。

作文讲评是写作教学的有机部分,抓习作的"点",带习作的"面",抓学生习作中"点"的问题,促进学生"面"上的提高。应把每一学期写作教学的目的要求和学生习作中的情况有机结合,制订切合学生实际的讲评计划,切不可无目的无计划地跟着学生的习作"飘"。教学从来应细水长流,循序渐进,东一榔头西一棒槌效果甚微。

修改是文章写作过程中必不可少的一道工序。玉不琢,不成器。再好的材料,再好的构思,写成文章后总会瑕瑜互见,故而,写文章要千斟万酌,再三修改,才能臻于完善。改文章实质是改思想,思想明确,有条理,文章才可能通顺,流畅。修改时须删繁就简,突出主题;反复思考,理清脉络;咬文嚼字,妥帖确切;润色加工,文质皆佳。文章不厌百回改。

训练快速作文的本领,是信息社会的需要。快速作文要求写作速度快,在有限的时间内写出相当字数的文章,而且须符合要求,不是草草了事。要快速,就须训练思维的敏捷性,听别人的话能迅速做出反应,抓住要点与精神。须加强阅读积累,生活积累,目光敏锐,见多识广。写时,须抓住写作要求,快速构思,搭框架,打腹稿,然后下笔成文。

"感人心者,莫先乎情。"应"为情而造文",心中有感情的冲击波,流入笔端,形成文章。生活是激起感情的源泉和基础,感情来自对生活的热爱和思考,对理想的憧憬和追求。

即事抒情、借景抒情、托物抒情、寓情于理等,是间接抒情;直抒胸臆是直接抒情。不管采用何种方法,都应写出独特的感受,独特的感情。

文章要做到"言之有序",须在谋篇布局上精工巧作。紧扣中心,组织材料,搭好文章的总体框架,以线索贯穿其中。明确每一层次、每一段落的独特任务,力求段落清楚,层次分明。段落与段落之间、层次与层次之间要注意过渡与照应,力求结构严谨,首尾连贯。章有章法,"首尾开阖,繁简奇正,各极其度",谋篇布局方法可根据文章内容灵活运用。

叙事记人要具体,忌空泛。概述要简明扼要,细写须细致生动,忌冗长。顺叙特别要重视在尺水中兴波,忌平淡无味;倒叙、插叙要注意过渡自然,衔接紧密。选用第几人称要根据主题表达的需要,使用第一人称时,要注意叙述的局限性。使用悬念、抑扬、陪衬、擒纵等方法时要紧扣主题,根据表现主题的需要灵活运用。在记叙的基础上开展议论、抒情,应要言不烦。

说明须抓住事物的特征。抓事物特征,既要了解它们的表面特征,还要洞悉它们的本质特征和特殊性规律。根据说明对象的情况和说明的意图,可采用适当的说明方法,如诠释与下定义、分类与举例、比较与比喻、数字和图表等。说明须安排合理的顺序,根据事物本身的条理与特征,可按时间顺序、空间顺序、逻辑顺序组织说明材料。这类文章须注意知识性、科学性、条理性和明确性。

学生多写随笔是很有意义的事。学生兴之所至,信笔悠悠,高唱低吟,描摹感叹,生活流动的河展现笔端,享受写作的欢愉,应该支持,应该鼓励。要让学生知晓:写随笔是个性化的行为,千万不能人云亦云。写所见所闻所想,是"我"在一定时间一定场合所独有的,而不是你的、他的、大家的。随笔不"随便",不"随意",应是思想的精华,语言的奇葩。

随笔与命题作文的写作,并非截然对立,把握其中要义,二者可相互渗透,相互促进。随笔写得多,观察世界,品味人生,视野开阔,思维活跃,写命题作文时有意无意迁移这些优点,就会打开思路,生动的形象、多彩的语言会奔涌而至。命题作文时的用心思考、缜密构思,把握框架结构、注意细枝末节等用之于笔,其内涵就更加深刻,语言也更经得起推敲。

用力于"聚焦"

　　愚者自以为是,庸者麻木不仁,凡夫指手画脚,俗子急功近利。一校之长须做明白人,肩挑与国家大业兴衰、百姓生活幸福息息相关的重任,要竭尽全力团结全校教职员工聚焦于学生的培养。康德说:"什么是教育的目的,人就是教育的目的。"把学生培养成人,是至高无上的责任,也是至高无上的光荣。

学校里最大的事就是一个心眼为学生,为学生今日健康成长,明日长足发展。因而,什么事都可以拿到桌面上讨论,各抒己见。公开,透明,集思广益,背后的叽叽咕咕缺少市场,无须评判,声音就稀少,乃至匿迹。心往一处想,劲往一处使,才是真正的凝聚力。聚焦学生成长,校风、教风会升腾起正气。

学校是传递和弘扬精神文明的阵地,是培育学生成长、成人的神圣殿堂。它必须有自己的精神支柱,不能随大流,不能跟风追风,要坚持不懈地弘扬社会主义正气,识别与抵御歪风邪气的侵袭,营造学生健康发展的良好环境。环境育人,尤其对青少年学生而言,熏陶感染,润物无声。近朱者赤,近墨者黑,已被无数事实证明。

社会转型时期,主流价值观与非主流价值观并存,学校面临严峻的挑战,如何构建学校的价值取向,是严肃的绕不开的问题。且不全面论说,单是"义"和"利"如何处理如何把握就关系到办学的方向,办学的质量。以往是重"义"轻"利",讲奉献;今日"利"放在一定的位置,仍然须有制度的约束、人格的提升和思想的教化。

学校文化是一张名片,是学校的灵魂。学校的任务是传承中华传统优秀文化并加以发展创新。不注重"文化育人",只在技术层面兜圈子,学校就越来越没分量,质量也就缺这少那,学生的全面发展会受到极大的障碍。须知:文化无处不在,无时不在,浸润渗透,不知不觉。

社会上允许的,学校不一定允许;社会上流行的,学校不一定提倡,不能把学校的文明等同于社会上一般的文明,不能把学校的风气降低到社会上一般的风气。学校是育人的场所,必须反映最先进的文化,创建最健康、最积极向上的风气,让学生一进校门,就有神圣感,就有如沐春风的感觉。

社会上的多元价值、多样文化、金钱至上、功利泛滥,给学校办学带来严峻的挑战。怎么应对?发牢骚,撂挑子,马虎行事,得过且过,无疑是退出阵地。关键在于我们自己要有办学的"定力",做到"自胜者强"。篱笆扎得紧,野狗钻不进。学校正确的办学理念要风吹雨打不动摇,努力建设一支德才兼备的教师队伍,悉心按照教育方针培养学生成长成人。

学生求学,学习目的、学习动机的端正是为人为学的基本准则。人生迈出第一步时,就应把基础夯正、夯实。有人说:"这是老古董,今日求学就是为自己。"培养目标偏离准星,中华优秀文化中为人、为学的志气与骨气不知不觉丢失。这方面,学校必须有所作为,个人价值须和社会价值和谐统一,指引学生走正确的人生道路。

基础教育教的是知识的"核",是最不易老化的。基础打得扎实,牢靠,终生难忘,终身有用。为此,教学要在准确无误上下功夫,讲究科学性、严谨性。打基础,不能局囿于知识的记忆,还要把获得的知识作为认识事物本质、训练思维能力、掌握学习方法的手段,培养分析问题、解决问题的能力。

要做到牢固树立育人的大目标,就要研究和深入到学生成长中的三个世界——生活世界、知识世界、心灵世界。以德育为核心,促进他们生活上健康、开朗、自理、自立;促进他们爱学乐学,善于求知,勇于探索;促进他们丰富心灵,提升思想,奋发向上。三个世界要和谐发展,不能只重其一,不重其他,要坚持质量的全面提高。

学校工作如果形成这样一种格局:一个人用脑思考,大家动手动脚,这是很悲哀的。学校里每个人都应各司其职,都应独立思考,充分发挥自己的自主性、积极性、创造性。不动脑筋,人云亦云,不要说工作的开拓、创新,就连基本的质量也难以保障。改变懒汉状态,才能真正做工作的主人。

学生在闯了祸乃至犯了错误的情况下,教师的态度特别要冷静,要耐心。语言粗暴,情绪激烈,不仅于事无补,而且易产生难以调和的矛盾。弄清楚事情的来龙去脉,把握该学生的个性特点,将心比心,公正处理,是教师思想感情的锤炼,教育能力的提升。学校碰到这类事情,要持冷静、宽容的心态,多多提醒教师,切不可火上浇油。

文化是无处不在的。如果不主动积极抓住学校文化的建设与发展,就会在粗俗文化、西方入侵文化的侵蚀中随波逐流,渐渐失去主心骨。我们培养的建设者、接班人,如果没有很强的文化判断力,是非不分,美丑混淆,甚至错把腐朽当神奇,日后怎样为社会服务?学校文化的创建,学校每个部门都有责任,都应有所担当。

一所学校应下决心、花力气形成自己独特的优良文化。这种优良文化绝不是在"零基础"上起步,而是在继承中创新。要静下心来了解历史传统,传承其中精华,要用时代的活水和正确的观点加以阐发与充实。扎根于学校土壤的文化,有历史的孕育,有时代的滋养,更有生命力,更能养育师生。

社会文化传播者也要讲点良心。为了吸引眼球,创造暴利,用快餐文化、粗俗文化、垃圾文化,乃至黄毒文化挤压优秀文化,污染文化环境,最易受害的是缺少生活经验、文化积累不够、文化判断力不强的未成年人。家长、学校要管起来,文化部门更应管起来,挑起激浊扬清的责任。

对民族文化精髓的部分无论如何不能随便丢弃,而我们有时却把好的东西糟蹋得很厉害。如果数典忘祖,学校教育也好,家庭教育、社会教育也好,就变得浮游无根。丢失了文化的生命力、感染力,要把学生引向何方?

校园文化建设有三个层面。一是实践层面。学校文化不是标语、口号,说在嘴上,而是要认认真真实践的。二是制度层面。制度文化的创建是把学校教育理念化作制度,以适应师生内心的需求。三是精神层面。是心灵的养育,理想信念、道德情操、仁爱之心、学识追求渗入学生心田,获得精神成长。

教育要打开学生的心门。教育是教心的工作,不知心无法教心。打开孩子的心门,孩子能与你思想交流,感情交流,你已经成功了一半。办学校,要真正以学生为本,就要弯下身子了解学生的所思所想、所喜所恶、所爱所恨。不仅要把握年龄段的特点,更要把握时代、社会、家庭因素在他们身上的影响与反映。知心功夫下得深,教心就会创新思维,创新方法。

一名学生碰到一位好教师,那是终身的幸运;一所学校拥有好些位德才兼备的好教师,学校的一片天就被撑起。学校不仅要培养学生成长,更须引领和促进教师的成长、成熟。在教育实践中,师生同成长,共进步,就为学校教育质量的提升拓展了无限的空间。

学校教育质量说到底是教师的质量,没有高水平的教师队伍,就没有高质量的教育。建设一支德才兼备的教师队伍,是百年大计中的大计。学校抓教育质量,首先要抓教师的质量,而抓教师的质量,须着力于"建设",着力于关心、培养。通常情况,学校对教师的使用考虑得多,培养考虑得少。应换个思维,培养重于使用,使用中培养,发展空间才能不断拓展。

教师是学校的宝贵财富,校长是学校培养教师成长的第一责任人。在教育实践中,听课、评课、交流、探讨,站在理论和实践结合的高度研究教学规律,是极其具体生动的活的教育学。教师在创建"活的教育学"氛围中成长、提升,品尝到教书育人的快乐与美味。离开三尺讲台谈培养,无丰富的课堂教学实践,难以产生卓越教师。

学校要培养出在各学科教学领域出类拔萃的教师,不在数量多,但质量上要真正堪称一流。这种教师的出现有其自身的天赋,具备教师敬业爱生的特有品质,但学校为他们创设发展的空间,搭建展示的平台也十分重要。校长不仅要有敏锐的目光发现,更要有宽宏大量的包容。人无完人,各有个性,关键在能看到他们对业务锲而不舍的钻劲和蕴藏深处的潜能。

教师成长有规则,有规范,"没有规矩,不成方圆",但这仅是为师的底线。优秀教师的涌现一定是各自的优势在宽松、和谐的环境中充分发挥的结果。思想要解放,鼓励教师发挥各自的特点、优势,创造教学新业绩。备课、教课、处理作业都模式化、程式化、标准化,也许会在分数上取得一点效果,但丢失的是教师的主动性、创造性和成才的机遇,成本太大,得不偿失。

优秀教师的培养切不可停留在坐而论道的层面。论坛上交流碰撞,教研项目中成果陈述,发表几篇文章均不可少,但更为重要的是在实践中压担子,在教育实践、教育任务、教研科研中跌打滚爬,反复体验,积累正反面经验,摸索教书育人规律。教育理念上豁然开朗,教学技能上有独特风格。这种实践锻炼,是敬业精神的考验,意志韧性的锤打。百炼方能成钢!

青年教师的培养是学校重中之重的大事。政治上关心引领,教育教学上热情帮扶,生活上关心照顾,一样都不能少。青年教师是学校教育的未来,要采用适合他们青春特点的多种多样的方式培养。要激发他们的成长热情与继续求知的兴趣,增强他们从事教育的定力与热爱学生的责任。要和青年教师交朋友,知心交心,让他们感到学校的温暖,成长的快乐。

校长要有一双慧眼,发现每一位教职员工的特质,善于扬长避短,放在最合适的位置上,让他们充分发挥自己的优势,发挥最大的正能量。万紫千红才是春,花形、花色、花味、花期各不相同,搭配得好,就春色满园。善于发现是智,敏于宽容是德,抓住时机,不仅人获得培养,而且无形中化解了许多矛盾。

教育思想是教育实践的灵魂。教育思想端正,实践时目标明,方向正,教育质量才能真正提高;反之,则会越走越偏,对学生成长极为不利。千万不能口说怎样的教育思想,行的却是另外一套。魂不附体,体必羸弱无力,前途迷茫。

教育总是追求理想。我们追求的理想是学生好学、爱学、乐学,德、智、体、美全面发展,健康的个性得到张扬;教师喜教、爱教、乐教,教学个性充分发挥,教学风格百花齐放,摆脱分数与升学的压力。师生平等友爱相处,学校是教学相长、"人的完成"的诗意家园。

孩子成长需要足够的空间与时间,小天井里长不出参天大树。过分计较分数会大大束缚孩子的好奇心、想象力,束缚他们自由挥洒的天性。首当其冲的是调皮好动的男孩子。粗粗拉拉不是缺点,是没有长成,是待发展。千万不能把他们的成长用分数的绳索扼杀在摇篮里。

如果各学科教学的机械操练成为学校教育的主旋律,那么学校就成为工厂,变为生产解题的操作工或操作能手。先标准化学生,再标准化教师,丧失的是个性、灵性,让育人的神圣职责消解,这不能不说是教育的悲哀。办教育的必须清楚:教育是技能,但更是哲学、艺术,教学是心灵与心灵的交流,思想与思想的碰撞,生命与生命的对话与拥抱。

考试是检测与选拔的手段。检测的目的在于了解教与学的情况,如何加以改进,选拔的目的也不说自明。而今是错把手段当目标,以考定教,以考定学,以考办校,教育的本质被急功近利的思潮与做法异化,变得失魂落魄。应试作为笼罩学校工作的中心思维,不仅学生在反复操练中丢失灵性、自主发展受到压抑,而且难以出现思维活跃、视野开阔、业务精湛的优秀教师。

把分数人为地抬高到犹如原始社会的图腾一般,顶礼膜拜。其实,任何一张考卷考不出学生的综合素质,即使是某个学段中某个学科某些章节覆盖无遗也非易事。以分数来评判教学质量的高下,评判学生的优劣,究竟有多少科学性?育人与育分错位,会造成怎样的恶果?只有将这些问题真正想清楚,珍视学生的生命与发展,才能从分数的桎梏中解放出来。

减轻负担,不能只做加减法,简单从事。哪些是合理负担?哪些是不合理负担?不合理的是如何形成的?学校、家庭、社会各充当了什么角色?哪些是教育理念问题?哪些是选拔考试问题?哪些是功利政绩观的问题?哪些是商业利益链问题?哪些是体制机制问题?凡此种种,总要综合考虑,开展综合治理,方能奏效。学校能做哪些,抓准了,坚持做,必对学生有益。

求学读书为了什么？为明做人之理,明报效国家之理。如果我们培养出来的学生只以个人为中心,以追逐名利享乐为目的,缺少服务国家、服务人民的社会责任感,那是教育的失败,有辱历史赋予的重要使命。办学校,这一点须抓牢不放。不是嘴上唱高调,要在班主任工作、团队工作、学科教学中坚持不懈地渗透,深入细致地落实。

健康的心灵寓于健康的身体。身体是否健康关系到一个人一辈子的生活、工作、学习。当前,学生的体质不容乐观,视力下降,耐力、爆发力差,许多体育锻炼项目不会、不适应、不参加,令人担忧。我们不是培养玻璃娃娃,不能用圈养的方法让他们碰不得、摔不得,不能经受风吹日晒雨淋。我们培养的人要体格健壮,精力充沛,意志坚强。

教师参与学生体育锻炼能极大地激发学生体育锻炼的积极性。此时此刻,师生之间的界限几乎自然消失。伙伴、竞争对手,那种思想放松,目标一致的追求,形成一道美丽的风景线。教师经常到操场上走走,尤其是班主任,对学生也是一种鼓励和引领。

谁都知道"因噎废食"是不对的,"废食"是要饿死人的。可有时我们偏偏这样做。怕出安全事故,中小学校陆续撤走了单杠、双杠、跳高架、爬杆等。大多数学校体育设备十分寒碜,有的几乎没有。学生的奋斗精神、冒险精神、坚韧精神怎样培养？花房里是培养不出体格健壮、性格坚强的人的。

学生在成长中对体育、艺术、科技小制作等都有内心的渴求,参与的冲动感,课外的天地正是他们融长知识、长见识、长身体于一体的重要场所,刚强、勇敢、奋斗、合作、审美、创新,从其中孕育而出,磨炼而出。思维的灵敏度、身体的协调性、同伴的亲密度都会获得锻炼。开展符合学生身心发展的课外活动,学生就会生龙活虎,快乐成长。

青少年学生都有兴趣爱好,都有各自的追求,学校不仅要保护,而且要千方百计提供条件,满足他们的要求,发展他们的爱好。组织各类社团,科学的、文学的、艺术的、体育的,包括信息技术的等,让每个学生都有机会,都有展示平台,而不是只为了参加某种比赛,为了获得某种奖项,装点学校门面。

抓体育当然要抓技能技巧,要抓球类、田径等竞赛项目,但贯穿其中的应该是体育精神。那种团队精神、规则意识、勇敢拼搏、机智灵敏,是青少年学生身心成长极佳的养料。抓牢体育精神的培养,不仅能使学生体质体能和体育技术受益,而且人的品德、待人接物也会有明显的进步。体育不只是一门课,还是学生发展成长的重要方面。

体育测评一定要求其真,弄虚作假是对体育的亵渎。对学生的体质与运动潜能要有足够的预测,因材施教,逐步提高。体质增强,运动技能技巧提高,靠的是持续不断地锻炼,想毕其功于一役,不仅不可能,而且易发生意外。教育从来是细水长流的,要有耐心,要有韧劲,体育教育也不例外。

一般来说,男学生热爱体育活动是天性,打球、跑跳十分正常。但有人看不得学生在操场,总要把他们赶进教室做作业,理由是心散了,影响学习成绩。课外时间学生在操场上活动到底可不可以?挤压学生时间,抑制学生兴趣,整天做作业,学习能提高吗？得不偿失的背后是教育思想有问题。

人活着,是要靠精神力量来支撑的。有了精神力量的支撑,脊梁骨就能挺直不弯。我就读的镇江中学的校训"一切为民族"就是我的思想脊梁,几十年来它一直支撑着我在教育生涯中风雨兼程。

创建精神家园

了解中国文化的"根"和"魂",是要解决中国人就是中国人,中国人爱中国的问题。文化价值失落,人就找不到自己的精神家园,于国于民,都会发生危机。

立民族精神之根,树爱国主义之魂,是每个教育工作者、每个青少年学生责无旁贷的担当。

中国是世界上唯一维系了五千年文明而没有中断的伟大国家,根深、枝繁、叶茂。传统文化的丰富性、复杂性、多样性世界罕见。文化传统中孕育出的天降大任的历史使命感哺育了无数仁人志士,哺育了无数民族的脊梁。翻开历史典籍,会被无数惊天地、泣鬼神的人和事所感动;历史的深厚积淀是今日要选择的"根"和"魂"。

中华民族之所以历经内忧外患,五千年打不烂、摧不垮,归根到底是民族文化、民族精神的支撑。民族经济可不断变革,民族政治也因各种因素而变迁、变革,而民族文化是一个民族的深层性格,是一个民族的语言、信仰、价值观、生活方式和思维方式,只要有民族脊梁在,这种文化就压不垮。对此缺乏认识,缺乏敏感,就会迷失方向。

中华优秀传统文化,积淀着中华民族最深沉的精神追求,包含着中华民族最根本的精神基因。中华文化有精华有糟粕,但它所积淀的核心价值基本未变,讲仁爱、重民本、守诚信、崇正义、尚和合、求大同的理念,是涵养社会主义核心价值的重要渊源。取精华,除糟粕,传承精神命脉,能让青少年学生的心灵获得丰富的滋养。

对传统文化视而不见,或任意鄙薄,不是无知,就是缺乏民族自信。了解并学习西方文化,无可非议,要有国际视野,非了解不可。但绝不是"抛却自家无尽藏,沿门持钵效贫儿"(明代哲学家王守仁)。社会上流传种种崇拜洋人、鄙视本土的论调,乱人耳目,在这种情况下,对青少年学生进行"根"的教育尤为重要。

中华传统文化中的优秀精粹犹如醍醐,充满智慧;犹如琼浆,甘醇醒脑。早在春秋战国时期,那些至圣先贤研究人、研究人生、研究人类社会,从众多方面做了极其深刻的思考,阐述得深邃透辟,那种认识人生、认识社会的穿透力至今令人震撼。民族传统文化经历了绵长时间的检验、淘洗,留下了极其丰富的宝藏。这种大智大慧的思想结晶彪炳千秋。

学生成长时期,应引导他们吮吸中华文化精神养料,懂得立人、修身的道理。这样,一辈子受益不尽。就拿价值取向而言,传统文化精粹的价值取向看似离我们很远,实质上与现代人很贴近,血脉相通,其中许多指向仍然是今日做人的基本参照。"己所不欲,勿施于人",这是两千多年前的文化智慧,今日依然光彩照人。自己不想干的事,不要强迫别人干,这是道德的底线。

了解过去,承认过去,目的在创造未来。忽视传统,丢失优秀文化传统,是悲哀;一切照传统办,亦步亦趋,是盲从。要以科学的态度进行梳理,有的要继承,有的要扬弃,根据时代发展的要求,举其中精要丰富内涵,加以发展创新。要研究师生最需要怎样的精神世界,又缺失怎样的精神支撑,有计划有针对性地进行优秀传统文化教育,温暖他们精神的内在需求。

作为一名中国人,首先应该用深厚的民族文化来滋润自己的心灵。众所周知,法国人不能不知道拿破仑,美国人不能不知道华盛顿,英国人不能不知道莎士比亚,对中国人来说,如果对孔子、墨子、老子、庄子、孟子、荀子都不知道,对《诗经》《楚辞》、唐诗、宋词全然无知,怎么说得过去?文化的底子是做人的根,底子深厚,才能枝繁叶茂。

母语宽厚地孕育涵养着每一个子民,全息地体现着民族流动不息、丰富多彩的生活。母语教学绝不只是识多少字、做多少练习、写几篇文章,而是使学生在理解祖国语言文字的同时,受到民族文化的教育、民族精神的熏陶和民族情结的感染。余光中先生说得好:"中文乃一切中国人心灵之所托,只要中文长在,必然汉魂不朽。"

汉语是联合国的六种工作语言之一,也是世界上使用人数最多的语言,我们理应为之骄傲与自豪,无须感到自卑。由于外语的过分炽热,汉语被冷落,国人不那么重视母语了。须清醒地认识:汉语言文字记载着中华数千年的灿烂文化,这个"形体"不是无生命的僵硬的符号,而是蕴含着中华民族独特性格的精灵,它本身就是文化。热爱母语,以母语为荣,是我们的责任。

民族文化是培育民族精神的土壤,是一代代人赖以栖息的精神家园。朱自清说:"文化是承载人灵魂的地方。"文化就在人的身上,是人表现出来的。每个人都是文化的携带者。文化的携带者最为关键的是对文化是否自觉。教师要有自觉的文化担当,对中华优秀文化要坚守,要传承。

学科教学必然要传授知识,而知识是附着在文化的肌体上的。教学时有文化支撑,知识就是生动的、鲜活的,而不是孤立的、机械的。文化是一条奔腾不息的河流,从古流到今,积淀在河床上的有史韵,有义理,有诗意,而这些又和种种知识融为一体,难舍难分。知识有了这些积淀,血肉丰满,生命绵长。

学生在学习、使用祖国的语言文字时,能主动感受语言文字丰富的文化内涵和审美价值,提升自己的文化品位,深化热爱祖国语言文字的感情,相当程度得益于教师的言传身教。教师钟情中华文化,心系中华文化,在教学实践中锲而不舍地撒播文化种子,引导学生深刻体会语言文字是民族意识、文化传统和道德观念的载体,关系到国家统一、民族团结、国际交往,学生会增强学习的自觉性。

语文教材中许多诗文都从某一个侧面反映了中华传统美德。在金钱至上、见利忘义的社会,人情必然薄如纸,一碰就破,乃至不碰就破。传统美德中人与人之间十分重情义,父母情、兄弟情、亲朋情、师生情、故乡情、山水情等,举不胜举。教师只要做有心人,通过语言文字的咀嚼、推敲,把情感的甘霖撒播到学生心中,浸润、感染,久而久之,就会在学生心中生根发芽。

为什么有些充满激情、充满智慧、充满深刻内涵的佳作,学生学起来并不振奋、味淡趣寡呢？关键在文章的精神没教出来，人为地使文章"失魂落魄"。要使所教的文章鲜活起来，学生从课文的学习中有文化认同，教师就要变无意为有意，从语言文字到思想内容的探究，从思想内容到语言文字的体味，识得其文化精髓，让文章的精、气、神站立起来。

中国是诗歌的王国。诗词蕴含着深厚的文化，宝藏极其丰富，可以说，上自天文，下至地理，万事万物，皆入诗中。美丽景色、做人道理、高尚情操、审美趣味，应有尽有，对情感熏陶、精神提升、习惯养成、人格塑造，起到无可估量的潜移默化的作用。

诗歌中蕴含的思想精华和情感魅力，都是一定的文化浇铸而成。它是诗人生命的冲动。当外物和诗人内心猛烈撞击或交融时，就会形成动人的诗篇，就会产生千古绝唱。诗歌是灵动的，充满了诗人的智慧和灵秀，充满了优秀文化的光彩，教学生阅读，千万不能肢解，不能嚼烂，丢失秀气与灵气。要引导学生读出感情、读出气氛，读出精神，受到感染、启迪。

诵读是感受文字魅力、文化魅力的一种有效方法。古诗词语言精辟凝练，讲究韵律，乐感极强，平声仄声交错组合，跌宕起伏，节奏鲜明，诵读起来特别悦耳。教学时不能总信奉齐读，也不能只用一个模式。要解放思想，放手让学生自主诵读，拿什么腔读什么调都可以。只要真正进入角色，与诗中景、诗中情、诗中物、诗中人沟通，与诗意、诗情、诗境合拍就行。

厚实的民族文化素养是文化底蕴的基石。教师不应该只是学科教师，首先应是文化人。阅读中面对大师先贤圣者智者，诗云子曰，就如瞻仰一座座丰碑，凝神屏息，深入探究，领悟思想的深邃精辟、文字的隽永精湛，从而品尝到饮琼浆玉液的快乐。不真心诚意，蜻蜓点水，一目十行，在字面上飘，不仅不能入心，而且浪费时间。应力戒。

教师要带领学生切切实实读几本中华经典。经典是历史长河中经大浪淘沙流传下来的具有不朽精神内涵和艺术价值的典范之作，是对宇宙、自然、社会、人生的感悟与思考。它的思维包容量大，具有延伸性。读经典就是思想爬坡、磨脑子，但每上一个高度，都能有所收获。那种思维深邃之美、哲理思辨之美、语言文字之美、逻辑论证之美，会使你心旷神怡，自我升华。

文言文教学需有文化视野的观照，而我们常常剥离或挤压掉它的文化特征与意蕴，做文字符号的释义或语法功能的处理。丰富、灵动的文化由于应试的功利心态而在教学中丢失；即使不丢失，也是干枯的枝叶，震撼心灵、感人肺腑的精髓枯萎了。文言文是中华文化某个层面的载体，教学时须通过语言文字触摸、传递、探究文化内涵，给学生以感悟与熏陶。

古代诗文写作有极其丰富的经验积累，理论上论述也精彩纷呈。历代文论与绘画、音乐、历史、哲学相通相融，视野开阔，生动形象，其中有许多民族文化的精华。溯源辨流，取其精华用于今日写作教学，或指导，或讲评，可于增强写作文化分量的同时，激发学生的文化自信心和文化自豪感。古为今用，写作教学有中华文化的分量，它的成色、它的品位将大大提高。

一个人思维活跃的程度与他的文化底蕴、知识构成关系甚为密切。脑子里知识储存丰厚、知识面宽、有文化底气,阅读思考、讨论辨别之时,参照的人、事、景、物、思想、情感、语言就会奔涌而至,比较、对照、分析、判断、推理、创新,独特的体验、个性化的见解就自然而然地形成。"一丝而累,以至于寸;累寸不已,遂成丈匹",苍天不负勤学之人。

布罗茨基曾说:"文学就是一部字典,一本解读各种人类命运的手册,而人的丰富多样正是文学的全部内容,也是它的存在意义。"优秀文学作品是社会各种现象的展示,是人生道路的指南,接受它的熏陶和感化,能使人远离污浊走向高尚,远离俗套走向创造。当前必须克服的弊病是:一读得太少,师生均如此;二挤掉文化含量,关注可能出怎样的考题。

当前进行课程教材改革,课程文化建设在学校占十分重要的位置。今日的课程安排就是明日的国民素质。它不只是技术层面操作的问题,重要的在于育人的理念。统一的课程实施有文化含量的问题,有强化和剪裁的问题;校本课程的建设更是有选择与创新的问题,不能草率从事,不能填空档。首先要认真分析学校人力资源状况,能开设哪些课程。

课程建设实质上就是文化建设,设置哪些课程,要讲究实效。要根据学校师资状况,开设一些激发学生旺盛求知欲、打下扎实的文化底蕴、开阔学生眼界的有质量的课程,提高学生学习生活质量。不能追风、赶时髦,不能搞花架子、凑数,成熟一门开设一门。既然是文化建设,就要在人的文化上下功夫。本校教师、外校教师、社会资源,或培训、或引进,质量第一。

文化对学生有巨大的穿透力,犹如水击石,或冲刷、或细镂,锲而不舍,石头就会变成令人叹为观止的奇形异态。

每位学生都生活在一定的文化氛围之中,由于兴趣、品位的差异和不同文化的感染、塑造,在不经意之中,精神世界的高低就大相径庭。

人生活在社会中,之所以能抵御多种多样的诱惑,文化价值观和文化判断力往往起决定性作用。认真执着地从民族优秀文化和人类进步文化中吮吸养料,就会不断提升思想,陶冶情操,认识社会,感悟人生,塑造优美的心灵。年轻学生缺乏生活阅历,选择读物、欣赏艺术,要指导他们学会鉴别优劣,区别美丑,崇尚健康、高雅,鄙视低俗、污秽。

对青年学生而言,特别值得警惕的是种种腐朽文化、垃圾文化。如黄色、恐怖、消极、颓废等文化,并非都是面目可憎,袭来时常披着乱人耳目的外衣,悄悄地污染心灵,诱发缺乏文化判断力的人背弃伦理道德,乃至形成扭曲的人格,有的甚至坠入犯罪的深渊。网络世界中的肮脏东西,绝不能沾染,如迷醉其中,就失掉了自我。学校、家长对学生的文化生活切不可漠然视之。

德国哲学家康德曾说:"愚昧的人之所以区别于聪明的人,根本在于他不具有判断力。"在当今世界,多样性文化存在,内容繁复,色彩斑斓,形式千姿百态,常从不同角度、不同侧面叩击年轻人的心灵。要学生不接触不可能,关键在培养他们的文化判断力,积极引导他们在文化生活中往高处追求,营造积极向上的文化氛围,以热爱、欣赏高尚文化为荣。

要充分利用语文学科中包含的中国哲学、历史、文学、艺术、体育、民俗等多方面资源,对学生进行优秀人文传统的教育和熏陶。不管从哪个角度切入,都要尊重课文本身,挖掘其丰富的内涵,培养学生赏析和判断的能力,绝不是穿靴戴帽,流于形式。深入阐发内涵,不能泛化,要具体、适切、有个性色彩;不可能面面俱到,要突出重点,在感情激荡或理性思辨上下功夫。

中国文化的基本精神是以人为本,崇尚"自强不息""厚德载物",启发人的道德自觉、人格自觉与信仰自觉。既自身执着追求完美,又海纳百川,包容他人,这种文化温暖人心,推动社会文明和人类的进步。

中华民族是历史发展过程中逐步形成的命运共同体,维护这个命运共同体的纽带是文化认同。中华文化的血脉就是在长时期的历史过程中不断加深不断巩固的,数千年未曾中断的根本原因是文化价值的连续性。如"仁者爱人""君子和而不同"等文化基因已进入民族血液之中。民族文化能否光大,不是取决于吸收多少外来的精华,而是取决于优秀文化是否得到很好的传承。

中华文化有几个层面:有围绕衣食住行的物质文化,有风俗礼仪、学术宗教、制度法律、文学艺术等制度文化,有道德观、人生观、宇宙观、审美观等精神文化。决定文化面貌、文化特性的精神文化,是一个民族、一个国家的精神追求,是最持久、最深层的力量。青少年学生学习中华优秀文化,就是要修己立人,焕发生命活力,焕发对美好理想永不停息的追求。

中华文化既需要薪火相传,代代守护,更需要与时俱进,勇于创新。

人生需要信仰驱动,社会需要共识引领,国家需要价值导航。中华文化中一些优秀的价值基因跨越时空,焕发生命力,为当代核心价值观输送了厚重的力量。崇尚和传承中华优秀文化与树立和践行社会主义核心价值观一脉相承,学生耳濡目染,增强文化自觉,就能挺直自己的文化脊梁。

中华文化是一种包容性很强的文化,"山不厌高,海不厌深",唯包容才能百川汇海,唯包容才能不断壮大。我们坚守本土文化,以开放的心态对待外来文化。但须有眼力,学会判别、挑选、扬弃、吸收、改造,以我为主,洋为中用。与外来文化在交流中丰富,在交锋中提升,在交融中传播。文化上的清醒是立身的根基。

文化是民族的血脉,中华文化是我们的精神家园。它滋养心灵,陶冶情操,丰富精神世界,铸就理想追求,是造就人之为人的不竭源泉。抛弃传统,丢掉根本,就等于割断自己的精神命脉。一颗没有精神家园的心灵,不可能思考自己生命的意义和价值,也就不可能对他人有真正的情感关切,对社会有真正的责任担当。这是一种极大的悲哀!